憲政體制的選擇

全球趨勢與個案透視

陳宏銘——— 著

五南圖書出版公司 印行

序

　　憲政體制的選擇與定位，一直是臺灣憲政發展中持續爭論的重要課題。在學術研究上，國家的憲政體制型態及其對民主表現的影響，也是國際政治學界關注的焦點，且此議題至今仍然充滿活力。儘管國內已有大量相關研究，但對於本世紀最新的全球發展趨勢及重要轉型國家的經驗，深入探討仍顯不足，這限制了我們在該議題上的實務理解和理論發展。基於此，我幾年前便萌生了探索與寫作的動機，而這本書正是我在探索過程中的心得體會。

　　本書分為三個部分：首先，探討全球性憲政體制選擇的面貌及其發展趨勢；其次，聚焦於亞歐非三個區域的重要轉型個案，特別是那些受到世界矚目，又與臺灣同屬於（或曾經是）半總統制的國家；最後，分析臺灣本身憲政體制的經驗。書中各章節皆源自作者近年在多個TSSCI級期刊上發表的研究成果，並經過更新與補充。除〈導論〉外，本書包括以下各章：第一章〈二十一世紀憲政體制的採行和變遷：區域與全球趨勢之探討〉，初稿刊登於《東吳政治學報》第40期（2022年）；第二章〈亞洲第一個半總統制：斯里蘭卡憲政體制的變遷與挑戰〉，初稿刊登於《政治學報》第17卷1期（2020年）；第三章〈阿拉伯世界半總統制民主國家的個案研究：突尼西亞憲政體制的選擇與運作〉，初稿刊登於《行政暨政策學報》第73期（2021年）；第四章〈土耳其憲政體制的選擇與競爭性威權主義的發展〉，初稿刊登於《政治學報》第77期（2024年）；第五章〈「後衝突社會」的政治制度設計：波士尼亞與盧安達的權力分享模式比較〉，初稿刊登於《東吳政治學報》第35卷2期（2017年）；第六章

〈臺灣難以脫離半總統制〉，初稿刊登於《行政暨政策學報》第73期（2021年）；第七章〈憲政體制對COVID-19疫情的回應：臺灣半總統制經驗的研究〉，初稿刊登於《問題與研究》第63卷3期（2024年）。

　　本書著重於全球及跨國視野，但也包含了兩章關於臺灣的經驗。對於特別關心臺灣憲政體制的讀者，可以參考作者另一本專著《半總統制在臺灣：總統權力新視角》（五南圖書出版，2019年），以獲取更深入的訊息。最後，這本書的出版得以實現，特別感謝五南圖書劉靜芬副總編輯的大力支持。

目　錄

導 論

　　「憲政體制」一詞有廣義和狹義之分。[1]廣義上，憲政體制不僅指中央政府體制，如總統制（presidentialism）、內閣制（parliamentarism）和半總統制（semi-presidentialism），還包括中央與地方之間的權力關係，例如聯邦制和單一制，甚至涉及共和體制與君主立憲體制的區別。[2]狹義上，憲政體制專指中央政府的體制，其核心設計集中於行政與立法兩權之間的關係，體現了憲法下政治建制的基本內涵。本書中的「憲政體制」大多數時候指的是狹義上的「中央政府體制」，但在特定情況下，如第六章中，涵蓋了廣義的一部分內涵，探討了當代協商式民主（consociationalism, consociational democracy）和向心主義（centripetalism, centripetal approach）觀點，涉及聯邦制與其相關議題。本書的內容旨在呼應當代比較政治制度研究的主流理論。

一、憲政選擇的全球趨勢

　　1990年代國際政治學界爆發了一場關於「何種憲政體制有利於民主的持續和鞏固」的重要論戰，它始於1990年《*Journal of Democracy*》期刊的一篇文章，該文由耶魯大學政治學權威Juan Linz撰寫，題為〈總統制的危險〉（The Perils of Presidentialism）。該期刊同時刊載了兩篇重量級的回應文章：一篇由杜克大學憲政研究王牌學者Donald Horowitz（1990）撰寫，對Linz的論點提出反駁並為

---

[1] 在英文，憲政體制一詞也存在不同的表達方式，常見的是「constitutional system」，但這比較像是中文的直譯方式，更貼近的、也更常見的說法可能是「form of government」，即政府體制（型態）。至於「government system」雖也可以表達其意涵，但較不是那麼清楚。

[2] 「parliamentarism」一詞譯為「議會制」較符原意，因此種制度建立在行政權權威源自於議會權力的原理之上，但在中文世界，更被廣泛使用的名稱似是「內閣制」，尤其這是臺灣政治界和社會大眾長期以來的習慣用法。不過，「內閣制」的英文寫法較接近的是「cabinet government」，但這在文獻上卻不常出現。本書考量讀者不限於政法學界專業人士，為便於閱讀上的理解，以及內閣制一詞容易和總統制做對照，一則行政權中心在內閣，另一則在總統，因此文中一律優先使用「內閣制」。

總統制辯護；另一篇則由當代政治社會學巨擘Seymour Lipset提供，從不同的理論視角回應Linz的觀點。這些討論點燃了有關憲政選擇的辯論。四年後，Linz與Arturo Valenzuela合著了一本專書《總統制民主的失敗》（*The Failure of Presidential Democracy*），進一步強化了他對總統制的批評。同期，其他學者也參與了這場辯論，有的爲總統制辯護，有的則支持Linz的觀點。整體而言，儘管論戰未見明顯勝負，總統制仍處於防守的一方。

　　1990年對臺灣的憲政發展而言，也有其特殊意義，當年3月間發生「野百合學運」，6月底接著召開國是會議，臺灣迎向憲政改革的重要時刻。這期間，關於「中央政府體制」的定位，成爲憲政改革的核心議題。其後，公民直選總統的憲法修正案於1994年通過，並於1996年首次舉行公民選舉總統。同年12月召開國家發展會議，次年之1997年修憲落實該會議關於「雙首長制」的共識，奠定延續至今的半總統制憲政架構。

　　同一時期，全球第三波民主化進入尾聲，大量「後共產主義」的新興民主國家湧現，這些國家面臨了如何打造合適的憲政體制之挑戰。其中，與臺灣同樣採行總統公民直選及半總統制的國家，其數量並不亞於實施內閣制或總統制的國家。使得比較政治學界有關憲政體制的研究，持續成爲活躍的議題。「總統制相對於內閣制」的二元對立，如今轉換爲「總統制、內閣制、半總統制」的三方較勁。對於這三種主要憲政體制的定義，請讀者參閱第二章中的介紹和討論。

　　從上述發展來看，政治學中關於憲政體制選擇的討論，始終充滿濃厚的規範性目的，而不僅僅是學術課題或理論探究。迄今爲止，針對某種憲政體制是否更有利於民主的延續或鞏固，以及哪些體制不利於民主運作的全稱命題，尚未提出令人信服的答案。相對而言，基於或然率的命題和結論更具說服力。換言之，各種制度都有成功與失敗的案例，關鍵在於在何種條件及社會背景下，總統制、內閣制或半總統制才是相對更合適的選擇，以滿足民主發展的需求。

　　儘管影響一國民主表現的因素繁多，包括政治、社會、經濟、文

化、國際環境、政治領導等各方面，但憲政體制作爲一項重要影響因素，已被比較政治學研究廣泛認可。基於此，本書旨在從實證的角度，觀察全球層面上憲政體制的採行狀態。

本書第一章〈二十一世紀憲政體制的採行和變遷：區域與全球趨勢之探討〉，即在探討本世紀當代憲政體制，內閣制、總統制及半總統制三種最主要類型，在全球和區域層面的採用趨勢。至少在中文學界，這可能是第一篇關於本世紀全球國家憲政體制的總體歸納和變遷模式探討。本章介紹了憲政體制選擇（採行）的相關理論，並將制度的變遷（或演化），視爲制度選擇的長期發展過程，而進一步區分三種型態：完全轉型、次類型間的轉型、局部轉型。關於憲政體制選擇（採行）的相關理論，在本書第二、三、四章幾個區域個案的研究中，同時會有相關的討論，各章個案是獨立的研究，作者仍予保留各自理論的介紹，其中或有共通的內涵，但讀者隨著這些不同的個案章節，也能閱讀到作者不同研究脈絡下的理論表述方式和側重要點。

這項大規模的研究結果揭示，大部分全球憲政體制的完全轉型案例，出現在以半總統制爲起始點，朝內閣制或總統制方向轉換，其中轉向總統制者，相對比轉向內閣制略多，且相關案例均出現在新興民主國家中。其次，脫離半總統制的數量，略高於轉向半總統制，但總統制、內閣制及半總統制三分天下的格局不變，半總統制的國家數量更多於總統制。再者，沒有任何在總統制和內閣制之間進行直接轉換的案例，制度轉型幾乎都經過半總統制的中間階段，而後再轉型到另一體制。這顯示，總統制和內閣制之間，是一種難以直接跨越的「大轉型」，而半總統制提供一種變動較小的權宜選擇。

本研究也首次發現，由半總統制轉向內閣制，要比轉向總統制，有較多的個案民主程度相對提升，但由於轉向內閣制個案很少，因此轉型模式與民主表現兩者的相關性尚需持保守的判斷。另外，在總統議會制（president-parliamentary regime）與總理總統制（premier-presidentialism）（Shugart and Carey, 1992）間的轉換，都有相關個案伴隨民主程度的提升，因此無法推論由某種半總統制次

類型改採另一次類型，必然有利或不利於該國民主的進步。[3]

在理論層面，現有的憲政選擇理論，如著重於區域和文化視角或民主化因素的分析，雖能解釋二十世紀的全球特徵，但對本世紀的制度變革則解釋力有限。相較之下，有兩個關鍵因素在理論上更具解釋力：全球半總統制的演化變數，以及國內政治行爲者的策略選擇與互動。前者是由於半總統制的相對易變性，構成了本世紀憲政類型全球發展的核心變數；後者則與主要政治行動者和菁英的制度偏好及策略互動密切相關，這通常是國家政府制度選擇和變革的關鍵短期因素。作者希望上述研究發現能對憲政體制選擇在實務及理論上的探討，帶來有意義的貢獻。

二、區域重要個案

除了全球性的觀察，本書並輔以幾個本世紀重要的區域轉型國家，作爲各章深度探討的對象，其中包括南亞的斯里蘭卡、歐亞交界的土耳其、阿拉伯世界的北非突尼西亞、中非的盧安達，以及歐洲巴爾幹半島的波士尼亞與赫塞哥維納等。這些國家，均經歷憲政體制選擇的重大挑戰，其間或伴隨民主轉型而存在開創良機、躊躇滿志，或是因政治勢力的較勁，制度轉變曲折而驚奇。一言以蔽之，這些國家憲政體制的生命史，有特別值得關照的地方。這些國家的政治變遷和民主發展，雖受到了全球性矚目，但在臺灣政治學著作中，不易看到專論文獻。因此，雖然僅止於這幾個國家，個案數目有限，但可以作爲啓發性個案研究（heuristic case studies）對象，提供理論上的意涵。以下就這些個案略做導讀和討論。

第一個國家個案是斯里蘭卡，將在第二章〈亞洲第一個半總統

3　Shugart與Carey兩位學者依據憲法所提出的總理總統制與總統議會制，是多數學者最常援引的次類型，差異在於，前者下的總理（內閣）只對國會而不對總統負責；而後者則是總理（內閣）同時對國會和總統負責。

制：斯里蘭卡憲政體制的變遷與挑戰〉中進行探討。斯里蘭卡舊稱「錫蘭」，喜歡喝錫蘭紅茶的人，對錫蘭一詞並不陌生，但卻不一定知道斯里蘭卡就是以前的錫蘭。古代中國曾稱其為「獅子國」。斯里蘭卡是亞洲最先採行半總統制的國家，同時也是歐洲以外第一個實施半總統制的國家，但中文學術文獻除本文外，未見相關專門著作。斯里蘭卡的個案之所以具有重要性，在其憲政體制的變動性、反覆性很大，比較各國經驗，罕見相似的模式。

斯里蘭卡在第一共和時實施內閣制，到第二共和後轉型為半總統制，並屬於總統議會制。在半總統制運作數十年後，進行了不同次類型之間的變遷和局部轉型。透過第十九次修憲，取消了總統可以解職總理職務的權力，因此憲政體制由總統議會制轉變為總理總統制。其後，經由第二十次修憲，又回復至總統議會制，再至第二十一次修憲則持續鞏固。在本世紀的制度變革，反覆性很大。整體憲法的修改，以及憲政體制的轉型，主要取決於優勢政治菁英在短期內的決斷，而不是基於各政黨之間的憲政共識，或是基於民意的高度認同和參與。甚且，幾次修憲的結果，更創造出權力集中於總統的政府體制。

斯里蘭卡雖然很早就採行總統公民直選，但其始終未能轉型為真正的民主政體。根據「自由之家」（Freedom House）近二十年來的評比結果，均為「部分自由」等級。該國經歷2018年年末，總統違憲解職總理的憲政危機、2020年總統的逃亡國外，以及2022年後經濟危機和破產的困境，其民主的前景充滿荊棘和挑戰。究竟，半總統制是斯里蘭卡憲政之路上的「中途之家」，還是「永久歸宿」？這有待對其後續發展的觀察。但從過去這段期間的憲政發展脈絡來看，維持半總統制架構可能是各方勢力的均衡，邁向總統制是一更具風險而未可知的發展。至於虛位元首內閣制，應該很難有其前景。

第二個國家案例是爆發「茉莉花革命」的國度、「阿拉伯之春」的發源地突尼西亞。在第三章〈阿拉伯世界半總統制民主國家的個案研究：突尼西亞憲政體制的選擇與運作〉，分析了此一重要個

案。有關阿拉伯國家憲政體制的研究，不論是國際政治學界或臺灣政治學界，長期以來都是較冷門的領域。突國在2010年革命後，是阿拉伯地區唯一的民主國家（但近年「自由之家」的評比，則降成部分自由國家），並廢棄原有總統制，採行半總統制，其憲政體制的選擇，無論就理論或現實意義，都相當具有探討的價值。在本文初稿發表前，臺灣政治學文獻中界無一專論，藉由本書的出版，試圖補充既有文獻的不足。

突尼西亞由總統制轉向半總統制，這樣的經驗非常罕見。多數的跨憲政體制轉型，出現在由半總統制轉向總統制或是轉向內閣制，少部分才是由內閣制轉為半總統制，像突尼西亞這樣由總統制轉向半總統制，不論是在阿拉伯世界或在全球經驗中，都幾乎未見。另外，該國半總統制的形成，是伴隨著革命後民主化過程及新憲法的制定而來，是政黨間彼此制度偏好妥協、也是有意識的憲政選擇之結果。

依據憲法，總統無免職總理權力，因此總理並無憲法上的義務須向總統負責，這樣的設計並非總統議會制，而是非典型的總理總統制。但總理總統制易被誤以為總理權力大於總統的制度，實則法國第五共和也是總理總統制，總統同樣未具有單方解職總理的權力，但這並不表示總統的憲政權力小於總理。突尼西亞在實際的憲政運作上與法國一樣，屬於總統權力優勢的情況。

突尼西亞這些年來，出現了一位相當強勢的總統Kais Saied，他在2019年上任後逐步掌握大權。在他擔任總統期間，雙首長間的職權爭議加劇，出現總統免職總理、凍結國會的憲政危機。這突顯總統的強勢作為，和違憲疑慮，將突國的憲政運作帶入更加動盪的狀態。在Saied主導的政局下，2022年7月25日舉行修憲公投，增強了總統權力，使得總統的地位幾乎無可動搖、難以制衡。頗多論者稱，憲政體制已轉成為總統制，甚至是超級總統制。不過，由於國會仍可透過對政府不信任動議，導致內閣下臺，因此憲政體制在「憲法規範上」仍屬半總統制型態。

突尼西亞這個曾經是本世紀阿拉伯世界僅存的民主政體，目前已

經變質，相較於斯里蘭卡，甚至是受到重挫，令關心該國民主的人士
為之氣餒。不過，作者認為，該國目前的半總統制雖然被運作成總統
制，但這似乎非單純的制度問題，而是人的問題。假定突尼西亞是採
總統制的憲法設計，則總統在憲法規範上可以掌握的權力勢必更為驚
人。展望後續發展，其是否能回歸半總統制憲政秩序，是相當值得持
續關注的研究議題。

　　第四章〈土耳其憲政體制的選擇與競爭性威權主義的發展〉，選
擇橫跨歐亞，在地緣政治上舉足輕重的國家土耳其作為研究對象。
Huntington（1991）在其名作《第三波：二十世紀末的民主化浪潮》
（*The Third Wave: Democratization in the Late Twentieth Century*）一
書中曾指出：「沒有一個伊斯蘭的國家長期地維持過完整的民主，這
個例外是土耳其。」（Huntington著，劉軍寧譯，1994：334）。確
實，土耳其「曾經」是民主，但後來走向威權，在這過程中它的憲政
體制選擇也充滿挑戰和張力。土耳其是全世界唯一在本世紀中，出
現憲政體制由內閣制轉向總統制的「大轉型」國家，中間僅存在短
暫半總統制過渡期。其憲政體制的轉變，是由執政的正義與發展黨
（Adalet ve Kalkınma Partisi, AKP）和總統Recep Tayyip Erdoğan掌
握主導權，逐步加重總統的憲政地位和權力，形塑出總統權力強勢
的土耳其式總統制。伴隨著總統制的實施，土耳其也被廣泛地認為
其政治體制遠離民主軌道，有所謂「競爭性威權主義」（competitive
authoritarianism）的形成，這是一種既具競爭性又具威權主義特徵的
政權型態。

　　本書在探討土耳其憲政體制的變遷時，聚焦於總統制如何被採
行，以及其與競爭性威權主義發展間的關係，這是該國憲政發展最為
核心的議題，並具有比較憲政體制研究上的理論意義。有別於既有觀
點多強調總統制單向促進威權主義的發展，作者發現，總統制和威權
主義二者是構成相互影響的關係。總統制的採行是在威權主義的脈
絡下進行，而競爭性威權主義的出現，除受到民粹主義現象的催化
外，總統制因素也扮演了促進的作用。土耳其經驗隱含了一種超越個

案的理論訊息，即總統制不見得不利於民主，但若一個國家總統制的形成，是產生於威權主義的發展脈絡下，尤其是存在著一位政治強人及民粹主義的風行，那麼總統制的實施將進一步促進威權主義的發展，民主就較難以被樂觀期待。這也衍生另一個意涵，由半總統制轉向總統制，將增加強人政治的高度可能性。

　　在前幾個區域案例的介紹之後，本書將視野拓展至曾經經歷過嚴重族群衝突的國家，也即所謂的「後衝突社會」（post-conflict society）。我們將探討這種社會如何設計憲政體制，以維持和平、建立民主，並實現國家建構的目標。因此，本書安排了第五章〈「後衝突社會」的政治制度設計：波士尼亞與盧安達的權力分享模式比較〉。在這裡，所關注的並不是一般多元分歧社會下族群衝突的社會，而是特別針對經歷種族屠殺的國家。關於後衝突社會如何設計憲政體制，既是比較政治重要的學術探討問題，也是這些國家政治工程師所面對的重大挑戰。

　　作者選擇了波士尼亞與赫塞哥維納、盧安達這兩個經典衝突個案，這是因為二者是第二次世界大戰後，最嚴重的種族屠殺事件，時間都發生在1990年代初期。從地域和文化因素來看，兩國的國情和環境固然有所不同，但其後其憲政制度均有相當程度的協商式民主元素，迄今亦都經過約三十年的時間，故可供觀察和比較其「後衝突」時期政治制度的表現。

　　從一個比較普遍性的角度來看，在那些因族裔、種族、宗教、語言或任何其他形式的歸屬關係，而形成嚴重分裂的社會中，憲政制度的設計很具挑戰性，尤其曾發生種族屠殺的社會，更是如此。對這些社會而言，族群（或種族）的分裂，使民主變得困難，因為它們往往產生族群政黨和族群投票。一個擁有多數選票和席位的族裔黨派可以支配少數群體，這個問題影響了許多嚴重分裂社會的政治，如何透過政治制度的設計，調和衝突，考驗著政治學所累積的智慧及其實務上解決問題的能力，並成為多年來比較政治研究關懷的重要課題。在後衝突社會的政治制度「解方」中，Lijphart（1977）所建構的協商主

義（協商式民主），以及Horowitz（2014）提出的向心主義，是其中最具代表性和最廣爲討論與應用的理論，構成了二元競爭的狀態。

　　協商主義試圖透過建立一種商定的保障制度來解決問題，其解決方案是用多數派和少數派的大聯合，以及群體按比例參與政府、少數族群的政策否決權、聯邦主義等所形成的共識民主，取代政府和反對派的對抗性和多數決民主。與此相反，向心主義者並不建議用一個共識制度來取代多數人統治，而是試圖創造激勵機制，主要是藉由選舉制度，如「選擇投票制」（Alternative Vote System, AV），促進群體中溫和派的相互妥協，以組成族群間的聯盟，並建立一個族群間多數人統治的制度。向心主義所以稱「向心」，是因其目標在設計政治制度的向心趨力，將各黨派拉向溫和的、妥協的政策，並找尋和加強一個嚴重分裂的政治光譜上的中心（Sisk, 1995: 19）。

　　協商主義者和向心主義者都預設，在嚴重分裂的社會中，族群會由政黨所代表。兩者的目標都是促成族群間能分享權力（即「權力分享」模式），但分歧在於對這種社會的最佳治理安排的不同概念。協商主義者的目標，是所有族群的對立者在「選舉後」必須結成治理聯盟，他們藉由比例代表的選舉制進入議會；相對地，向心主義者的目標，是在「選舉前」自願結成溫和派的族群聯盟（Horowitz, 2014）。

　　本書即分析波士尼亞與赫塞哥維納、盧安達兩國經驗，它們都採行的協商主義實踐，前者也有部分向心主義的嘗試。研究發現，波士尼亞對其國內三大族裔，融合權力均霑的同等原則和比例原則（詳見第五章對兩原則的具體介紹），惟其結果雖確保族群的代表性，但個人的權利較不受保障，也鞏固了族群原有的界限，致跨族群的合作仍然不易。盧安達的情況，是少數族群的圖西族相較於人口多數的胡圖族，取得了超過其族群人口比例的政治權力，而政黨的公平競爭，亦受到了較大的限制。但其制度設計原理本就意在給予居於少數圖西族特別保障，這是不可免的，如果死守比例原則，該族將成為永遠的少數，融入同等原則提升其參與權力乃不可免。且該國需要強有力的

領導以維續和平，中短期內應無實施虛位元首內閣制的可能，但採行總統制更可能加劇執政者權力的集中，可預期維持半總統制是其合理的選擇。在半總統制下，實踐權力分享的協商式民主，並緩和單一族群取得的政治權力是否到了過度保障的程度，反而造成另一族群的不平和不安，是其面對的挑戰。其中，再融入向心主義選舉制度的調和，應有嘗試空間。但盧安達的制度設計並非自身能完全自主承擔，國際社會中有權介入的力量也扮演重要角色。

換言之，兩國協商式民主的實踐，都還面臨不少挑戰。但儘管如此，本書認為，兩國近三十年來，族群間未再重演之前的嚴重暴力衝突，也至少維持了一定的和平。因此，如果不採行協商式民主，兩國的情況究會較好嗎？恐怕也未必。無論如何，對於多元社會或後衝突社會的憲政設計關心的讀者，協商主義以及向心主義所提供的方案，很難不予接觸和了解。本書提供了這方面的訊息及案例，希望有助於讀者對於憲政體制選擇有更寬廣的視野。

三、臺灣經驗

本書的最後一個部分，以臺灣經驗為探討對象。第六章〈臺灣難以脫離半總統制〉，是一篇較短的文章，作者針對臺灣憲政體制的定位及選擇，採取分析性方法，而不是基於一個學術論文的方式呈現。雖然它是一篇短文，但嘗試清楚而完整地論證一個核心命題，即臺灣中短期內絕無可能採行虛位元首的內閣制，也毫無機會走向行政權集中於總統單一領導的典型總統制，而將會維持在半總統制的憲政架構中運行。這裡所說的是實際上憲政走向的「實然面」，而不是論斷臺灣宜選擇何種制度的「應然面」建議。

臺灣在可預見的中短期內，不可能採行虛位元首的內閣制，有諸多原因，但最根本和關鍵的是，臺灣已採行公民直選總統的選舉方式，這使得總統完全不可能是扮演儀式性、象徵性的國家虛位元首。論者可能舉若干歐洲國家也有總統直選，但仍能實施虛位元首的

制度為例，以此說明公民直選總統和內閣制是可以並行無礙。這一立論雖非無據，但時空和因果錯置，論證基礎稍薄弱。因這些國家的公民直選總統制度，多是在內閣制的既有歷史經驗上形成，明顯與臺灣的政治發展脈絡和憲政條件格格不入。臺灣在1996年尚未實施公民直選之前，尚且未能運作內閣制，何以能夠在直選總統後反而實現？這完全難以想像。試想，一場虛位總統的全國選舉該如何進行？候選人還需要提出治國的各項政見嗎？況且，如果維持公民直選總統，而總統在憲法上卻是虛權，這是否合理而且可行？因此，若臺灣維持直選總統，現實上總統不可能是虛位。如果論者謂，這是一種總統仍具有實權的內閣制，那麼這也是不通的，因為這樣則不宜歸類為內閣制，最多是向內閣制精神靠攏的半總統制，本質上還是在半總統制架構中。

　　或謂廢除公民直選，上述採行內閣制的困境就解除了。暫不談其他的條件是否合適，理論上和邏輯上，這是言之成理的。不過，這仍然遇到一個相當棘手的問題：有可能廢除公民直選總統嗎？本書的觀點是，這樣的憲法修正案應該過不了公民複決這一關。因為，要說服公民把已經享有的、可以選舉總統的權力拿掉，恐怕是難以達成的任務。有些政治人物斬釘截鐵地宣稱，臺灣應採內閣制，但若未能回應上述的疑惑，也僅是徒託空言、紙上談兵。相對地，臺灣實施總統制比內閣制更有機會，但也有其困境，例如憲法修正案很難過得了立法院這一關。因為，在總統制下，立法委員將喪失質詢行政官員的權力，國會也沒有倒閣權，他們是否願意繳出習以為常的監督利器？因此從可行性來看，半總統制更是不容易脫離的，這是因為政治行動者都不會接受對自己不利的制度選擇。在多重否決的情況之下，半總統制其實是「柏瑞圖最適」（pareto-optimal）（陳宏銘，2021；吳玉山，2021）。[4]

4　這是一個經濟學和博弈理論的概念，是一種資源配置狀態，其中無法再改善任何一個參與者的利益，而不損害到其他參與者的福利。亦即，在這種狀態下，所有參與者的福利

　　總的來說，臺灣憲政體制長期的發展，受到不同政治趨力和憲政價值定位的左右，涉及強化總統權力與抑制總統權力這兩種力量的辯護和競逐。但這並不表示臺灣的半總統制是良善的，相反地，它確實存在著難以迴避的問題，其中最關鍵的是，行政院院長產生方式缺乏國會的參與，不利內閣獲得國會的積極信任，容易滋生總統、行政院院長及立法院間的扞格和不一致；另一是，總統僅具被動解散國會的權力，未能與國會倒閣權一同構成行政和立法間雙向有效的主動僵局解決機制。

　　第七章〈憲政體制對COVID-19疫情的回應：臺灣半總統制經驗的研究〉，基於一國憲政體制類型會影響政府在COVID-19大流行時運作的方式，作者嘗試研究臺灣半總統制政府如何處理該次的疫情。一方面，目前政治學界相關研究，多集中在以「防疫成效」為依變項，而以「民主相對於專制或政治穩定」為自變項之探討，卻鮮少關注憲政體制這個層面的作用。在另一方面，臺灣憲政研究領域，也難見到結合新冠疫情議題的探討，顯然憲政體制研究投入在新冠疫情上非常有限，因此本章內容期彌補這方面的不足。具體而言，焦點放在中央政府層次，探討總統、行政院院長、疫情指揮中心（指揮官）以及國會等部門的運作，並考量一致性政府及總統兼黨主席等因素的影響。

　　臺灣的憲政體制可以被歸類為總統議會制，或稱總統權力優勢的半總統制，在此種制度下，蔡英文總統在疫情政策上是實權的、治理角色多重的。藉由總統和黨主席雙重身分，蔡英文既是主要政策決定者，也同時介入政策執行的督導和措施的指示。相對而言，行政院院長暨其領導的相關部會，仍是因應疫情的行政主體，不過疫情指揮中心和其指揮官，在非常時期具有特殊處置和裁罰權力，以及長時間每日面對媒體和全國人民，使其角色較前者突顯。因此，在行政權內

達到了最佳的分配，任何改變都會導致某些人處境變差。請見經濟學或博弈理論相關著作，如林耀文（2008：123-125）。

部，焦點偏向總統和疫情指揮中心指揮官這兩端。再從行政和立法關係來看，由於處於一致政府，加上危機時，權力則向行政權傾斜。

鑒於比較研究的價值，本文同時納入臺灣2003年SARS疫情的個案比較，以及法國、芬蘭與臺灣跨國經驗比較。研究顯示，疫情時期政府各部門的功能不僅反映其憲政體制特性，更是突顯其中特定權力機關「強者更強，弱者恆弱」的現象，這是關於憲政體制理論的新發現。由此來看，若是疫情時間拉長，在非民主國家中，國會權力和監督功能恐較易弱化，並同時有較高的可能性增強或鞏固專制政體。相對的在民主政體中，優勢權力機關雖也傾向增強權力，尤其是行政權，但不易危及民主體制；除非，該國憲政根基和民主成熟度本就脆弱。

透過本章的研究關懷，讀者可以感受到，憲政體制型態攸關危機時刻一國政府的運作態樣，憲政體制的研究，也宜因應新的社會議題，做出學術上的回應。

四、個案比較意涵

從本書幾個區域的重要個案研究，可以歸納出以下幾個具有理論上重要意涵的發現：

首先，本書六個國家中，除了波士尼亞外，其餘五個國家都曾經是半總統制，它是多數國家政治行動者的「柏瑞圖最適」。其中，後衝突社會的兩個代表性國家，主要排除總統制設計，採行具有內閣制特質（包括半總統制）的憲法設計，但都設有總統職位。設置有實權總統的新興民主國家，其憲政體制走向半總統制多非偶然，是一個歷史發展很容易出現的路徑，是在追求或維續具有民主化高度象徵和實質意涵的公民直接選舉總統，以及避免權力集中於總統單一個人下的均衡產物。是制度轉型過程中相對風險較低的選擇，尤其對變遷中的國家而言，由內閣制一舉轉向總統制，具有更不可測的挑戰。在本書個案中所出現的憲政問題，並非單純的憲政體制問題，這些國家若採

總統制，恐更不利於民主，譬如土耳其的示例；但它們也沒有實施內閣制的中短期條件。

其次，目前探行半總統制之總統議會制次類型，居個案中之多數，其中斯里蘭卡和突尼西亞，係由總理總統制轉向總統議會制。這顯示，在政治轉型社會中，如果是採行公民直選總統的半總統制國家，有相當高的比例會走向總統議會制。當憲政體制走向總統議會制時，政治權力趨向於總統，政局短期趨於穩定，但也視總統能否掌握國會多數支持。相對地，總理總統制無法阻擋總統介入內閣人事糾葛之爭議，這在斯里蘭卡和土耳其都可見。但總統議會制的運作，也有利強勢總統掌握政府職位分派。

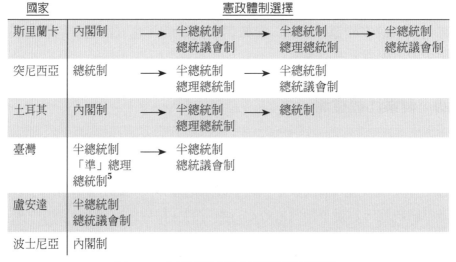

國家	憲政體制選擇			
斯里蘭卡	內閣制	→ 半總統制 總統議會制	→ 半總統制 總理總統制	→ 半總統制 總統議會制
突尼西亞	總統制	→ 半總統制 總理總統制	→ 半總統制 總統議會制	
土耳其	內閣制	→ 半總統制 總理總統制	→ 總統制	
臺灣	半總統制 「準」總理 總統制[5]	→ 半總統制 總統議會制		
盧安達	半總統制 總統議會制			
波士尼亞	內閣制			

圖0-1　本書各國憲政體制變遷圖示

---

[5] 臺灣在1994年第三次修憲至1997年第四次修憲之前，憲法上總統已改為由公民直選產生（1996年首次實施），行政院仍維持向立法院負責，憲政體制具有總理總統制特徵。但立法院對行政院院長暨「內閣」並無倒閣權力，難謂為典型的總理總統制。對這個問題的相關討論，請參考黃德福與蘇子喬（2007）、蘇子喬（2021：136-157）。

　　再者，強人性格總統和威權政黨，是憲政體制趨向總統擴權方向
發展的主要因素。在突尼西亞和土耳其，兩國皆出現強人總統，前者
Kais Saied、後者Tayyip Erdoğan。但Saied是無黨籍，Erdoğan則屬正
義發展黨，因此強人總統因素的重要性尤勝於威權政黨。威權政黨可
使強人總統的威權治理如虎添翼，但非強勢總統的憲政體制建構之必
要條件。

　　在本書所探討的個案中，這些憲政體制的設計是在高度外國示範
效應的影響下，經過有意識的參考和改良各國現有經驗所形成的。如
同世界上多數國家一樣，這些國家在憲政發展過程中，或也跌跌撞
撞，行徑曲折而晦暗不明，或大膽、勇邁而創新。因此，現在就要論
斷它們的民主前景，或評斷憲政體制的良莠，都為時過早。我們可
以抱持著好奇的角度來了解這些案例，不會僅因其民主發展仍顯稚
嫩，就認為其制度一定不如老牌民主國家。實則它們當中，有些特定
的制度設計，不論是總統和總理的權限劃分、行政和立法關係的構
造，具有巧思。

　　舉例而言，在突尼西亞，憲法明文授予總統在國防和外交方面
的政策權、部長人事決定參與權，以及對應政策領域的部長會議主
持權，此一設計相較於其他半總統制國家中在總統和總理分工設計
上，是更為明確的。又如盧安達，憲法明文規定總理由共和國總統選
舉、任命和「免職」、內閣對共和國總統和國會負責，由於內閣向
總統和國會「雙向負責」，故從憲法設計來看，完全體現Shugrat和
Carey（1992）所建構的半總統制次類型「總統議會制」。論者或謂
盧安達是落後的非洲國家，其制度有何需要重視之處？其實不然，這
個國家的制度設計是在國際社會高度介入下所完成，好比生過棘手
重病之人，常獲得更為先進醫療技術的投入，其「藥方」（不論是用
對或用錯）必有特殊之考量和用心之處，反而更值得留意。這些國
家制度運作之得與失，對於臺灣憲政體制的發展，亦有相當的參考價
值，讀者在本書後續各章中，可能有各自的體會與見解。

第一篇

全球趨勢

1 二十一世紀憲政體制的採行和變遷：區域與全球趨勢之探討

壹、前言

當代民主的憲政體制（本文指中央政府體制）主要可分爲內閣制（parliamentarism）、總統制（presidentialism）及半總統制（semi-presidentialism）。[1]1990年代，國際政治學界曾興起關於「憲政體制與民主的維續和鞏固」的重要論戰，焦點集中在內閣制和總統制的表現（Linz, 1990, 1994; Horowitz, 1990; Lipset, 1990）。擁護內閣制和爲總統制辯護者各執一詞，雖然後者多處於防守的一方，但整體而言論戰並無明顯勝負（陳宏銘，2021）。隨著半總統制在二十世紀末廣爲新興民主國家採行，憲政體制類型的全球分布已非二元競爭，而是構成三分天下的態勢。邁入二十一世紀初期，憲政體制全球性的分布和變遷趨勢，究竟呈現何種的狀態？對此，學術界較欠缺討論。現有關於憲政體制選擇的理論，主要基於本世紀之前各國的經驗。然而，這些理論對於全球最新發展趨勢的解釋力可能並不充分。因此，本文將嘗試對該議題進行深入探索。

回顧上個世紀迄今，全球憲政體制的實施可以歸納爲四個階段。第一個階段是1900年至1945年間，以英、美兩國爲主的內閣制和總統制，是全球兩種主要體制類型，但在1919年時，半總統制在德國威瑪共和及芬蘭兩國萌芽。隨著威瑪共和的崩解及Huntington（1991）所指民主化第二波逆流的襲來，導致歐洲、拉美地區，乃至亞洲的印尼和菲律賓等地，出現大量的威權和專制政體，民主國家數量因而遽減，並衝擊既有總統制和內閣制民主政府的存續。

第二個階段，約在1945年二次大戰結束之後，至1980年末這段期間。在戰後，新興獨立國家的出現、第三波民主化浪潮的形成，美國總統制對於民主化中的拉美國家，促成示範和鞏固效應。在英國（聯合王國）喪失日不落國的輝煌地位後，大英國協成員國的制度卻

---

[1]　關於「內閣制」和「議會制」的使用之辨，請參見導論一章註2的說明。

仍深受其西敏式內閣制的影響，多走向虛位元首的政府設計。此時是內閣制和總統制二元競爭的時期。然而，仍有8個以西歐民主國家為主的半總統制存在，其中尤以法國第五共和的經驗受到世人矚目。[2]整體而言，內閣制、總統制和半總統制三種體制於此時並存發展。

第三個階段是1990年至2000年間，尤其是集中在1990年、1991年，是半總統制興起的高峰（Elgie, 2007a），東歐和前蘇聯後共產主義地區，以及非洲為主的後殖民區域，一時間湧現了約35個半總統制國家（吳玉山，2012：9）。憲政體制全球布局大變動，確立三分天下的格局。

在上述三個階段中，全球憲政體制的採行，除了有些個案有其特別因素外，主要受到兩項總體層次因素影響，分別是文化與區域特性及第三波民主化。文化和區域性因素，解釋了受到美國與英國影響的總統制及內閣制的採行；第三波民主化因素，解釋了半總統制在上個世紀末的全球性爆增。第三波民主化下，東歐與前蘇聯的後共地區大量採行半總統制，顯示共產主義體制特性外，區域性、地緣性因素也與半總統制的形成有關。

第四個階段是二十一世紀後的新情勢，即「後第三波民主化」時期。此一時期發生2010年末茉莉花革命，以及其激起的北非和中東地區的阿拉伯之春（Arab Spring），若干國家一度有重新制定憲法的契機；然而，這並無帶動憲政體制的大變動。並且，除了突尼西亞以外，其中絕大部分國家或重回威權政體，或陷入內戰與政治不穩定之中。

整體而言，在本世紀新階段憲政體制的發展中，民主化浪潮現象不再出現，其所能帶動新興民主國家總統民選，以及重新打造政府體制的牽引力量，似已消退。而區域和文化的因素是否仍有其影響力，或者出現鬆動，則是值得觀察的因素。另一值得留意的是，半總

2　這8個國家包括：芬蘭、愛爾蘭、冰島、奧地利、法國、葡萄牙、斯里蘭卡、秘魯（吳玉山，2012：9）。關於法國第五共和政府的詳細討論，請參見張台麟（2020）。

統制國家變遷與演化的情況，也就是相對於內閣制與總統制，半總統制轉向他種體制，似乎具有較高的可能性和容易度。究竟本世紀以來，有多少國家轉向內閣制與總統制？是否達到一定數量而產生全球分布格局的變動？不論答案為何，都具有重要意義。此外，就個別國家的制度變遷來看，其中，部分國家進行修憲，增大民選總統權力，部分則走向限縮總統權力方向。究竟何者更為明顯，同樣需要觀察全球性的發展趨勢。

　　本研究嘗試檢視全球各國在公元2000年後的憲政體制發展，以及全球採行變遷趨勢。在分析的層次上，首先就各區域做觀察，描繪三種主要憲政體制型態的分布和採行。其次，再歸納全球制度轉型個案，據此分析全球政府體制的變遷狀態和趨勢。因此，兼具區域、全球兩個層次的分析。

　　另外，本文對制度的「採行」和「變遷」，並不做截然的二分法，因為制度變遷可視為長期意義下的制度採行（選擇），形同制度演化。在生物界，演化可被視為一種天擇，在人文社會事物，制度的變遷和演化卻與天擇無關，但仍是一種長期人為的、有意識的設計和「選擇」。儘管如此，適度區別憲政體制的採行和變遷，在分析上仍有所助益。前者著重某種憲政體制在一定時間內被採用的情形；後者則關注制度被採用後，進一步的、中長期性變動和發展趨勢，可區分為三種型態：體制的完全轉型、局部轉型、微幅調整。

　　最後，本研究以個案經驗為基礎，歸納區域和全球總體現象，並進行解釋和推論，以回應既有關於憲政體制選擇之理論，這似是現有研究中極少見和較大膽的嘗試。由於本文著重總體層次現象的分析，雖無法對個別國家和個案進行深入的描述（理論上也不需要如此），卻利於宏觀地呈現總體的、多層次的，以及多面向的全球發展狀態。

貳、憲政體制的探行與變遷：概念與理論

以下分就憲政體制三大類型概念加以界定，其次就相關理論予以引介和討論，有助於從宏觀和動態的視角看待制度的發展。

一、當代憲政體制三大類型

在本文中，當代憲政體制（本文指中央政府體制），係以內閣制、總統制和半總統制為主要對象，其他類型不在探討範圍。

內閣制和總統制的形成，要早於半總統制，這兩種制度的特徵常構成二元對比。我們可以兩位代表性學者，Lijphart與Linz的觀點為基礎，來加以說明。Lijphart（1984: 68-69）比較兩種體制的重要差異：第一，在內閣制中，政府的首長——不論稱之為首相、總理（premier; chancellor）或其他名稱，其內閣仰賴議會的信任，且可經由議會的不信任投票或譴責而加以解職。在總統制中，政府首長——均稱總統，由選舉產生，憲法賦予固定任期，在通常情況下無法由議會令其去職（雖然有可能在罕見的和例外的情況下，因彈劾而下臺）；第二，在總統制下領導政府的總統，係由人民直選或透過選舉人團的普選所產生，相對內閣制下的內閣總理，則是由議會挑選（select）產生。

Linz（1994: 6）則歸納指出，在內閣制中，議會是唯一民主正當性機構，政府的權威源自於對議會的信任，不論是基於對議會多數的信任，或對少數政府的容忍。他進一步指出，在總統制中，總統掌握行政權，由人民（或由人民選舉出的總統選舉人團）選舉產生，而民選的立法機關同樣具民主正當性；再者，總統和國會具有固定的任期，總統的任期獨立於議會之外，議會的存活也獨立於總統之外。上述兩位學者的觀點實質上相同，也均集中在最高行政首長和議會的權力來源，以及產生方式來區分不同的憲政體制。

　　接下來是半總統制，這個制度名稱則直到1980年，才漸爲世人所認識。Duverger（1980）提出了半總統制的經典定義，Elgie（1999）後續的調整，也常被援引。Duverger（1980）對半總統制提出三項特徵，第一，總統由普選產生；第二，總統具有相當的權力；第三，存在著獨立於總統之外由總理領導的內閣，只要國會不表示反對，即可繼續在職位上。Elgie（1999: 13）的定義較爲寬鬆，刪除了前述第二項特徵，他認爲，半總統制是指憲法既規定了人民普選產生、具固定任期的總統，又存在集體對立法機構負責的總理和內閣。Elgie這項定義隨後廣爲其他學者所引用（Elgie, 2011: 22-23; Shugart, 2005: 331; Skach, 2005: 13; Samuels, 2007: 705），也是本文所採的定義。本文認爲，公民直選的總統，不可能完全是虛位元首，那就是實權總統。其實權究竟有多少、多大？不同的半總統制國家，呈現相異的情況。由此來看，Elgie的定義和Duverger並不衝突。

　　由上述來看，藉由Elgie（1999: 13）的半總統制定義，結合Linz和Lijphart對總統制和內閣制區別的觀點，可以將大部分的國家歸類於三種制度中的其中一個類型。[3]一旦憲法規定總統由人民普選產生，則這個國家就被排除在內閣制之外，僅能屬於總統制或半總統制；如果該內閣的存續依賴立法機關的信任，則就歸類於半總統制，而不是總統制；如果內閣和政府的存續獨立於立法機關之外，即歸類爲總統制。相對地，一旦憲法規定內閣的存續依賴立法機關的信任，或是內閣向立法機關負責，則不論總統是否由人民普選產生，便排除了總統制的可能性，只可能是內閣制或半總統制；進一步地，若總統是由人民選舉產生，就確認是半總統制，譬如冰島、奧地利、愛爾蘭等國家，雖然總統在憲政運作上權力不大，但既由人民選舉產生，且內閣的存續依賴國會的信任，則就歸類爲半總統制。

---

[3]　某些特殊的國家，如瑞士（委員制）、傳統君主國、朝鮮（北韓）和中華人民共和國等等，在概念研究難以歸類於三種制度中，則不納入分析。

二、憲政體制的採行

關於解釋內閣制、總統制、半總統制這三種政府體制被採行（選擇）的理論，可分為總體層次和個體層次。所謂總體層次理論，係以全世界國家作為觀察對象，旨在回答某種憲政體制是否傾向在特定的文化、區域或歷史脈絡中出現的問題。個體層次主要以個別國家為探討對象，解釋其採行特定政府體制的緣由。多數的研究偏向個體層次，不過這類研究有的雖以各別單一或少數國家為基礎，並不試圖建構總體理論，但其中仍常援引相關通則或普遍性理論，所以是總體層次理論搭建的重要基礎。

從制度的原初創生來看，內閣制、總統制及半總統制，分別由英國、美國、芬蘭（暨德國威瑪共和）最早採行，一如之前所述。這些國家不論採行何種制度，都是原生創設的。Verney（1992）解釋英國內閣制和美國總統制的形成，他指出，傳統君主政體在邁向民主政治的過程中，存在著兩條路徑，一是取消君主個人政治上的特權，同時並存內閣向民選議會負責的機制，如此便形成了內閣制。英國內閣制的形成經歷三個階段：首先，由君王治理政府，為整個政治體系負起責任；其次，議會的興起，挑戰君王的霸權；最後，議會以巴力門（parliament，包含政府，而非僅是議會）的型態接管政府的責任，君王喪失大部分的傳統權力。上述制度形成過程，完全是英國政治系統自我創設的。另一條路徑，是以人民選舉所產生的元首來替代傳統君王，如此即造就了美國總統制政府。總統制下的總統，有時被稱為「民選的君王」（陳宏銘，2007：37）。美國人在設計總統制之時，人類政治制度史上從未有此經驗，因此也是自我創設的。

至於半總統制的形成，如溯源至二十世紀初的芬蘭和德國，其各有特殊歷史背景。法國第五共和（1958）雖非最早設計出半總統制的個案，但它既是半總統制最富盛名和最具代表性的國家，且也看不出其制度是仿自芬蘭（1919）或德國威瑪（1919）經驗，因此若謂其制度也是原創的，尤其是結合共治政府的憲政慣例，也是成立的。

　　內閣制、總統制及半總統制，由上述原創國家將它們逐漸擴散到世界上其他國度。解釋這種擴散的理論，主要有以下：文化與區域影響的觀點、地理位置和鄰近國家的示範效力、第三波民主化的作用。至於解釋個別國家的制度選擇，也有涉及短期的政治行動者策略互動因素及其他理論。[4]

　　其中，文化與區域影響的理論對總統制和內閣制的擴散，具有相當的解釋力，其中以Powell（1992）最具代表性。依其觀察，美國文化所主導的地區，包括美國本身和菲律賓，形成了「總統制與多數決的立法機關」，但也有例外，如西德與日本；至於英國及其文化主導的地區，包括英國、澳洲、加拿大、斯里蘭卡、印度、牙買加和紐西蘭，形成了「內閣制與多數決的立法機關」，但愛爾蘭是例外；[5]西歐與斯堪地那維亞國家形成了「內閣制與比例代表制的立法機關」；中南美洲則採行「總統制與比例代表制的立法機關」（陳宏銘，2020）。

　　文化與區域的觀點，頗能解釋中南美洲採行總統制之經驗，這些國家脫離西班牙及葡萄牙獨立，仿效美國的總統制，亦從地理位置和鄰近國家的示範效應因素得到解釋（吳玉山，2000：54）。過去中南美洲國家的領導人，有許多曾經在美國住過，部分曾在法國軍隊中參與戰役，很多人更是傑佛遜、華盛頓及其他美國領袖的仰慕者。這

4　另有強調先前政體的歷史遺緒影響，以及歷史制度論（historical institutionalism）觀點，即制度既能以重要的方式形塑和限制政治的策略，但它同樣是精細的政治策略、政治衝突與抉擇的結果（Thelen and Steinmo, 1992: 10）。歷史制度論常運用路徑依循（path-dependent）觀點，說明政治行動者在上一個時間點所做的憲政體制選擇，會因制度和環境條件的制約而排除或限制在下一個時間點的路徑選擇範圍，因此路徑依循即是制度建構的軌跡（陳宏銘，2020：89）。歷史遺緒觀點和歷史制度論，對憲政制度漸進變革的特定個案儘管具有啟發性，但對短期制度的重大選擇和轉型較難提供有力的解釋。舉例而言，斯洛伐克、捷克和土耳其，這三國的總統選舉制度由國會選舉改為公民直選，因此由內閣制轉為半總統制，這過程都與路徑依循或歷史遺緒無關，主要是選舉制度技術調整和政治行動者的考量；另摩爾多瓦由內閣制轉為半總統制，其後再由半總統制回復為內閣制，也看不出有路徑可言。

5　愛爾蘭屬於半總統制中的總理總統制。

些經歷國家內部征戰之苦，而來自勝利一方的軍隊領導人，深知需要建立強而有力的行政部門和領導者，藉以團結、統合新共和國內部的各族人民，但他們也意識到需要制衡總統角色，於是便採行分權制衡的美國總統制為其範本（Kantor, 1992）。至於南太平洋諸多島國，戰後由美國託管漸次獨立，選擇總統制也是可以理解。不僅如此，託管與殖民因素等觀點，也能解釋部分半總統制國家的經驗，譬如1990年代初期在非洲前法國殖民地，多採用與法國第五共和相似的半總統制憲法。

　　但全球性大規模半總統制國家在1990年代的湧現，可從第三波民主化效應來理解。這一波新興民主國家採行半總統制，是伴隨著其民主的建立而來，而公民直選總統具有國民主權的象徵意義，符合政體轉型的需要（Wu, 2007: 203；沈有忠，2018：45）。尤其是在東歐和前蘇聯的共和國中，半總統制成為由獨裁轉型至民主的最有效方法（Sartori, 1997: 137），同時是泛歐洲國家廣受歡迎的模型（Roper, 2002; Giovannelli, 2002）。

　　Elgie（2009: 255-256）對歐洲觀察也指出，多數國家除了為因應民主轉型而制定了半總統制新憲法外，也藉此與過去的威權體制斷絕關係。就採用制度的背景而言，大多數國家是在民主化過程中或是建國之時，採行半總統制，這與前述法國第五共和半總統制的形成模式不同。法國1962年引進公民直選總統制度，正式確立半總統制，Elgie認為法國這種模式是少有的，在歐洲範圍內有其獨特性。因為，法國是唯一在已經建立了民主制度的情況下，將半總統制作為憲法修正案予以通過的國家，這表明法國不應該被看作是歐洲半總統制的典型例子。前面敘及法國半總統制是原創性的，但不表示歐洲其他半總統制的肇建，均是以法國為師。

　　總結上述關於二十一世紀前的情況，文化與區域影響的理論，以及殖民和示範作用觀點，對美國總統制和英國內閣制擴散至其他國家，提供了有力的解釋，也對部分非洲半總統制經驗具解釋力。然而，它們卻無法有效解釋半總統制的全球性採行，而需納入第三波

民主化因素。時序邁入二十一世紀後，三種憲政體制的全球採用情形，是否延續之前的情況？在經驗上和理論上均值得關注。整體而言，全球性民主化因素對於新階段憲政體制的發展，不再出現，而區域和文化因素不一定能解釋新的變遷個案。然而，半總統制國家相對於總統制和內閣制，是否較易出現演化的情況，因此對不同憲政體制的全球分布和採行數量，產生了此消彼長的影響，則是新的重大變數。在這其中，一國內部的政治行動者的制度偏好和彼此憲改的策略互動，也可能構成許多國家內部制度選擇的短期主導因素。以上現象，影響本世紀初以來憲政體制在各國的實施情況，是以下進一步探索的重點。

三、憲政體制的變遷

從制度的生命歷程來看，某種政府體制一旦被設計和採行後，可能會隨著時間的演進而發生變遷，因此就廣義而言，制度的變遷（或演化）可視為長期視角下制度選擇的過程。亦即，把時間拉長來看，制度的變遷即是宏觀下的制度選擇。其中，若是涉及行政和立法兩權關係的重大調整，譬如由內閣制、總統制或半總統制，一舉轉向另一種型態，是為體制的「完全轉型」。這種情況，形同政府體制的重新選擇。倘若制度的調整，是維持在某一體制架構中，僅進行次類型間的變動，則是「局部轉型」，這種情況以半總統制的次類型較受關注，並以Shugart與Carey提出的總理總統制與總統議會制（Shugart and Carey, 1992）最常被援引。[6]兩種次類型的差異在於，前者總理（內閣）只對國會而不對總統負責；而後者總理（內閣）則同時對國會和總統負責。其中，「總統對內閣是否有免職權」，則決定了一個半總統制國家是屬於內閣單向負責的「總理總統制」，或內閣雙向負責的「總統議會制」（蘇子喬，2011）。

---

[6] 但兩種次類型的分法，也有內在的侷限性（吳玉山，2012：8-21）。

　　除此之外，因修憲而使得總統和總理的權力出現增減，則是制度變遷的「微幅調整」。其中，尤以總統權力的變化是最為關鍵的層面。綜合上述，本文制度變遷涵蓋以下三種情況：完全轉型、局部轉型、微幅調整。

　　關於政府體制變遷和轉型的理論，亦可分為總體層次和個體層次來看。整體而言，包括體制的完全轉型、局部轉型或僅牽動總統和總理的特定權力增減，是否可以歸納出變遷的方向或模式？既有理論是否能夠解釋？審視既有研究文獻，似呈現兩種侷限性：第一，現有文獻對於體制演化和轉型的個案研究相當有限；第二，從本世紀全球憲政體制的新發展趨勢來看，強化總統權力和抑制總統權力這兩種發展趨勢，在不同的國家不同的階段中並存而浮動，對此新階段發展現況文獻探討同樣少見（陳宏銘，2020：90）。

　　對於第一項限制，雖然1990年代隨著第三波民主化進入高潮，總統制、內閣制及半總統制的全球分布奠定了三分天下的局面，但現有研究對本世紀以來這三種政府體制的完全轉型，幾乎未見總體層次的觀察和歸納。對於第二項當前的研究侷限，即面對強化總統權力和抑制總統權力在不同的國家中存在，並呈現多樣的浮動狀態現象，雖然有少量個案的研究，但全球性的觀察和歸納並未曾見到。固然，想對全球國家進行全面研究，是一項相對較艱難的研究工程，但鑒於意義不小，本文嘗試進行這些探索。

參、區域層次的分析

　　本文先分析區域層次，下一節中再延伸至全球層次。據此，本文將全球分為以下區域：亞太地區一（東亞、東南亞、南亞）、亞太地區二（大洋洲）、阿拉伯地區（中東暨北非）、中亞、北亞與西亞、歐洲一（扣除「東歐與巴爾幹半島」後共地區）、歐洲二（「東歐與巴爾幹半島」後共地區）、非洲（扣除北非阿拉伯國

家）、中南美洲、加勒比海地區、北美等共10個區總體彙整的情況請見表1-1，各區域的概況請見表1-2至表1-11。上述區域的劃分方式並非絕對，而係參考聯合國和其他常見的劃分，以及考量本研究的特性所需而來。例如，將「東歐與巴爾幹半島後共地區」單獨成爲一區，乃基於這個區域國家過去實施共產主義的共同點。至於其他歐洲地區，就無必要再特別劃分。同樣地，雖將「東亞、東南亞、南亞」劃爲一區，但於表1-2中註記各自區域名稱，一方面避免本研究全球區域過於割裂化，另一方面讀者同時仍可以辨識三個子區域。

　　在個案選擇上，部分國家修憲通過年度雖在上個世紀，如1999年，但因新憲法條文通常不是立刻實施，而實際上會落在本世紀生效，因此則一併納入。但排除若干僅維持一年或兩年左右很短暫的憲政型態，因其制度不穩定，在歸類上也較爲不易。

　　從總數來看，全球採行最多的是內閣制，共有77國，總統制有53國，半總統制有52國。如果以國家的自由程度來看，就「自由之家」（Freedom House）2023年網站上所公布對世界各國的評比爲依據，該評比將世界各國自由程度分爲自由（Free）、部分自由（Partly Free）、不自由（Not Free）等三個等級，如將自由和部分自由等級一併納入觀察，則仍以內閣制（65）國家數量最多，其次則是半總統制（44），最後是總統制（35）。由於學界有時將自由國家和部分自由國家共同構成民主國家類別，[7]因此將上述自由程度暫時視同爲民主的程度，也未嘗不是在測量上相對可以參考的方式（表1-1）。

---

[7] 如蘇子喬（2020：73）。

表1-1　全球各區域憲政體制類型採用國家數目

區域	總統制	內閣制	半總統制
東亞、東南亞、南亞	4	9	5
大洋洲	1	13	0
阿拉伯地區	5	9	5
中亞、北亞與西亞	5	3	8
歐洲（扣除後共地區）	1	18	6
歐洲（後共地區）	0	2	14
非洲（扣除北非阿拉伯國家）	19	8	17
中南美洲	17	3	1
加勒比海地區	0	11	1
北美	1	1	0
合計	53	77	57
民主國家	35	65	44

資料來源：作者整理自World Population Review（2022）、The Semi-presidential One（2022a, 2022b）、Freedom House（2022）。

一、區域分布之歸納

以下分別就全球各區域加以探討。

（一）亞太地區一：東亞、東南亞與南亞[8]

表1-2為東亞、東南亞、南亞地區國家的憲政體制歸類，綜觀而言，在18個國家中，內閣制有9個，占一半數目，為多數型態。另有4個總統制，5個半總統制。

---

[8]　緬甸、汶萊、北韓、中華人民共和國、越南等國家沒有納入分析，它們或因屬軍政府體制，或無民選國會機關，又或是一黨專政等特殊制度，均難以歸納入三種主要憲政體制中。

表1-2　亞太地區一：東亞、東南亞、南亞等各國憲政體制

制度類型	國家	總數
總統制	南韓（A）、菲律賓（B）、印尼（B）、馬爾地夫（C）	4
內閣制	日本（A）、馬來西亞（B）、泰國（B）、寮國（B）、柬埔寨（B）、不丹（C）、巴基斯坦（C）、印度（C）、尼泊爾（C）	9
半總統制	中華民國（A）、蒙古（A）、東帝汶（B）、斯里蘭卡（C）、新加坡（B）	5

註：A代表東亞、B代表東南亞、C代表南亞。
資料來源：本表由作者參考World Population Review（2022）、The Semi-presidential One（2022a, 2022b）整理而成。

　　採總統制的包括東亞的南韓，還有菲律賓、印尼、新加坡等東南亞國家，以及南亞地區的馬爾地夫。其中，印尼1999年修憲，將無限制的總統任期限制爲兩任。

　　內閣制國家包括東亞的日本，東南亞的泰國、柬埔寨、馬來西亞、寮國等國，南亞的印度、巴基斯坦、不丹、尼泊爾。其中，寮國在2015年修憲，規定總統任期不得超過兩任。巴基斯坦雖是內閣制，但2010年修憲進一步將總統解散民選議會，以及任命軍事首長的權力，轉移至總理和議會，形成總統權力的縮減。

　　半總統制國家，含中華民國、蒙古、東帝汶、斯里蘭卡。其中東帝汶於2002年獨立，承襲殖民時期母國葡萄牙的憲政制度，採行半總統制。斯里蘭卡於2015年由半總統制之總統議會制轉爲總理總統制。蒙古於1992年採行半總統制，其後維持半總統制，本世紀有兩次修憲調整，一是2001年，將總統提名總理的權力移交到國會，但於同一條憲法中增加了45日內國會無法提出總理候選人名單時，總統或國會本身均得提出解散國會的要求。二是2020年新憲法，加強總理權力，限制總統權力。另總統任期六年，且只可當選一次。[9]因

9　舊憲法中規定：總統每屆任期四年，可連任兩屆；且總理將由國會中的多數黨產生，從國會議員（國家大呼拉爾）中產生，政府成員由總理根據大呼拉爾和總統推薦自行任命和罷免（王浩、王雅麗，2020）。

此，蒙古的憲政發展，是在往縮減總統權力的方向上邁進。

　　總結此區域的情況，雖然採行內閣制者居多，但並無明顯的主導體制採行的因素。在體制的變遷上，並無完全轉型的個案，部分轉型則為斯里蘭卡。另有幾個國家出現總統在憲法上權力縮減的情形，而缺乏總統權力擴增的個案。

（二）亞太地區二：大洋洲

　　此區域14個國家中，絕大多數的13個國家屬於內閣制，總統制僅有帛琉，未有國家屬於半總統制（表1-3）。此區域之所以普遍採行內閣制，是因多屬大英國協國家，深受英國內閣制之影響。至於帛琉、密克羅尼西亞及馬紹爾群島，過去均曾是美國託管地區，故採行總統制有跡可循。整體而言，在本世紀起此區域國家並無明顯轉型和重要變遷跡象之案例。

表1-3　亞太地區二：大洋洲各國憲政體制

制度類型	國家	總數
總統制	帛琉	1
內閣制	斐濟、萬那杜、吐瓦魯、澳洲、紐西蘭、巴布亞紐幾內亞、薩摩亞、密克羅尼西亞、馬紹爾群島、索羅門群島、東加、吉里巴斯、諾魯	13
半總統制	無	0

資料來源：本表由作者參考World Population Review（2022）、The Semi-presidential One
　　　　　（2022a, 2022b）整理而成。

（三）中東暨北非（阿拉伯文化為主地區）

　　本區域涵蓋中東（包括伊朗、以色列等非阿拉伯人社會）和北非之阿拉伯文化主導的地方，共有24個國家。扣除5個傳統君主制國家（阿曼、卡達、沙烏地阿拉伯、阿拉伯聯合大公國、摩洛哥）後共

19個國家（如表1-4），以內閣制國家相對較多（9個），總統制與半總統制各有5個國家。

表1-4　中東暨北非阿拉伯各國憲政體制

制度類型	國家	總數
總統制	伊朗、敘利亞、吉布地、蘇丹、葛摩（2002前半總統制）	5
內閣制	黎巴嫩、伊拉克、以色列、約旦、科威特、巴林、葉門（1994-2012半總統制；2012轉內閣制）、索馬利亞、利比亞	9
半總統制	巴勒斯坦、埃及（2007-2011、2012-2013、2014之後）、阿爾及利亞（非洲1989迄今）、茅利塔尼亞[10]（1991-2005、2006-2008、2009迄今）、突尼西亞（1988-2011、2014迄今）。	5

資料來源：本表由作者參考World Population Review（2022）、The Semi-presidential One（2022a, 2022b）整理而成。

　　本區域中有3個國家出現跨憲政體制的變遷，包括葉門、葛摩、突尼西亞。葉門1994年憲法設計為半總統制，2011年內閣制公投，並於2012年脫離半總統制轉為內閣制。葛摩2002年之前採半總統制，之後改採總統制。突尼西亞原為總統制國家，於2014年制定新憲後採行半總統制。

　　埃及在本世紀實行半總統制，在2011年至2012年間，以及2013年至2014年間，因政治動盪、軍事政變，半總統制終止，2014年後再轉型為半總統制。由於其半總統制短暫終止期間，制度狀態並不穩定，難以歸類，因此該國不列入跨憲政體制變遷個案。另有一個半總統制國家出現局部轉型，2009年茅利塔尼亞由總理總統制轉為總統議會制。

---

[10] 茅利塔尼亞於2005年、2008年發生兩次軍事政變，致其半總統制運作中斷。

（四）中亞、北亞與西亞

　　中亞、北亞與西亞地區共16國，採行半總統制者居多數，有8個國家，總統制5個國家，內閣制國家最少，僅有3個。

　　本區域包括土耳其、摩爾多瓦、喬治亞、亞美尼亞、巴基斯坦等5國，共6個案例出現憲政體制的完全轉型（表1-5）。歸納為兩大轉型方向，一是總統權力縮減方向，占多數的4個案例，3個由半總統制轉向內閣制（摩爾多瓦2000年、喬治亞2024年、亞美尼亞2018年）。二是總統權力擴增方向，共3個案例，包括2個由內閣制轉向半總統制（土耳其2014年、摩爾多瓦2016年）、1個由半總統制轉向總統制（土耳其2018年）。此區域出現憲政體制轉型的個案相對最多，與其中半總統制國家較多有所關係。

表1-5　中亞、北亞、西亞各國憲政體制

制度類型	國家	總數
總統制	烏茲別克、阿富汗、塔吉克、土庫曼、土耳其（2014-2017半總統制，2018轉總統制）	5
內閣制	亞美尼亞（原半總統制，2015內閣制修憲，2018正式實施）、巴基斯坦、喬治亞（原半總統制，2017內閣制修憲，2024正式實施）	3
半總統制	蒙古、俄羅斯、哈薩克、亞塞拜然、白俄羅斯、吉爾吉斯、摩爾多瓦（2001-2015內閣制、2000之前半總統制）、烏克蘭	8

資料來源：本表由作者參考World Population Review（2022）、The Semi-presidential One（2022a, 2022b）整理而成。

　　此外，若干國家體制未有轉型，但出現總統權力的增加或縮減的微幅調整。前者有2002年的烏茲別克、1998年與2007年的哈薩克、2016年的塔吉克、2001年與2008年的土庫曼、2020年的俄羅斯、2009年與2016年的亞塞拜然。總統權力增加的形式，最主要為延長總統任期。後者則有2011年與2014年的烏茲別克、2012年與2017年

的哈薩克、2001年的蒙古、2004年的烏克蘭。[11]權力縮減的形式，最主要為擴大總理或國會的權力、縮減總統任命總理權力、將部分總統權力轉移給總理等。

（五）歐洲一（扣除「東歐與巴爾幹半島」後共地區）

在歐洲，扣除東歐與巴爾幹半島後共地區，如表1-6所示，共有25個國家，其中內閣制有18個國家，其次是半總統制6個國家，總統制只有賽普勒斯1個國家。如果再考量這6個半總統制國家中，至少有一半以上其實際運作偏向內閣制，如冰島、愛爾蘭、奧地利等，則此區域是內閣制的絕對優勢地區。

表1-6　歐洲一（扣除「東歐暨巴爾幹半島」後共地區）各國憲政體制

制度類型	國家	總數
總統制	賽普勒斯	1
內閣制	安道爾、比利時、丹麥、德國、希臘、義大利、科索沃、列支敦斯登、盧森堡、馬爾他、摩納哥、挪威、馬爾他、西班牙、瑞典、荷蘭、英國、聖馬利諾	18
半總統制	奧地利、芬蘭、法國、冰島、愛爾蘭、葡萄牙	6

資料來源：本表由作者參考World Population Review（2022）、The Semi-presidential One（2022a, 2022b）整理而成。

以虛位元首為主的內閣制主導地區，在本世紀未見有憲政體制的轉型個案。部分國家的制度則有所變動或憲改的提議，英國於2011年國會通過《國會固定任期法》（該法於2022年廢止）後，內閣對國會的主動解散權已經取消。該法規定每屆國會任期固定為五年，僅有在以下兩種情況下，國會得提前解散改選：一是國會通過倒閣，

---

[11] 烏克蘭2004年修憲，取消總統提名總理和解散內閣成員的權力，但賦予其解散議會的權力。惟此一修憲於2010年遭憲法法院判定違憲。2014年再度修憲，恢復了2004年的法案內容。

而新內閣無法於14日內在國會多數支持下組成；二是三分之二以上的國會議員同意提前舉行國會選舉（蘇子喬，2019：10），此一制度調整，一度對英國憲政運作產生重大影響。此外，冰島在2011年提出憲法修改草案，之後進行了全國公投，多數票通過該文件作為憲法改革的基礎。雖近年來支持該憲法的運動正在興起，然而它從未被採用（Hudson, 2018）。奧地利近年來則有精簡聯邦政府體制的憲改議論，但並未涉及總統和總理權力以及行政與立法關係之調整（Kössler, 2018）。

（六）歐洲二：東歐暨巴爾幹半島後共地區

如表1-7所示，東歐暨巴爾幹半島後共地區16個國家，有14個採行半總統制，僅2個國家採行內閣制，而無國家採行總統制。此一結果一如本文前面述及的，源自第三波民主化在此區域所帶動的半總統制湧現現象。

表1-7　歐洲二：東歐暨巴爾幹（後共）各國憲政體制

制度類型	國家	總數
總統制	無	0
內閣制	匈牙利、阿爾巴尼亞	2
半總統制	波蘭、保加利亞、捷克、羅馬尼亞、斯洛伐克、立陶宛、愛沙尼亞、拉脫維亞、斯洛維尼亞、保加利亞、克羅埃西亞、北馬其頓、蒙特內哥羅、塞爾維亞	14

資料來源：本表由作者參考World Population Review（2022）、The Semi-presidential One（2022a, 2022b）整理而成。

進一步來看，在這16個國家中，有2個出現體制的完全轉型，為斯洛伐克與捷克，兩者同由內閣制轉向半總統制。斯洛伐克1999年修憲，改由公民直選總統；捷克則於2013年修憲，改由公民直選總統。另有2個出現體制的局部轉型，為羅馬尼亞與克羅埃西亞，兩國

分別於2003年與2001年修憲，規範總統不得任意撤換內閣，由總統議會制轉爲總理總統制。

（七）非洲地區（扣除阿拉伯國家）

表1-8呈現非洲地區國家的憲政體制。綜觀而言，此部分扣除阿拉伯國家，有44個國家，採行總統制者最多，共有19個國家，半總統制緊追在後，有17個國家，係因此地區有許多國家之前爲法國和葡萄牙殖民，在1990年步入民主化之後，或帶有強烈法國第五共和憲政色彩、或具葡萄牙的半總統制憲政經驗。最後，此區域採行內閣制者相對最少，只有8個國家。

表1-8　非洲地區（扣除北非阿拉伯國家）各國憲政體制

制度類型	國家	總數
總統制	安哥拉、貝南、蒲隆地、查德、象牙海岸、赤道幾內亞、迦納、幾內亞、肯亞、賴比瑞亞、馬拉威、奈及利亞、塞席爾、獅子山、烏干達、辛巴威、尚比亞、甘比亞、南蘇丹	19
內閣制	波札那、厄利垂亞、衣索比亞、賴索托、模里西斯、摩洛哥、南非、史瓦帝尼	8
半總統制	布吉納法索、喀麥隆、維德角、中非、剛果民主共和國、加彭、馬達加斯加、馬利、莫三比克、納米比亞、尼日、盧安達、聖多美普林西比、塞內加爾、坦尚尼亞、多哥、幾內亞比索[12]	17

資料來源：本表由作者參考World Population Review（2022）、The Semi-presidential One（2022a, 2022b）整理而成。

---

[12] 值得注意的是幾內亞比索的半總統制政府並不穩定，憲法上權力設計的模糊性，助長了總統與總理和議會之間經常發生的衝突。因此，自1994年第一次多黨選舉以來，除José Mário Vaz外，沒有一位總統完成過他們的任期，這些因素導致前任總統Vaz懇求進行憲法改革，以消除體制不穩定的根源，但目前該國尚未有進一步的修憲（Niang, 2020）。

　　此區域在本世紀中，共有2個國家出現體制的完全轉型，包括安哥拉與查德，分別在2010年和2018年廢除總理職位，轉型為總統制。另有一個半總統制國家出現局部轉型，2001年塞內加爾由總理總統制轉為總統議會制。

　　此外，有若干國家出現憲政體制的微幅調整。在總統權力擴張部分，總統制國家包括蒲隆地、烏干達與辛巴威，情況比較多元。其中，蒲隆地2020年修憲，總統任期由五年延長至七年；烏干達2005年修憲，取消總統任期限制；辛巴威2020年修憲，增加總統可直接任命兩位副總統。[13]半總統制國家則有剛果民主共和國，2011年修憲增加總統對省級政府的權力，以及加彭在2018年取消總統任期限制。

　　關於總統權力縮減的國家，總統制中僅有塞席爾，於2016年修憲，總統任期由最多三任十五年減少為兩任十年。在半總統制中，塞內加爾於2017年修憲，將總統任期最多三個五年，縮減為兩個五年；還有多哥，2019年總統任期由無連任限制縮減為最多兩個任期。

　　在8個內閣制國家當中，出現微幅調整的變遷為摩洛哥。其雖偏向是內閣制，但國王具有若干實權，2011年修憲內容為國王權力的縮減，以及總理在政府人事任命權力的強化和具有解散議會的權力。

　　總體來看，此區域出現憲政體制權力設計變遷的國家不少，型態也多元，且集中在總統制與半總統制。

---

13 尚比亞2020年甚受矚目的修憲案，係由總統推動的一項擴張總統權力（提名法官、部長、改變選舉政策及對中央銀行的控制）的10號法案，在議會表決中即失敗（Asala, 2020）。另甘比亞包括規定總統任期限制的新憲法，經過兩年多的時間，最終未獲國會通過（Nabaneh, 2020）。

（八）中南美洲地區

　　中南美洲有些國家係脫離西班牙及葡萄牙獨立，並仿效美國的總統制，因此如表1-9所示，在此區域21個國家中，除蘇利南、貝里斯、蓋亞那採行內閣制，以及秘魯採行半總統制外，其他大部分國家為總統制，這顯示文化影響和鄰近國家的示範效應因素。

表1-9　中南美洲各國憲政體制

制度類型	國家	總數
總統制	阿根廷、玻利維亞、巴西、智利、哥倫比亞、哥斯大黎加、多明尼加、厄瓜多、薩爾瓦多、瓜地馬拉、宏都拉斯、墨西哥、尼加拉瓜、巴拿馬、巴拉圭、烏拉圭、委內瑞拉	17
內閣制	蘇利南、貝里斯、蓋亞那	3
半總統制	秘魯	1

資料來源：本表由作者參考World Population Review（2022）、The Semi-presidential One（2022a, 2022b）整理而成。

　　整體區域並未有跨憲政體制的轉型，但多個國家出現微幅調整，主要是總統任期限制的異動，以及少數國家因修憲而使總統實質權力增減。

　　先就任期限制的異動來看，又可分成兩種情況，一是放寬或取消任期限制，另一是限縮總統任期。前者較多共有4個國家，[14]包括玻利維亞、宏都拉斯、尼加拉瓜、委內瑞拉；後者僅有智利2005年修憲，總統任期由六年縮減至四年。此外，有些國家在放寬任期和限縮任期間反覆調整，如厄瓜多於2015年修憲，自2021年起取消總統任期限制，但2018年公投通過，恢復總統任期限制；多明尼加於2010年修憲，總統不得連續連任，但可隔屆參選，卻在2015年再度修

---

[14] 巴拉圭2017年時參議院雖試圖廢除總統任期僅限於五年的限制，藉以允許前任和現任總統再次競選的法案，但因為人民的抗議，最終被眾議院否決了（Blair, 2017）。

憲，修改成總統任期得連任一次；哥倫比亞於2004年修憲，將總統任期改為得連任一次，但2015年修憲，又恢復到原來的一屆任期，不得連任的限制。

除了任期限制的變化之外，少數國家因修憲而使總統實質權力發生增減。其中，委內瑞拉1999年修憲，賦予總統在一定條件下可解散國民議會的權力；相對地，蓋亞那2000年修憲，包括總統在內的內閣組成，若被國民議會以多數信任票否決，則須辭職，並重新舉行選舉。

（九）加勒比海地區

如表1-10所示，在加勒比海的12個國家來看，除海地採行半總統制外，其餘均為內閣制。

表1-10　加勒比海地區各國憲政體制

制度類型	國家	總數
總統制	無	0
內閣制	安地卡及巴布達、巴哈馬、巴布多、古巴、多米尼克、格瑞那達、牙買加、聖克里斯多福及尼維斯、聖露西亞、聖文森、千里達及托巴哥	11
半總統制	海地	1

資料來源：本表由作者參考World Population Review（2022）、The Semi-presidential One（2022a, 2022b）整理而成。

整體區域而言，並未有跨憲政體制的轉型、局部轉型，也很少案例出現體制的微幅調整。比較特別的是內閣制的千里達和托巴哥，2014年該國曾試圖修憲，限制總理任期不超過兩個完整任期或十年六個月，無論任期是連續還是中斷，但迄今該主張並未能修憲通過（Editorial, 2022; Albert, 2014）。

（十）北美地區

此區域美國和加拿大分屬總統制和內閣制（表1-11），1990年以來並無變遷。

表1-11　北美各國憲政體制

制度類型	國家	總數
總統制	美國	1
內閣制	加拿大	1
半總統制	無	0

資料來源：本表由作者參考World Population Review（2022）、The Semi-presidential One（2022a, 2022b）整理而成。

二、綜合歸納

從上述各區域的發展情況，可以歸納出以下結論：

第一，就三種主要憲政體制的優勢分布區域來看：總統制的優勢區域主要集中在中南美洲，其次是非洲。內閣制的優勢區域相對較多，依序是「歐洲一」（扣除「東歐暨巴爾幹半島」後共地區）、「亞太地區二」（大洋洲）、「加勒比海地區」、「亞太地區一」（東亞、東南亞、南亞）、「中東暨北非的阿拉伯地區」；半總統制的優勢區域依序是「東歐暨巴爾幹地區」、「中亞、北亞與西亞」以及「非洲」。[15]

第二，以憲政體制變遷的區域特性來看：出現最多制度轉型和變遷國家的區域所在，前三名包括「中亞、北亞與西亞」、「非洲」及「東歐暨巴爾幹半島後共地區」。這三個地區也是半總統制和總統制

---

[15] 以絕對數量來看，非洲地區總統制多達19個，是該區域最優勢的類型，但半總統制亦多達17個國家，遠多於內閣制（8個），故亦屬相對優勢的類型。

國家相對較多的區域。換言之，這兩種憲政體制變動機率較高，連帶增加該區域制度變遷的案例。相對地，虛位元首的內閣制變動機率較低，連帶使得該區域制度變遷的案例較少。

肆、全球層次的分析

　　本節進一步就全球層次的發展加以探討，焦點集中在憲政體制於二十一世紀的變遷與發展趨勢，茲區分為體制的完全轉型、局部轉型以及微幅調整等三種情況加以探究。

一、體制的完全轉型

　　由內閣制、總統制、半總統制當中的某種型態一舉轉向另一種不同型態，是為體制的完全轉型。理論上有六種型態：一、由半總統制轉總統制；二、由半總統制轉內閣制；三、由內閣制轉總統制；四、由內閣制轉半總統制；五、由總統制轉半總統制；六、由總統制轉內閣制。實證上，如表1-12所示，僅有一、二、四、五等四種型態，第三、六型態並無任何案例。

表1-12　21世紀初憲政體制的完全轉型

轉換類型	國家（年代）	轉型憲改模式	數目
半總統制 轉總統制	土耳其（2018）	主導型（總統擴權）修憲	6
	查德（2018）	主導型（總統擴權）修憲	
	安哥拉（2010）	主導型（執政黨）修憲	
	肯亞（2010）	黨派妥協型修憲	
	吉爾吉斯（2021）	主導型（總統擴權）修憲	
	葛摩（2002）	黨派妥協型修憲	

（接下表）

轉換類型	國家（年代）	轉型憲改模式	數目
半總統制轉內閣制	亞美尼亞（2015、2018）	主導型（總理權力增大，總統布局換位總理）修憲	3
	喬治亞（2018-2024）	主導型（執政黨）修憲	
	摩爾多瓦（2000）	黨派妥協型修憲	
內閣制轉半總統制	捷克（2013）	黨派妥協型修憲	4
	斯洛伐克（1999）	黨派妥協型修憲	
	土耳其（2014）	主導型（總統擴權）修憲	
	摩爾多瓦（2016）	憲法法院宣告	
總統制轉半總統制	突尼西亞（2014）	妥協型制憲	1

資料來源：Sobacı, Köseoğlu and Miş (2018); Moestrup (2018); Madeira (2015); Silva (2012); Fumagalli (2016); Tayfur (2021); Elgie (2008a); Wu (2018)；吳玉山（2016）；陳宏銘（2021）；The Semi-presidential One (2022a); The Semi-presidential One (2022b)。

　　在轉型的憲改模式上，可按其在修憲或制憲時是否由某一政治力量取得主導地位，或者是黨派間有一定程度的妥協或共識，再考量相關憲改方式和特質，歸納出以下模式：主導型修憲、黨派妥協型修憲、單純的總統選制改變，以及憲法法院宣告等。[16]其中主導型修憲，理論上包括明顯的總統擴權修憲，或是偏向以執政黨為主體（個人色彩較不明顯）的主導型修憲，以及擴大總理權力型的修憲。此外，也有一種特殊情形，即雖是總統主導的修憲，但非擴大總統權力，而是先行布局擴大總理權力，以使自己卸任總統職位後，還可「換位」至總理職務，而能繼續掌握執政權。

　　以下就四種不同的完全轉型做簡要說明：

---

[16] 中央研究院院士吳玉山教授（2016）曾就半總統制如何被操縱與修改以符合政治人物的利益，提出策略性修憲現象，就內容而言，加大總統權力型與加大國會權力型兩種，本文中部分轉型憲改模式與其精神相通，但適用主體不限於半總統制。

（一）由半總統制轉總統制：土耳其、查德、安哥拉、肯亞、吉爾吉斯、葛摩

　　半總統制欲轉總統制，通常在於廢除總理職位，或將其職權移轉至總統個人身上，並解除行政部門向國會負責的機制。在本研究中共有6個個案偏向此種型態。土耳其2017年在Recep Tayyip Erdogan總統執政下，新憲法廢除總理（Sobacı, Köseoğlu and Miş, 2018），國會議員喪失解職部長的權力，由半總統制轉向總統制，這是基於Erdogan擴大其總統權力，確保其職位所進行的制度改變。

　　查德在2018年廢除總理職位，並延長總統任期，由半總統制轉為總統制。查德1991年起即由Idriss Déby擔任總統迄今，原本半總統制的雙重行政領導體系雖沒有限制他的權力行使，但其任內總理平均任期不到兩年，這種頻繁的流動，既使總理們無法建立自己的權力基礎，也逐漸使總統得藉由完全取消總理職能來進一步掌握權力（Moestrup, 2018）。Déby之所以能夠修憲成功，也是憑藉執政黨愛國拯救運動（MPS）多年來在國會中掌握絕對多數的席次。

　　安哥拉是非洲葡萄牙語國家，和莫三比克、幾內亞比索、聖多美及普林西比島和維德角相似，都在上個世紀和葡萄牙一樣選擇了半總統制（Madeira, 2015）。安哥拉是在1992年實施總統議會制，憲政體制存在著總統和總理，總統並由公民普選產生。在2010年，以安哥拉人民解放運動為主導的議會通過新憲法，廢除直接總統選舉制度，改由取得國民議會大多數議席的政黨所推舉的人擔任總統（Silva, 2012）。同時廢除總理職位，新增副總統職位。修憲後安哥拉實行總統制，總統是國家元首和政府首長。不過，由於總統並非公民普選產生，故雖該國普遍被視為是總統制，但應屬非典型的總統制（Troco, 2021）。

　　肯亞在本世紀曾實施近似半總統制的短期權宜制度安排，其後再回復為總統制。肯亞半總統制在制度設計上，並未直接修改憲法，而是暫時性增設總理與副總理一職（嚴震生，2010a）。2008年成立

聯合政府以來，肯亞政治逐漸恢復穩定，有鑒於先前的政治危機，[17]全國聯盟（PNU）與橙色民主運動共同推動新憲法。經過多次協商後，2010年舉行新憲公投獲得通過，8月27日公布憲法草案，在實施總統制下，取消內閣總理一職，同時削弱總統權限。這部新憲法是一場混亂的政治妥協下之產物，在其制定的某個階段中，改革進程陷入了總統制和內閣制支持者與各種混合體的倡導者之間角力中（Haria, 2010）。

　　吉爾吉斯從前蘇聯獨立以後，早先實行半總統制次類型之總統議會制，2010年改採總理總統制（Fumagalli, 2016）。2021年4月，在一項公民投票中，79.18%的吉爾吉斯民眾支持總統制。Sadyr Japarov總統2021年5月5日簽署法令，該國由半總統制過渡為總統制（Tayfur, 2021）。[18]吉爾吉斯總統制的採行雖是Sadyr Japarov總統主導，但具有公民投票高度支持的結果。

　　葛摩在上個世紀即採半總統制，總統由直接選舉產生，另有一位總理是政府首腦，至1999年，因發生政變而致半總統制中斷。葛摩過去實施的半總統制，總統在憲法規範下對內閣的組閣和免職權力很大（Sanches, 2020），因此，這為轉型為總統制奠定了條件。2001年12月23日，新憲法經全民公投獲得批准，2002年新實施的政府體制被廣泛歸類為總統制。這個制度的轉型，比較是組成該國各島嶼、各種力量間的共識產物。新制度下，總統是直接選舉產生的，且與之前制度相較，則已不存在總理職位（Elgie, 2008a）。

---

[17] Raila Amolo Odinga總理將兩名部長停職三個月，因為他們受到腐敗指控。然而，Mwai Kibaki總統拒絕接受總理的決定，總統認為憲法和民族和解法都沒有賦予Odinga總理對部長停職的權力，而且沒有就此事進行磋商。

[18] 吉爾吉斯在2020年10月4日舉行國會大選，當時仍是反對派領袖的Sadyr Japarov陣營贏得勝利，但不被承認，並且被捕入獄。支持者發動大規模示威，從監獄中救出多位服刑中的政治人物，其中包括Japarov。Japarov隨即成為總理，數天後，總統Sooronbay Jeenbekov在群眾示威中下臺，由Japarov兼任。在2021年1月的總統大選，Japarov贏得壓倒性勝利。而在同天舉行的公投，吉爾吉斯人民支持總統制，催生了憲法改革。

（二）由半總統制轉內閣制：亞美尼亞、喬治亞、摩爾多瓦

　　半總統制轉內閣制乃伴隨著總統不再由公民選舉產生，共有3個國家屬於這種情況。亞美尼亞在2015年12月舉行憲改公投，修憲後的政府體制將主要行政權由總統移轉至總理身上，且總統不再由公民直選產生，而是由國民議會選舉，並於2018年正式轉向內閣制。[19]亞美尼亞內閣制的修憲係由Sargsyan所推動和主導，反對黨質疑Sargsyan之所以會致力於內閣制選項，是因設想兩屆總統任期結束後可以轉戰至總理職位，以延續其個人政治權力的掌控。果不其然，2017年4月的國會選舉，Sargsyan所領導的亞美尼亞共和黨贏得國會的多數，其後在2018年他登上了總理的職位（Wu, 2018）。

　　喬治亞在2004年採行半總統制，於2010年修憲，加大總理與國會權力。2017年進行憲改，國家憲法會議採用修憲草案，總統改由間接選舉產生，並縮減權力，由半總統制轉向內閣制（吳玉山，2016）。在憲法草案投票前兩天，反對黨離開了委員會。15個反對黨宣布，執政的多數黨沒有考慮他們的任何提議，並指責執政黨修改憲法以適應自己的需要（Nakashidze, 2017），此外，大多數公民和政黨不贊成取消總統直選（Civil Georgia, 2017）。因此這一制度的轉變傾向是執政黨派所主導的情況。新的總統定位為象徵性、儀式性角色。內閣制的新憲法在2018年新一任總統選舉後生效，但這一任總統仍由人民直接選舉產生，任期至2024年，也就是在最後一屆仍由人民選舉產生總統的階段，已開始試用內閣制體制。2024年後由特別委員會推選產生總統，不再由人民直選，純粹內閣制真正上路。

　　摩爾多瓦在1994年至2000年間採行總理總統制的半總統制（Roper, 2008: 119），但在2000年修憲，總統由間接選舉產生，

---

[19] 在亞美尼亞轉為內閣制後，政治人物對憲政體制仍有不同聲音，如總理Nikol Pashinyan表示，亞美尼亞可能轉向半總統制政府（Chirciu, 2021）。

憲政體制改採內閣制。修憲時，各黨派達成了幾乎一致的共識，雖然憲法修正案是由基督教民主人民陣線（Partidul Popular Creştin Democrat）的成員Sergiu Burca起草的，但如果沒有該黨派的支持，這些修正案是不可能通過的（Roper, 2008: 120）。惟內閣制實施至2015年又告終止（其後情形，請續見後文）。

（三）由內閣制轉半總統制：捷克、斯洛伐克、土耳其、摩爾多瓦

捷克在1993年初與斯洛伐克分為兩個國家後，採行的是內閣制，當時總統係由國會議員間接選舉產生。其後，由於總統之間接選舉日漸難產，捷克政壇思考是否改由直接選舉產生，並成為該國重大政治議題。2008年的總統選舉經過多次投票才勉強通過當選門檻一事，使得此議題的嚴重性達到高峰（許恒禎，2015）。終於在2012年完成總統直選的修憲，並在2013年首次實施總統直選，正式進入半總統制。

斯洛伐克與捷克在1993年分家，總統由國會議員間接選舉產生，採行的是內閣制。總統的當選門檻，無論是在第一輪或第二輪均需五分之三的同意，此高門檻很容易導致沒有候選人能夠跨過，於是1999年修憲法，採行公民直選總統，轉型為半總統制。整體而言，斯洛伐克與捷克均是因總統選制的改變而轉型為半總統制，且可歸類為黨派具一定共識的妥協型修憲。

土耳其在1923年獨立後曾實施內閣制，2007年修憲採行總統直選（Elgie, 2007b），2014年第一次公民直選總統，正式轉為半總統制。[20]幾年後，土耳其接著又修改憲法將半總統制轉為總統制，則一如前文所述。

摩爾多瓦在2000年修憲由半總統制轉型為內閣制，在2016年前

---

[20] 土耳其在轉型為半總統制前，1982年的憲法體制被普遍視為內閣制，但如果深入的解析，其與典型的內閣制有些差距，而具有混合制的特徵（Özbudun, 2013）。

一直是內閣制，與德國和匈牙利類似。不過，雖然該政權不再被認為是之前的總理總統制，但事實上總統現在擁有更大的影響力和權力。[21]最後導致摩爾多瓦在2016年回復到半總統制，並非透過國會修憲方式，而是在2016年3月間，因民眾對政府持續多日的抗議活動和社會動盪，以及反對黨的要求下，憲法法院宣布，2000年修憲將總統改由國會間接選舉產生是違憲的（Reuters, 2016）。摩爾多瓦是體制完全轉型中，唯一來自憲法法院裁決所導致的個案。

（四）由總統制轉半總統制：突尼西亞

　　突尼西亞長期並存總統和總理這兩個職務，原政府設計較接近總統制。2010年末爆發茉莉花革命後，經過三年制憲會議的過程，2014年新憲法縮減原制度下總統的權力，改採半總統制政府。制憲議會最終會選擇半總統制，和各種政治力量間的妥協有關，是藉由半總統制來平衡國家機關間的權力關係（Erdoğan, 2020: 61; Berardi, 2019: 57; Camarasa, 2018；陳宏銘，2021）。

　　綜上，在本世紀目前為止，並無出現總統制與內閣制之間的直接轉型，相對地，上述案例全部屬於半總統制與另兩種制度間的轉換。這很明確顯現一種重要的訊息，這種制度間的轉型模式，較總統制與內閣制間的轉型容易多了。且其中半總統制轉換至另兩種制度的國家數為9個，而另兩種制度轉成半總統制的國家數為5個，前者接近是後者的兩倍，以此來看，半總統制國家有微幅減少的情況。

　　此外，在轉型的憲改模式上，有超過半數是總統或執政黨主導

21　這是因為自2001年2月的議會選舉以來，摩爾多瓦共產黨（Partidul Comunist din Republica Moldova, PCM）一直享有議會多數，因此，雖然總統不再有權出席政府會議或任命憲法法院的法官，但總統仍然任命總理（與議會多數派協商），並保留對立法的否決權。以Vladimir Voronin總統為例，他的總統權力並不完全來自於他的憲法權力，而是來自於他是議會多數派的領導人（Roper, 2008: 122-123），造成這種情況是實際的憲政運作與憲法規範間可能存在落差，這不只發生在摩爾多瓦。但此處的重點在於，該國憲法形式上是內閣制，實際上是實權總統的制度。

型，這是半總統制轉向總統制常見的型態，而在缺乏優勢的政治勢力或領導人主導的情況下，黨派間的妥協和共識會成為轉型所需尋求的途徑。

二、體制的局部轉型

在本世紀目前為止，至少有8個國家出現體制的局部轉型。有6個國家由總統議會制轉向總理總統制，以及4個國家由總理總統制轉向總統議會制，顯示部分轉型以縮減總統權力居多（表1-13）。

表1-13　21世紀初憲政體制的局部轉型

轉換類型	國家（年代）	數目
總統議會制轉總理總統制	克羅埃西亞（2001）、羅馬尼亞（2003）、烏克蘭（2014）、亞美尼亞（2005）、吉爾吉斯（2010）、斯里蘭卡（2015）	6
總理總統制轉總統議會制	茅利塔尼亞（2006-2008、2009）塞內加爾（2001）、斯里蘭卡（2020）、突尼西亞（2022）	4

資料來源：參考Elgie（2011）、The Semi-presidential One（2022）製作而成。

（一）總統議會制轉向總理總統制：克羅埃西亞、羅馬尼亞、烏克蘭、亞美尼亞、吉爾吉斯、斯里蘭卡

在這6個國家中，克羅埃西亞、羅馬尼亞、烏克蘭以及亞美尼亞出現體制的部分轉型時間較接近，分別在2001年、2003年、2004年、2005年進行修憲。克羅埃西亞和羅馬尼亞修憲後，均規範總統不得任意撤換內閣。烏克蘭2004年的修憲，取消了總統提名總理及解散內閣成員的權力，賦予其解散議會的權力；但在2010年時，憲法法院卻否決了2004年的憲法修正案，認為其違憲。直至2014年修憲，再次恢復2004年的法案內容。烏克蘭的轉型經驗，與前述摩爾

多瓦一樣，均出現憲法法院判決介入的影響。亞美尼亞在1995年實施半總統制憲法，總統擁有很大的權力，他可以憑己意解散國會，任命和解除總理職務；2005年修改憲法，總統不再擁有單方解職總理的權力，總理僅對國會負責，但總統仍保有相當權力（Wu, 2018: 19）。由於在總理總統制下，總統並無免職總理權力，因此這四個國家可視爲由總統議會制轉爲總理總統制。

吉爾吉斯從前蘇聯獨立以後，於1993年實行總統議會制的半總統制，2010年新憲法改爲總理總統制（Fumagalli, 2016）。斯里蘭卡則於2015年進行修憲，取消原憲法總統可解職總理職務的設計，也是從由總統議會制轉爲總理總統制。

（二）總理總統制轉向總統議會制：[22]茅利塔尼亞、塞內加爾、斯里蘭卡、突尼西亞

此種轉變共有4個國家。北非的茅利塔尼亞在1991年至2005年間採行總理總統制，總統無免職總理權，於2006年由總理總統制轉爲總統具有免職總理權的總統議會制，在2008年至2009年間制度運作中斷，2009年後再回復到總統議會制。塞內加爾在1991年至2000年間採行總理總統制，總統無免職總理權，其後於2001年修憲，總統具免職總理權，由總理總統制轉爲總統議會制（Elgie, 2011; The Semi-presidential One, 2022b）。斯里蘭卡在2020年第二十次修憲又改回總統議會制。突尼西亞在2022年修憲增強總統權力，總統可直接解散國會，轉爲總統議會制。

---

22 馬達加斯加在1992年至1995年期間屬總理總統制，在1995年至2009年期間則轉爲總統內閣制；布吉納法索在1991年由總理總統制轉爲總統議會制（Elgie, 2011: 27-29）。上述兩者屬上個世紀的變遷，均不納入本世紀個案中。

三、微幅調整：體制未轉型，但總統（總理）權力增減

不少國家在本世紀雖然沒有出現政府體制型態的轉變，但有局部的調整，此處聚焦在兩項核心層面：總統權力的增加、總統權力的減少（或總理權力的增加）。聚焦在總統為核心的主要原因有二，一是鑒於所有憲政體制的轉型，不論是三種主要制度間任兩種的完全轉型，或是半總統制內部的次類型轉型，無一不是涉及總統權力的變動。相對於總統，總理角色的觀察，若非牽動到其與總統權力消長關係，則其重要性相對降低。因此，總統權力有關的微幅變動，是觀察制度進一步可能變遷的其中一項訊號，相對於其他制度變動的觀察，更具重要性。二是鑒於本文研究工程之大，以總統權力為主的分析，也能收研究上聚焦之利。

（一）總統權力增加

主要集中在總統任期的延長方面。擬說明的是，總統任期本身並非職權項目，但任期的長短卻影響總統在位和權力行使的長久性，因此本文將其納入一國在制度上總統權力增減的面向，但其影響僅視為微幅度的制度變遷。這包括每屆任期年數的延長（如由一屆五年延長為六年）、任期屆數的放寬（或有屆期限制改無屆期限制）。此外，也包括其他情形，分為以下各項說明。

1.總統任期年數延長或屆數放寬

(1)任期年數延長：包括中亞、西亞與北亞地區的塔吉克（2016）、土庫曼（2001、2008）、俄羅斯（2020）、亞塞拜然（2009、2016）；北非的蒲隆地（2020）、加彭（2018，取消總統任期限制）、玻利維亞（2009）、哥倫比亞（2004）、宏都拉斯（2015）。

(2) 任期屆數放寬：烏干達（2005）、委內瑞拉（2009）、[23]多明尼加（2015）、[24]玻利維亞（2017）、尼加拉瓜（2014）。

2.其他

如辛巴威（2020）總統可任免兩位副總統，新憲於2023年實施；委內瑞拉（1999）總統在一定條件下可解散國民議會的權力；剛果民主共和國（2011）增加總統對省級政府的權力。

（二）總統權力縮減

主要在於總統任期的限制，包括每屆任期年數或屆數的縮短，以及縮減總統的權力，或相對增加總理（或國會）權力等。此外，也包括其他情形，分為以下各項說明。

1.總統任期年數縮短或屆數縮減[25]

(1) 總統任期年數縮短：蒙古（2020）、塞席爾（2016）、智利（2005）。

(2) 總統任期屆數縮減：印尼（1999）、法國（2008）、[26]寮國（2015）、蒙古（2020）、塞席爾（2016）。

2.其他

如縮減總統職權、增加總理（或國會）權力，包括蒙古

---

23 廢除了包括總統在內的民選官員任期的限制。

24 2010年修憲由總統不得連續連任，但可隔屆參選，2015年再修憲，改為總統職位最多可連續擔任兩個四年任期。

25 至於法國2000年修憲將總統任期從七年改為五年，可視為縮減總統的影響力，但也可以反推為將總統任期縮短為與國會任期一致，增加總統掌握國會多數的機會，而可能是增加總統權力。但這項推論僅能視為結合選舉時程與選舉制度、政黨體系作用下的間接因素，是提高這種結果的或然率，而非此項制度變革必然之結果。亦即，選舉結果是否必然如此，並非該項制度變革直接決定之結果，以2022年甫結束的總統和國會選舉結果馬克宏總統所屬陣營並未取得國民議會多數可知。因此，源於法國案例的特殊性，本文不將2000年這項任期變動歸類為總統權力的增加或減少。

26 修憲將總統任期明確規定為連選得連任一次，不得超過兩任。

（2001）、烏茲別克（2011、2014）、哈薩克（2012、2017）、巴基斯坦（2010）、摩洛哥（2011）。另蓋亞那（2000）修憲後規定，包括總統在內的內閣組成若被國民議會以多數信任票否決，則須辭職，並重新舉行選舉。

　　整體而言，如表1-14所示，總統權力增加的國家數量（17）略高於總統權力減少的國家數量（14），但仍未達明顯的程度。

表1-14　政府體制微幅調整：總統權力增減國家數目一覽表

權力面向	總統權力增加	總統權力減少
總統任期與屆數	14	8
其他制度設計	3	6
合計	17	14

註：本表由作者根據有關各國各式憲政資料和新聞資料綜合整理而成。

四、憲政體制轉型與民主表現

　　關於憲政體制變遷和選擇的探討，歷來帶有一定程度規範性的關懷，即制度與民主的表現關係，在此可以略做延伸分析。我們可以就上述憲政體制的完全轉型和部分轉型經驗，進一步觀察其轉型後相對於轉型前的民主程度。

　　目前對於政體民主程度的全球性觀察中，「政體」（Polity）與「自由之家」（Freedom House）的調查是學術界相對較常受引用的其中兩項。Polity IV是「政體」中涵蓋最多國家與時間的資料庫，調查涵蓋1800年至2018年，其中Polity 2計分也是衡量一個國家政治制度的最流行的指標（Plümper and Neumayer, 2010）。但當前Polity IV被更新的Polity 5（非Polity V）資料庫逐步取代中，其中對1946年至2018年間資料進行完善化（Center for Systemic Peace, 2022），本文仍運用其中的Polity 2計分。該資料雖然缺乏近三年數據，但相較於「自由之家」，其涵蓋時間最長，對於本文所需了解各國跨時間的

研究所需，有其優先適用之價值。

「政體」調查分數範圍從「-10」到「+10」，共21個等級。其分數轉換成三種政體：專制國家（autocracies，-10至-6，不民主國家），半民主國家（anocracies，-5至+5），以及民主國家（democracies，+6至+10）。在表1-15中主要以「政體」中Polity 2計分為優先適用，但部分國家憲政體制轉型發生在2018年後者，超出目前資料範圍，則以「自由之家」的調查結果替代。由於並不進行各個國家之間民主程度的時序性比較，而是以個別國家的時序性做觀察，所以不至於發生不同調查機構的不同調查來做各國民主程度的比較問題。至於轉型前後的觀察時程，沒有絕對的標準，本文考量轉型之前納入前五年之平均，已足夠呈現該國原體制中最近一屆政府完整執政時期的民主程度；至於轉型後則就不限於五年，可以統計至2018年「政體」的最長時間資料，或「自由之家」最新資料，如此觀察到新制度的民主表現，較不會有斷續，而最為完整。

從表1-15各種憲政體制轉換類型來看，主要觀察的重點在於轉型後相較轉型前的民主程度變化，可區分為：增進、倒退，還是維持不變等三種情況。其中，民主增進占相對多數案例者，包括半總統制轉向內閣制（亞美尼亞、摩爾多瓦）、總統議會制轉總理總統制〔克羅埃西亞、羅馬尼亞、吉爾吉斯（2010）、斯里蘭卡〕。民主倒退占相對多數案例者，是半總統制轉向總統制〔土耳其、查德、吉爾吉斯（2021）〕。民主增進和民主倒退案例數相當者是總理總統制轉總統議會制。

上述結果尚可歸納出兩個重要訊息，一是在本研究國家中，由半總統制轉向內閣制，比轉向總統制，有較多的機會增進民主程度。二是，兩種半總統制次類型間的轉換，在本研究中都有相關個案伴隨民主程度的增進，倒退者總數相對較少。

再就個別國家來看，比較明顯發生轉型前後民主表現差異者，包括吉爾吉斯從半總統制轉向總統制時，由部分自由（部分民主）落入不自由（不民主）；相對地，葛摩同樣的體制轉型，卻反而由半民主

增進至民主。另外，土耳其（2014-2018）從內閣制轉半總統制時，由民主倒退至半民主。克羅埃西亞由總統議會制轉向總理總統制，則由半民主增進至民主。

　　擬說明的是，一國民主發展的程度，憲政制度的設計僅是其中一項影響的因素，還有其他的因素扮演重要的作用。另外，各種轉型案例數目都相當有限，因此上述研究發現不宜做過度的推論和詮釋，僅能視為某種可能性。

表1-15　憲政體制轉型與民主表現

轉換類型	國家（年代）	轉型前民主程度 Polity2 (*Freedom House)		轉型後民主程度 Polity2 (*Freedom House)		增進或倒退
半總統制轉總統制	土耳其（2018）	35*	不自由	32*	不自由	倒退
	查德（2018）	18*	不自由	16*	不自由	倒退
	安哥拉（2010）	-2	半民主	-2	半民主	不變
	肯亞（2010）	7	民主	9	民主	增進
	吉爾吉斯（2021）	36*	部分自由	27*	不自由	倒退
	葛摩（2002）	1	半民主	8	民主	增進
	增進：2　不變：1　倒退：3					
半總統制轉內閣制	亞美尼亞（2018）	45*	部分自由	54*	部分自由	增進
	喬治亞（2018）	64*	部分自由	61*	部分自由	倒退
	摩爾多瓦（2001-2016）	7	民主	9	民主	增進
	增進：2　不變：0　倒退：1					
內閣制轉半總統制	捷克（2013）	9	民主	9	民主	不變
	斯洛伐克（1999）	8	民主	10	民主	增進
	土耳其（2014-2018）	7	民主	-2	半民主	倒退
	摩爾多瓦（2016）	9	民主	9	民主	不變
	增進：1　不變：2　倒退：1					

（接下表）

轉換類型	國家（年代）	轉型前民主程度 Polity2 (*Freedom House)		轉型後民主程度 Polity2 (*Freedom House)		增進或倒退
總統制轉半總統制	突尼西亞（2014）	4	半民主	7	民主	增進
	增進：1　不變：0　倒退：0					
總統議會制轉總理總統制	克羅埃西亞（2001）	1	半民主	9	民主	增進
	羅馬尼亞（2003）	8	民主	9	民主	增進
	烏克蘭（2014）	6	民主	4	半民主	倒退
	亞美尼亞（2005-2018）	5	半民主	5	半民主	不變
	吉爾吉斯（2010）	3	半民主	7	民主	增進
	斯里蘭卡（2015）	4	半民主	6	民主	增進
	增進：4　不變：1　倒退：1					
總理總統制轉總統議會制	茅利塔尼亞（2006-2008、2009）	-5	不民主	-2	半民主	增進
	塞內加爾（2001）	4	半民主	7	民主	增進
	斯里蘭卡（2020）	56	半民主	54	半民主	倒退
	突尼西亞（2022）	66	半民主	51	半民主	倒退
	增進：2　不變：0　倒退：2					

註：1.本表由作者自製；2.*號係自由之家分數，針對2018年後憲政變遷的少數個案。
資料來源：Center for Systemic Peace (2022); Freedom House (2022).

五、綜合歸納

　　從前述的完全轉型、局部轉型和微幅調整三個層面的分析，可歸納出以下的研究發現：

（一）憲政體制完全轉型的個案，以半總統制為起始點，朝內閣制或總統制方向轉換的模式居多

在本世紀初同時存在著半總統制轉向另兩種體制的模式，顯示半總統制成為制度選擇的「中途之家」的機會相對較高，且其中轉向總統制相對比轉向內閣制又較高。再者，這種轉型較總統制與內閣制兩者間的轉換明顯容易。此外，相關案例均出現在新興民主國家中，早期的半總統制民主，則尚未有後來明顯轉換成其他體制的個案。

由於總統或執政黨主導的轉型案例相對較多，加上政黨之間的妥協與共識成為轉型過程中重要的途徑之一。這一點在理論上與政治行動者的制度偏好和策略互動觀點相呼應，並且有助於解釋許多國家憲政體制變遷的短期和中期主導因素。

（二）沒有任何總統制和內閣制之間完全轉型案例，顯示這種直接轉型十分困難

雖然土耳其從內閣制轉型為總統制，但這一過程經歷了半總統制的階段，而非一步到位。此外，部分國家由內閣制轉向半總統制，顯示本世紀仍有些國家選擇透過公民直選產生總統，從而憲政體制也跟著轉變。相對而言，沒有發生內閣制和總統制之間的轉型，因此放棄直選總統的情況，僅出現在半總統制向內閣制的很少數案例。這表明，一旦總統由公民直選產生，多數國家便難以再成為虛位元首。而內閣制國家的體制轉型，通常會在公民直選總統後，先過渡至半總統制，然後再進一步轉型為總統制，而不是在虛位元首的情況下直接集中行政權於總統一職。

（三）半總統制存在次類型，這提供局部轉型的機會

這類轉型共有8個國家，體現半總統制雙元行政領導結構的制度彈性，讓制度的變遷可以維持在既有結構中進行，而不必轉換為完全

不同類型的體制。在局部的轉型中，以總統議會制轉為總理總統制相對略多，但差距不明顯，並以限縮總統權力的機會大於擴張總統權力的出現。整體而言，半總統制次類型的轉型，基本上會涉及領導者和政黨之間的策略互動。換言之，一國內部政治行動者的制度偏好和策略互動結果，同樣可能構成許多國家憲政體制的選擇和變遷的短中期主導因素。

（四）強化總統權力和抑制總統權力的兩種憲政權力並存

在中亞、北亞和西亞以及中南美洲等地，都出現了強化總統權力的跡象，這反映在一些實權總統的憲政國家中，進一步鞏固了總統制和半總統制的既有型態。儘管某些國家的總統因貪瀆和違法行為，以及與國會的衝突和政變等現象，對實權總統制的運作造成了衝擊，但在民粹主義政治領袖活躍的時代，卻出現了由半總統制轉向內閣制或弱化總統權力的趨勢，這一現象值得深入探討。

一個合理的解釋是，民粹型領袖不一定只存在於總統職位，也可能出現在總理職位上。此外，研究者指出，即使在半總統制下，總統是否擁有國會多數以及所面對的反對派力量是否團結且有力，這些不同的政治結構最終會決定是促進還是抑制民粹主義總統的形成與表現（Tsai, 2019）。另外，在許多國家，雖然體制並未發生轉型，但總統任期長短的變動和相關職權的調整，卻對總統和總理的權力產生了局部性的影響。

（五）憲政體制轉型類型與其民主表現呈現多樣性

從規範性的視角來看，不論是完全的轉型或局部轉型，制度變遷所帶來民主的表現，是值得關注的。研究顯示，從半總統制轉向內閣制的國家，在民主程度上普遍較多的出現增進現象，相較之下，轉向總統制的國家則較少。不過，由於轉向內閣制的案例相對較少，因此這項歸納只能採取較為謹慎的理解。另外，在半總統制兩種次類

型——總統議會制與總理總統制——的轉換，都有相關個案伴隨民主程度的增進，因此從這個角度來看，無法推論一個國家由某種次類型改採另一次類型必然有利於或不利於民主的提升。

　　整體而言，當前的憲政體制仍維持總統制、內閣制與半總統制三分天下的局面。異於1990年代第三波民主化浪潮下，出現新興民主國家大量湧現半總統制的現象，在二十一世紀，並沒有存在特定憲政體制全球層次的明顯變遷。值得關注的是，中東和北非地區，是憲政體制研究中相對關注較少的區域，但在「後阿拉伯之春」時期，這個區域其實是頗值得觀察的。其近來有抑制「強總統與弱國會體制」的聲音，故也有引進半總統制的討論。從1990年代以來也有多個國家出現憲政體制的波動，一方面顯示此區域憲政發展的不穩定性，但另一方面也呈現其體制調整的可能性和空間。

伍、結論

　　本文主要探討公元2000年後當代主要憲政體制，包括內閣制、總統制和半總統制的全球採行情況及變遷趨勢。在分析層面上，本文將採用區域與全球兩個層次進行深入探討，最終歸納出憲政體制的三種變遷情況：完全轉型、局部轉型和微幅調整。

　　研究發現，在區域層次上，總統制的優勢主要集中在中南美洲，其次是非洲；內閣制則在歐洲（扣除後共地區）、加勒比海地區和大洋洲等地相對較為普遍；而半總統制的優勢區域則包括東歐及巴爾幹後共地區，以及中亞、北亞和西亞。進一步分析，本世紀憲政體制的區域分布與三種體制類型的數量對比顯示，在穩定中存在變動性。其中，中亞、北亞和西亞、非洲以及東歐及巴爾幹（後共）這三大地區，是相對而言制度轉型和變遷國家數量最多的區域，並且在這些地區，半總統制國家的數量也相對較高。由於半總統制變動機率較高，這進一步增加了這些區域制度變遷的案例。相對而言，虛位元首

的內閣制變動機率較低，因此該區域的制度變遷案例較少。這些發現值得深入觀察，並具有重要的研究意義。

因此，本世紀全球憲政體制的採行和分布，雖然可以追溯自長期的區域和文化以及歷史遺緒因素，但此一理論對於後續的變遷情況，較無法提供解釋力。與此同時，民主化浪潮因素對本世紀前諸多新興民主國家的憲政選擇經驗具有解釋力，但對二十一世紀初的情況而言，這項因素則不復存在。固然在北非和中東地區出現阿拉伯之春的革命風潮，但其後多數國家憲法秩序無法穩定建立。在此情況下，理論上的關鍵因素在於全球半總統制國家的演化，以及一國內部政治行動者的策略選擇與互動因素，後者充滿不確定性。

本研究發現，因為半總統制是相對容易變動和轉型的類型，因此個別半總統制國家演化的集體趨勢，對三種主要憲政體制數量上的此消彼長，構成未來全球分布的重大變數。研究並顯示，憲政體制完全轉型中，大部分案例出現在以半總統制為起始點，朝內閣制或總統制方向轉換。且其中轉向總統制相對比轉向內閣制略多，相關案例均出現在新興民主國家中。值得注意的是，脫離半總統制的數量略高於轉向半總統制，是否只是本世紀初短期的偶然現象，由於這跡象尚未明顯，仍值得進一步觀察。此外，沒有任何總統制和內閣制之間的直接轉型案例，過程中幾乎都要經過半總統制階段，顯示前者是一種難以直接跨越的大轉型。

另外，尚有諸多案例是屬於半總統制內部的局部轉型，即其中總統議會制與總理總統制次類型間的轉換，其中總統議會制轉為總理總統制相對略多，但近期斯里蘭卡和突尼西亞的發展顯示，朝總統議會制的走向也在增加中。這些案例未來的發展，會進一步影響半總統制的數量。

關於新世紀憲政選擇和變遷的另一項理論因素，在於一國內部政治行動者的策略選擇與互動因素。研究顯示，在轉型的憲改模式上有超過半數是總統或執政黨主導型，這是半總統制轉向總統制常見的型態，其他轉型方向也不乏案例。在缺乏優勢的政治勢力或領導人主

導的情況下，黨派間的妥協和共識會成為轉型所需尋求的途徑。因此，一國內部主要政治勢力和菁英制度偏好的策略互動，是制度選擇和變遷的短中期關鍵因素。

　　本文亦就上述憲政體制的轉型，觀察其民主程度的變化。研究顯示，由半總統制轉向內閣制，比轉向總統制，有相對較多的國家在民主程度上提升。另外，在半總統制兩種次類型——總統議會制與總理總統制——的轉換，都有相關個案伴隨民主程度的增進，因此無法推論某種次類型改採另一次類型必然有利於該國民主的提升。

　　至於本世紀有許多國家雖然政府體制型態並沒有出現轉變，但也有涉及總統或總理局部權力的異動，其中不少是關於總統任期（或屆數）的延長或縮短。整體而言，與完全轉型和局部轉型類似，局部的權力調整同樣呈現出增強與抑制總統權力兩種趨勢並存的現象，只是前者略多於後者。最後，本文所採取的研究取向，有助於宏觀地洞察全球的多層次與多面向狀態，這在既有研究中並不常見。

第二篇

區域個案

2 亞洲第一個半總統制：斯里蘭卡憲政體制的變遷與挑戰

壹、前言

　　百年前的1919年，在內閣制與總統制之外，因芬蘭和德國威瑪共和的憲政嘗試，出現了後來被Duverger（1980）稱之為「半總統制」的政府類型。在當時及後來一段不短的時間內，半總統制並沒有引領風潮，直至1958年法國第五共和體制的形成，特別是後來「左右共治」的出現，這種政府型態的特色才受到較多的矚目，並在1990年代廣為新興民主國家所採行。不過，早在之前的1978年，當半總統制仍侷限在歐洲極少數的幾個國家實施時，有印度洋明珠之稱的南亞島國斯里蘭卡，便脫離原有的內閣制，採用了這種體制。斯里蘭卡不僅是亞洲第一個半總統制國家，也是歐洲以外第一個採行半總統制的國家。其由內閣制轉向總統強權的半總統制，是發展中國家中最早先嘗試激烈變革者之一，可能比亞、非及拉美等區域的國家，還早了幾年（Venugopal, 2015: 676）。斯里蘭卡在距今四十年前已採行公民直接選舉總統，並大膽地實施雙元領導的半總統制，以及進行相關的制度創新，其個案頗具理論和實務研究之價值。

　　但正當半總統制廣為新興民主國家採行，且在二十一世紀初與總統制與內閣制並駕齊驅、維持昂揚之姿時，斯里蘭卡的半總統制前景卻處於相當不確定的狀態。在2018年年末，斯里蘭卡爆發史上最嚴重的憲政危機，Sirisena總統片面將Wickremesinghe總理免職、解散其內閣，並任命前總統Rajapaksa為新總理，而原總理堅稱他仍是合法的總理，不願去職。由於總理鬧雙胞，國會也停擺，支持原總理的上萬民眾走上街頭抗議，引發國際高度關注。

　　最後，國會通過對新總理Rajapaksa的不信任案，最高法院也裁定總統解散議會的決定違憲。接著新總理辭職，Sirisena總統被迫再任命原總理Wickremesinghe，憲政危機才告終結。由此觀之，斯里蘭卡的憲政發展歷程曲折而充滿挑戰，其半總統制經驗無論成功或失敗，都是相當值得關注和研究的個案。依據「自由之家」（Freedom

House）的評比，斯里蘭卡近年維持在「部分自由」的等級，其在民主的表現上雖然不如一些新興民主國家，但似也不宜因此而低估這類非穩定的民主國家之制度經驗的探索價值。

斯里蘭卡舊稱錫蘭，古代中國曾稱其為獅子國，在1972年改國名為斯里蘭卡共和國。1978年新憲法頒布，又改國名為斯里蘭卡民主社會主義共和國。回溯其歷史，在1802年英法兩國簽訂了《亞眠條約》後，斯里蘭卡被納入為英國的殖民地。至百多年後的1948年2月4日，斯里蘭卡正式宣布獨立，成為大英國協的自治領，定國名為錫蘭，採行西敏式（Westminster Model）內閣制（Venugopal, 2015: 672）。此種內閣制基本架構在1972年由自治領轉為共和國體制時，仍繼續延用。

回顧過去，斯里蘭卡由共和體制的內閣制再轉為半總統制，其憲政設計除符合半總統制的定義外，並有「行政總統」（executive presidency）之設置，總統為政府的首腦，同時兼內閣成員，可單方面解職總理職務，以半總統制憲法設計上的次類型來看，屬「總統議會制」。在多年的運作後，於2015年經由第十九次的修憲，總統不再具有單方面解職總理職務，政府體制轉變為「總理總統制」。斯里蘭卡的憲政經歷具有大膽而冒險的創新精神，但其制度設計和變遷有一定的複雜度。同時，因其為位居南亞之島國，該國以外的憲政學者對其投射的研究關懷相對較少，無怪乎半總統制主要次類型建構者之一的Shugart（2005），將當時總統在憲法上具有單方面解職總理權力的總統議會制，誤認為總理總統制（Miwa, 2013: 154）。而2015年第十九次修憲後，其已轉型為總理總統制，但仍有被歸類為總統議會制之情形。[1]

---

[1]　見Elgie（2019）個人學術網站The semi-presidential one，http://www.semipresidentialism.com/?p=220。確實，若未能具體掌握這次修憲的內容，研究者就難以察覺其牽連到斯里蘭卡半總統制次類型的轉變。本文作者對斯里蘭卡第十九次修憲案後的次類型判定，後來恰好也從另一位學者（Galyan, 2016）的觀察中獲得了印證。

　　理論和經驗顯示，憲政體制的發展存在著三種基本型態：創設、選擇、演化（林繼文，2001）。其中，「創設」主要產生於原生性的制度肇建，甚少國家能如此；「選擇」主要出現在新國家的建立，或在由非民主政體走向民主化過程中；又或者國家經歷重大的政治事件後，需要重新設計新憲法，而新憲法下憲政體制的設計，具有一種重新選擇的機會。「演化」指的是選擇之後的發展，可能有三種情況，一是該體制經由憲政實踐而長期維持著原貌不變；二是隨著時間可能面臨調整和變遷，其變遷若僅在該類型內部出現次型態的改變，但未達到完全轉型到另一種新類型的程度，則僅是屬於局部轉型；若其變遷幅度甚大，由某種制度轉向另一種新的類型，則是一種跨類型的演化，也就是「完全轉型」，其意涵形同新一次的憲政選擇。

　　本文所指憲政體制的變遷，泛指上述的制度選擇和其後的轉型，是一種廣義的制度變遷意涵。本文即欲探討為何斯里蘭卡會由內閣制轉向半總統制，並再經歷半總統制次類型的轉換以及弱化總統角色的發展，並分析其當前所面臨憲改的挑戰。斯里蘭卡的憲政發展充滿挑戰和不確定性，相當值得學術界的研究，或可嘗試為「啟發性的個案研究」（heuristic case study）。個案研究可以針對理論發展的不同階段提供許多訊息，這包含了發展的假說或是提出初始實驗的探查階段。所謂「啟發性」即「有助於發現」，其直接目的在於理論建構，雖是個案，但如同堆積木法，可以逐步建構理論（Eckstein, 1975）。

貳、憲政體制的變遷：制度選擇與轉型之理論

　　對於特定憲政制度為什麼會在某些國家中被採行，而試圖從其中找到解答並賦予理論上的意義，在當代的政治學文獻中並不乏相關探討。選擇和採行某一種制度，可能是因為革命後建立新的國家，或者

因由專制走向民主政體，又或者在國家經歷政治巨變後，需要重新設計新的憲法。而新憲法下的憲政制度，存在著重新選擇的自由度，有別於常態下漸進式的、局部的改變和演化。轉型的性質則與選擇（採行）不太相同，它指涉的是憲政體制的變遷，其幅度可能是局部的轉型，也可以是完全的轉型；若是後者的情況，即是從一種憲政體制轉型到另一種完全新的體制類型，其實也幾乎等同是新體制的選擇和採行。因此，我們可以將憲政體制的完全轉型或選擇，視為一體兩面的現象，因其本質都是在跨越總統制、內閣制、半總統制三種不同體制類型中做選擇；至於雖然發生制度的轉型，但維持在某一體制架構中次類型之「局部轉型」，可獨立出來討論，也對應本文斯里蘭卡半總統制次類型轉型的分析。以下的文獻討論，即按上述觀念加以進行。

一、憲政體制的選擇

關於憲政體制的選擇和採行之研究，在1990年代之前，主要集中在內閣制與總統制的國家，其後因新興民主國家大量採用半總統制，這種體制才逐漸成為解釋對象。整體而言，除了屬於原生性的憲法和原創性的體制如英國、美國和法國等之外，憲政制度選擇和採行，可歸納為兩種主要解釋觀點，一是強調長期文化的宏觀因素，另一則是著重短期菁英互動的微觀因素。前者最具普遍解釋力的，包括民主化的路徑、文化與地緣區域的因素；後者則主要指涉政治體制轉型過程中政治行動者權力關係、利益計算與互動因素。另外，也有強調政體遺緒的歷史因素，但可以歸類在第一種長期宏觀因素當中（陳宏銘、梁元棟，2007）。

在現有諸多研究中，Verney（1992）和Powell（1992）以長期與宏觀的層次解釋了內閣制與總統制的形成。Verney認為民主化路徑的過程會影響憲政制度的形成，他的主要論點是，傳統君主政體在邁向民主政治的過程中存在著兩條路徑，一是取消君主個人政治上的

特權，同時並存著內閣向民選議會負責的機制，如此便形成了內閣制；另一是在根本上取消世襲君主，並以一位經由人民選舉所產生的元首來替代，如此即造就了總統制。這是爲什麼總統制的總統，有時被稱爲「民選的君王」。上述的民主化，指早期民主國家的發展，並非二十世紀末新興民主國家的經驗（陳宏銘，2007）。

Powell同樣以宏觀的角度來解釋憲政體制的形成，並關注長期的文化因素。依其觀察，美國文化所主導的地區如菲律賓，形成了「總統制搭配多數決立法機關」的制度；但也有例外，如西德與日本。至於英國及其文化主導的地區，包括澳洲、加拿大、斯里蘭卡、印度、牙買加和紐西蘭等，則形成了「內閣制搭配多數決立法機關」的制度；但愛爾蘭是例外。文化和區域性的因素，亦頗能解釋拉丁美洲採行總統制的經驗。不過，Lijphart（1992）卻指出，文化因素或民主化路徑的解釋觀點，在後來逐漸衰弱，譬如他指出，地理上相距遙遠的法國，其第五共和制度經驗，仍能成爲斯里蘭卡的參考典範。

綜合Verney和Powell的觀點，可以相當簡明而有效地解釋大部分內閣制與總統制的採行經驗，且幾乎可以涵蓋第三波民主化之前大多數國家的情形。但這些觀點並未能確切解釋半總統制的形成經驗。對此，歷史遺緒因素的觀點，提供另一種解釋力，尤是對於「後共」國家的經驗而言。根據Matsuzato（2005: 48）的研究，前共產國家有一項政治傳統，即將國家機關劃分爲戰略性與治理性的雙元結構，前者由共產黨黨中央負責，後者由政府負責，形成雙重的領導結構。在民主化之後，共產政權雖已瓦解，但雙首長的結構依然保留下來，這也可以解釋爲何後共產主義社會容易採行半總統制。簡言之，政體轉型深受前政權長期所處的社會、文化及制度遺緒的影響。不過，這並不僅限於後共社會，在非共產主義的威權體制社會也可能出現，譬如政府體制存在內閣向議會負責，以及獨立於內閣之外的強權領導人的結構，這也是另一種雙重的行政領導傳統。甚至，內閣制也具雙首長特徵，因本存在元首和行政首長兩位首長。半總統制即具有雙元行政領

導結構，當內閣制的元首由公民直選產生時，體制就很容易轉為半總統制。

　　上述長期、宏觀因素的分析，並不強調短期政治菁英的憲政選擇行為。在1990年代後，由於受到第三波民主化國家憲政體制選擇的需要，以及民主化理論的發展，關於政體轉型過程中行動者及政治菁英選擇的短期因素，獲得較多的重視，相較於宏觀理論，其強調制度的形成，是不同政治行動者策略的互動與理性選擇的結果，這是一種微觀取向的理論。如果從新制度論（new institutionalism）的角度，特別是歷史制度論（historical institutionalism）的觀點來看，制度既能以重要的方式形塑和限制政治的策略，但它同樣是精細的政治策略、政治衝突與抉擇的結果（Thelen and Steinmo, 1992: 10）。運用路徑依循（path-dependent）的觀點，新制度論主張，制度對政治行動者的選擇會有形塑和限制的作用。政治行動者在上一個時間點所做的選擇，會因制度和環境條件的制約，而排除或限制了下一個時間點的制度路徑選擇的範圍，因此路徑依循即是制度建構的軌跡。對於前蘇聯瓦解後的新興獨立國家（Newly Independent States, NIS）和東歐國家的憲政選擇研究，也多循此觀點（Petr, 2001; Easter, 1997; Geddes, 1996）。從共產主義國家「黨國二元體制」的沿襲，來觀察半總統制的形成，符合前述歷史遺緒的觀點；而如從政治行動者進行體制選擇的邏輯來看，也某種程度呼應新制度論之路徑依循的特性。

　　微觀取向的行動者選擇論，對於解釋新興民主化國家的憲政體制選擇有其優勢，尤其半總統制的採行，往往反映的是新舊政治菁英對制度偏好的暫時妥協結果，也因此制度的選擇，是與其民主的建立並行的（Wu, 2007: 202）。由此可以理解Linz（1994）何以說，半總統制或混合制之所以吸引人，是因為不願見到憲政傳統遭受到激烈的變革。整體而言，這是上個世紀末第三波民主化浪潮下半總統制湧現的原因，許多國家實施總統制的負面經驗，遂提供憲政創新的機會，但又避免變動過大。

　　除了上述關於民主化過程政治行動者互動的邏輯、後共社會雙元行政結構的歷史遺緒影響，以及微觀的政治菁英互動取向外，根據吳玉山（2012）的歸納，影響半總統制被採行的因素，尚包括地緣因素與示範效應（Kopstein and Reilly, 2000；吳玉山，2000：54-55）、經濟改革的影響（Bunce, 1997）、國際環境的壓力（Crawford and Lijphart, 1995: 171-99）等因素。

　　從前述理論來看斯里蘭卡的經驗，則一如Lijphart（1992）指出的，文化或地緣因素的觀點，並無法解釋為何斯里蘭卡形成半總統制。究竟此種體制的形成是基於政治菁英有意識選擇的結果，或是源於不同菁英讓步妥協下，造就具有混合制特性的制度？這是本文欲探討之處。

二、憲政體制的轉型

　　關於憲政體制變遷，既有的文獻呈現兩種侷限性：第一，對於體制的進一步演化和轉型雖有所探討，但納入的個案很有限；第二，從本世紀全球憲政體制的新發展趨勢來看，強化總統權力和抑制總統權力兩種發展趨勢，在不同國家的不同階段中並存而浮動，對此文獻探討有限。

　　相對地，近來對半總統制轉型的研究，在關於制度演化的部分，則累積了部分重要成果，焦點在於半總統制如何在次類型中轉換（吳玉山，2012：17）。所謂的次類型，若干學者嘗試以總統憲法上的權力來分類，其中Shugart和Carey的兩種次類型——「總理總統制」與「總統議會制」，是目前常被援引的方式，也具有簡約性（Elgie, 2011: 28）。兩種類型的差異在於，總理總統制是總理（內閣）僅對國會而不對總統負責；而總統議會制則是總理（內閣）同時對國會和總統負責。其中，「總統對內閣是否有免職權」決定了一個半總統制國家是屬於內閣單向負責的「總理總統制」，或內閣雙向負責的「總統議會制」（蘇子喬，2011）。但此兩種次類型的分法，

也有內在的侷限性（吳玉山，2012：18-21）。

　　從一方面來看，新興民主國家採行半總統制是伴隨著其民主的建立而來，由於總統民選的驅使，其憲政體制主要的調整方向是增加總統的權力，並轉向總統制（Wu, 2007: 203），包括後共地區的半總統制國家，亦呈現總統化的狀態（沈有忠，2013）。其他國家如土耳其，也在2017年4月間透過公投由半總統制轉向總統制，擴大總統權力，廢除總理職位，並提早一年於2018年6月24日舉行總統和國會大選，形成新政治體制的開展（張沛元，2018）。

　　但在另一方面，仍然存在著抑制總統權力發展的國家，如亞美尼亞2015年12月舉行憲改公投由半總統制轉向內閣制。喬治亞在2017年8月進行憲改，國家憲法會議採用修憲草案，總統改由間接選舉產生，並縮減權力，由半總統制轉向內閣制。[2]本文所謂強化總統權力和抑制總統權力的兩種力量，近似吳玉山（2016）加大總統權力和加大國會權力之觀點。

　　上述文獻和理論的討論，有助於本文後續對斯里蘭卡憲政體制變遷的解釋。以下在第參節至第伍節中進行實證的分析，並在第陸節結論中進行理論上的總結。

參、由內閣制到半總統制：憲政體制的完全轉型

　　斯里蘭卡的憲政發展，若按其憲法的採用，可以劃分為以下四個階段：第一個階段是1931年至1947年Donoughmore憲法時期，這是作為大英國協下自治政府的階段，當時引進了普選權；[3]第二個階段

---

[2]　另外，根據沈有忠（2013）的研究，若干半總統制國家穩定的朝向議會化發展，如奧地利、芬蘭、冰島、愛爾蘭等歐洲地區民主運作穩固的國家；少數的後共國家並往內閣制傾斜，如保加利亞。

[3]　憲法冠以Donoughmore之名，係當時英國政府派去審查錫蘭憲法草案的組織，乃由英國伯爵Donoughmore所領導的委員會負責，該委員會的建議被接受，成為1931年新憲法的基礎。

是1948年至1971年的Soulbury憲法時期，是斯里蘭卡獨立後的第一部憲法時期，採行內閣制；[4]第三個階段是在1972年至1977年的第一共和憲法時期階段，延續內閣制；第四個階段是1978年迄今，為第二共和憲法階段，為半總統制政府時期。

一、內閣制的形成

斯里蘭卡在1948年制定Soulbury憲法時，由英國政府與一小群本土菁英人士所主導，引進了西敏式內閣制。當時英王同時為錫蘭國王，並設有總督（Governor-General of Ceylon）一職，由錫蘭總理推薦並由英王任命，是英王在錫蘭的最高代表和錫蘭的元首。但總理則才是實質上的內閣首長，所以是虛位元首的內閣制。當時雖採用的是英式的內閣制，但這個制度是錫蘭人所做的選擇（Hameed, 2015: 57-58）。

1972年錫蘭改國名為斯里蘭卡共和國，制定新憲法，取代既有Soulburg憲法，進入第一共和時期。在第一共和憲法的制定過程中，迴避了公開而廣泛的參與討論過程，制憲會議是由總理Bandarannaike和執政的統一陣線（United Front）所主導，其中斯里蘭卡自由黨（Sri Lanka Freedom Party, SLFP）占73%的代表（Abeyratne, 2015）。

從1972年至1977年這段第一共和時間，憲政體制仍延續既有內閣制的基本結構，且既已走向共和，便終止總督一職。作為最後一任總督的Gopallawa，順理成章成為第一任共和國總統，但為虛位總統，主權完全屬於議會，為虛位總統的內閣制。由於採行議會至上原則，主權完全屬於議會，議會中進行政策的辯論品質高，但行政和立

4　憲法冠以Soulbury之名，係源於英國政府派去當時審查錫蘭憲法草案的組織，乃由英國伯爵Soulbury所領導的委員會（Soulbury Commission）負責，其對新憲法的草擬扮演關鍵角色。

法間幾乎沒有權力分立原則的適用。缺乏強而有力的總統和中央行政權威，以及在經濟發展、族群問題、中央和地方間權力統治和治理等國家發展問題上，第一共和憲法面臨不少的挑戰，因此埋下第二共和與半總統制政府的來臨。

二、第一共和內閣制轉向第二共和半總統制

　　斯里蘭卡在1978年再改國名為斯里蘭卡民主社會主義共和國，並制定新憲法，邁入第二共和，憲政體制轉型為半總統制。此憲法的制定，是在1977年由統一國民黨（United National Party, UNP）和時任總理的Jayewardene，在國會取得壓倒性勝利的情況下所主導完成。

　　第二共和在政治制度上有兩項重要改變，除了引進半總統制外，另一則是國會議員選舉採用比例代表制（Venugopal, 2015）。對於比例代表制實施後造成議會多數不易形成，此容後再論，此處重點在於第二共和憲法下的半總統制。斯里蘭卡的半總統制乃是以法國第五共和憲法為參考藍圖，更確切的說，是以戴高樂憲法（Gaullist Constitution）為本，故Jayewardene稱此憲法設計了「戴高樂式」政府體制。

　　戴高樂憲法下的第五共和，係在鞏固行政決策機制的企圖中，形塑了行政權對於政治穩定的重要功能，因此強化了總統行政權的穩固性，並弱化總理在政策上的主導性（張峻豪，2017：213）。根據一項重要的研究觀點，斯里蘭卡第二共和主要設計者Jayewardene採用法國第五共和體制，其考量有二：一是尋求行政權的穩定，二是希望創造一個有利共識形成的民主（Wilson, 1980）。因此，此一憲法也設計了所謂的「行政總統」職位。以此來看斯里蘭卡引進半總統制，乃是考量到可藉此保有民主，並同時能助於國家的統合和發展（Coomaraswamy, 2015: 33）。此一制度的權力中心在總統，因此屬於往總統制而非內閣制靠攏的半總統制。

　　斯里蘭卡在1978年設計的憲政體制，乃是參考法國戴高樂憲法，這應是不爭之論，但其是否即屬於半總統制，存在不同的見解。譬如，Siaroff（2003）將其和南韓、蓋亞那視為同一類型，即「存在一位民選的總統，一位是為政府首長的總理，但後者並不向議會負責」；又如Hellwig和Samuels（2008），則是將其歸類為總統制。雖然如此，實際上斯里蘭卡憲法明文規定總統由公民直接選舉產生（憲法第30條第2項）、[5]內閣須集體向議會負責（憲法第43條第1項），且當議會通過不信任投票時，內閣須被解職，總統應任命新總理和內閣成員（憲法第49條第2項）。據此，半總統制研究的重要學者Elgie（2008b）認為，斯里蘭卡政府體制就是半總統制，這應無懸念。然而，斯里蘭卡的半總統制有其特殊之處，總統既是內閣首腦，本身也是內閣成員。如前總統Sirisena，即同時身兼國防部與馬哈維利發展和環境部部長，但內閣又另設有總理職位。因此，這樣的制度設計置於半總統制國家經驗中來看，是相當特別的，通常總統獨立於內閣之外，但斯里蘭卡卻是總統兼任內閣閣員，無怪乎叫做行政總統。

　　斯里蘭卡由內閣制轉為半總統制的一項重要改變，即是引進總統直選制度，但採行半總統制並非僅是為了實現公民直選總統，而是菁英欲創造一個更加穩定、集中的政治結構，以推動經濟的發展（Venugopal, 2015）。法國鑒於第三和第四共和時期內閣的不穩定，因此第五共和憲法採行半總統制設計，強化了總統和行政權的地位。1960和1970年代當時的情勢是，許多西敏式內閣制政府出現了治理的危機，而同時期總統制國家如奈及利亞、迦納、烏干達等，則呈現了成功的政治經驗。此外，斯里蘭卡在此之前貪污、裙帶關係以

5　總統選舉採取排序選擇投票（ranked choice voting, RCV）選舉產生。選民最多可以表達對總統的三種偏好。如果第一次計票時沒有候選人獲得超過50%的有效票，則除得票數最高的兩名候選人外，所有候選人均被淘汰。被淘汰的候選人的第二和第三優先權選票將被分配，直到剩下的兩名候選人之一獲得絕對多數。透過排序選擇投票，可以避免總統未獲絕對多數票，以及昂貴的第二輪選舉（Plier, 2015）。

及濫權等，對於建立好的政府構成障礙，且反叛團體泰米爾猛虎組織
（Liberation Tigers of Tamil Eelam, Ltte），亦對國家安全造成明顯
的威脅，這些因素累積起來，使得內閣制被認為難以達成穩定的憲政
國家（Edrisinha, 2015: 939）。[6]因此，學習法國政治體制的經驗，
遂成為新憲法主導者的藥方。Jayewardene即認為法國經驗頗有借鏡
之處，作為第一共和最後一位總理及第二共和首任總統，他對於半總
統制憲法扮演主導的角色，而增強總統角色的設計，也呼應了他對亞
洲威權式國家發展成果的肯定。

　　儘管也有研究者認為，斯里蘭卡二十多年的內閣制運作尚稱良
好，因此不宜拿法國第三和第四共和來類比（Hameed, 2015），但
在邁入第二共和時，強化政府權力及藉此推動經濟發展成為主要考
量，促使國家走向提升總統地位和權力的憲政體制。因此在1970年
代，斯里蘭卡從內閣制轉型為半總統制，相對於亞非和拉美的多數發
展中國家，是最早嘗試憲政體制激烈變革的國家之一。

　　由於第二共和憲法的制定，是統一國民黨在國會絕對多數的力量
下所主導的，制憲期間並未經歷公開和廣泛的論辯，所有反對黨都不
滿意這樣的憲法設計（Coomaraswamy, 2015: 53）。因此，綜合前述
的討論，從憲政體制的變遷和選擇理論來看，斯里蘭卡轉型為半總統
制模式，並非長期文化或地緣因素可以解釋，也非民主化進程的結
果，而偏向是在優勢政治菁英主導下，將一個無地緣關係的外在示範
案例——法國第五共和體制——予以強勢引入的結果。在優勢政治菁
英主導設計的憲政下，半總統制保留內閣向國會負責的憲政傳統，因
此若說原有內閣制對新制度的選擇設定了路徑依循，其中歷史遺緒的
作用更是不能忽略。

6　泰米爾猛虎組織主要由泰米爾人組成，為斯里蘭卡北部的反政府武裝組織。這是由於斯
　　里蘭卡1948年獨立後，政府未能妥善處理主要民族僧伽羅族和少數民族泰米爾族之間的
　　矛盾，使民族間的矛盾逐步升級，最終發展成一場曠日持久的內戰，至2009年5月才結
　　束內戰（劉藝，2014：7）。

三、第二共和的行政總統與總統議會制

由於斯里蘭卡憲法第47條第a款明文規定「總統可以簽字解職總理職務」，即總統具可單方解職總理職位權力，因此其半總統制屬於總統議會制（Shugart and Carey, 1992）次類型。Shugart將其歸類為總理總統制，應是誤判。

「行政總統」是斯里蘭卡1978年後憲政體制的最主要特徵，也是其半總統制之特色。所謂的行政總統，源自憲法第七章的標題「行政：共和國總統」以及第八章標題「行政：內閣與各部會」之設計，總統屬於行政機關之一部分。且根據憲法，總統是政府首長，同時也是內閣首腦。憲法並規定，總統從議會成員中任命內閣閣員，而無需徵詢總理的意見。總統主導內閣的組成，其本人並為內閣成員之一，亦可自我分派部長職務。好幾位總統都任命自己為部長，這種將總統列為內閣成員，也是內閣首腦，是一罕見的特殊設計，算是非典型的半總統制。[7]

再者，總統可解職總理和個別部長職務（議會也可以），且雖然總統和內閣皆須向議會負責，但總統可隨時解散議會，而議會不信任案卻不及於總統本人。此外，議會雖具彈劾總統之權，但總統可拔擢議員擔任內閣成員，藉此獲取議員對其效忠。由於總統才是行政部門真正的首長，議會無法真正制衡總統，其監督功能減損。整體而言，與第一共和相較，中央政府權力由議會集體移轉向總統一人，議會的重要性既下降，內閣的地位也同時被削弱。此外，憲法也讓總統免除司法的追究：「任何的法庭審判，均不得以總統官方或私人身分所作的任何事情為由，而提起法律程式。」（Anketell, 2015），使得總統增添了一把司法的保護傘。

由上述的討論來看，雖然第二共和半總統制（總統議會制）相較於第一共和內閣制，在行政和立法關係的設計上較體現權力分立的

---

[7]　此種特殊設計，也被質疑違反議會民主原理以及憲法精神（Edrisinha, 2015）。

憲政原則（Edrisinha, 2015: 934），但畢竟政府權力較集中在總統身上，立法和司法機關形式上的分權制衡，不易發揮實質的效果。

肆、由總統議會制轉爲總理總統制：半總統制的首次局部轉型

斯里蘭卡1978年實施第二共和憲法後，總統權力不易受到有效制衡，主要政黨對於政府治理的問題源自於憲法的設計，也都持有共識。隨著半總統制運作的問題漸漸浮現，面臨了進一步的制度改革和轉型需求。以下，本文首先分析斯里蘭卡總統議會制運作的缺失；其次，藉由探討兩次共治政府的內涵，分析第二共和雙元行政權威之間的矛盾衝突；最後，則是探討弱化行政總統的改革，以及轉型爲總理總統制後的制度設計。

一、總統議會制的運作

第二共和憲法引進半總統制，欲創造穩定的政府，因此設計了行政總統職位，總統的權力可能猶勝於法國第五共和總統，甚至也強過總統制下的總統。舉例而言，第二共和兩位受歡迎的總統Premadasa和Rajapaksa（參見表2-1歷任總統和總理），都經常宣稱其代表整個國家，Premadasa總統甚至認爲資深內閣官員都要向他負責，而且總統的顧問有時比部長權力還要大（Edrisinha, 2015: 936）。儘管第二共和憲法實施以來經過多次的修改，半總統制歷經局部的微調，但政府權力的設計仍偏向總統這一方，行政總統的優勢地位仍在。

表2-1　斯里蘭卡歷任總統和總理一覽表

總統		總理	
人名	所屬政黨	人名	所屬政黨
William Gopallawa（1972.5.22-1978.2.4）	無黨籍	Sirimavo Ratwatte Dias Bandaranaike（1972.5.22-1977.7.23）	斯里蘭卡自由黨（SLFP）
		Junius Richard Jayewardene（1977.7.23-1978.2.4）	統一國民黨（UNP）
Junius Richard Jayewardene（1978.2.4-1989.1.2）	統一國民黨（UNP）	Ranasinghe Premadasa（1978.2.6-1989.1.2）	統一國民黨（UNP）
Ranasinghe Premadasa（1989.1.2-1993.5.1）	統一國民黨（UNP）	Dingiri Banda Wijetunga（1989.3.6-1993.5.7）	統一國民黨（UNP）
Dingiri Banda Wijetunga（1993.5.2-1994.11.12）	統一國民黨（UNP）	Ranil Wickremasinghe（1993.5.7-1994.8.19）	統一國民黨（UNP）
		Chandrika Bandaranaike Kumaratunga（1994.8.19-1994.11.12）	斯里蘭卡自由黨（SLFP）
Chandrika Kumaratunga（1994.11.12-2005.11.19）	斯里蘭卡自由黨（SLFP）	Sirimavo Ratwatte Dias Bandaranaike（1994.11.14-2000.8.9）	斯里蘭卡自由黨（SLFP）
		Ratnasiri Wickremanayake（2000.8.10-2001.12.7）	斯里蘭卡自由黨（SLFP）人民聯盟（PA）

（接下表）

總統		總理	
人名	所屬政黨	人名	所屬政黨
		Ranil Wickremasinghe（2001.12.7-2004.4.6）	統一國民黨（UNP）
		Mahinda Rajapaksa（2004.4.6-2005.11.19）	斯里蘭卡自由黨（SLFP）
Mahinda Rajapaksa（2005.11.19-2015.1.9）	斯里蘭卡自由黨（SLFP）	Ratnasiri Wickremanayake（2005.11.19-2010.4.21）	斯里蘭卡自由黨（SLFP）
		Disanayaka Mudiyanselage Jayaratne（2010.4.21-2015.1.9）	斯里蘭卡自由黨（SLFP）
Maithripala Sirisena（2015.1.9-2019.11.18/2019.11.20）	斯里蘭卡自由黨（SLFP）	Ranil Wickremasinghe（2015.1.9-2018.10.26/2019.11.18）	統一國民黨（UNP）
	斯里蘭卡人民陣線（SLPP）	Mahinda Rajapaksa（2018.10.26-2018.12.15）	斯里蘭卡人民陣線（SLPP）
		Ranil Wickremasinghe（2018.12.16-2019.12.21）	統一國民黨（UNP）
Gotabaya Rajapaksa（2019.11.18-2022.7.14）	斯里蘭卡人民陣線（SLPP）[8]	Mahinda Rajapaksa（2019.12.21-2022.5.9）	斯里蘭卡人民陣線（SLPP）

（接下表）

---

[8] 斯里蘭卡人民陣線是在與斯里蘭卡自由黨（SLFP）分裂後成立的。

總統		總理	
人名	所屬政黨	人名	所屬政黨
Ranil Wickremesinghe（2022.7.14-2024.9.23）	統一國民黨（UNP）	Dinesh Gunawardena（2022.7.22-）	斯里蘭卡人民陣線（SLPP）
Anura Kumara Dissanayake（2024.9.23-）	人民解放陣線（JVP）	Harini Amarasuriya（2024.9.24-）	國家人民力量（NPP）

註：本表由作者自製。

　　總統的權力，除了制度性者外，對於國會中政黨的影響力，也是重要來源之一（Galyan, 2016）。多年的憲政實務運作逐漸確認一件事實，即總統的憲法權力固然不小，但其行政權力的運作仍相當依賴有無國會多數的支持，以及總統能否對立法進行有效的控制（Venugopal, 2015: 681）。以Kumaratunga總統第二個任期（2001-2005）為例，在2001年至2004年期間，因其失去國會多數，處於所謂的「共治」時期，造成了行政總統的權力出現危機，當時總統頑強的行使其權力，出現總統和總理兩人的角力和抗衡，顯示「共治」難以有效運作（Venugopal, 2015: 681）。反觀另一對照情況，1980年代的Jaycwardence總統，由於其獲得議會絕對多數的立法支持，所以終其任內竟然能夠通過高達十四次的憲法修正案。這些事例適足以說明，國會多數的支持對於總統發揮其憲法上的權力，扮演著非常關鍵的因素。

　　國會形成多數的難與易，則受到國會議員選舉制度的影響。斯里蘭卡國會議員選舉原採行單一選區相對多數決制，但在此種選制下政黨所獲席次和其得票率不成比例，為此改採比例代表制。如前所述，第二共和憲法乃Jayewardene總統所主導，其引進比例代表制的主要理由，乃避免國會容易獲得修改憲法的三分之二多數（Coomaraswamy, 2015: 35）。然而，比例代表制雖可抑制議會多數

的形成，避免一黨多數可能帶來權力集中的缺失，但卻易形成多黨林
立，造成議會的割裂化。但比例代表制不易形成立法的多數，因此
促成政黨聯盟的籌組與權力分享，甚至須組成共治政府。共治的運
作，仰賴總統和總理雙間的權力分享和妥協，一旦未能達成，衝突和
憲政紛擾即難避免。

　　由上述看來，行政總統的權力深受憲法以外因素的影響，其間不
完全是強化總統之單線發展，由於國會不易形成多數，特別是上述
Kumaratunga總統時期總統權力反而呈現弱化的現象。至Rajapaksa總
統接任後，因掌握國會三分之二的絕對多數，加上其志在強化總統的
權力，使得總統的任務和權力又轉向強化。雖然Rajapaksa總統第二
個任期帶來經濟的復甦，但相對的也造成外界對總統權力合理性的質
疑。2010年9月間，Rajapaksa挾國會多數之優勢推動了第十八次憲法
修正案，取消總統連任的限制，此舉雖強化了總統的實質影響力，但
引致了許多的批評。[9]

二、弱化行政總統的改革：轉型為總理總統制

　　由於政府體制持續受到批評，愈來愈多人主張應改變政府體制
的設計，而2014年末，主張廢除總統職位或削減其權力成為一般反
對者的意見（Coomaraswamy, 2015: 35）。在這樣的政治氛圍下，
Sirisena於2015年參選總統時便承諾，當選總統後將推動憲法的修
改，廢除之前擴大總統權力的第十八次憲法修正內容。在2015年1月
和8月分別進行國會和總統選舉中，選舉的議題涉及憲政改革，改革
派領袖Sirisena當選總統，其具跨族群宗教和黨派的多元民主力量的
支持。Sirisena確實於當選總統後推動修憲，由統一國民黨（UNP）
與斯里蘭卡自由黨（SLFP）這兩個主要政黨組成聯合政府，並形成

---

[9]　Rajapaksa總統能成功修憲，取消總統連任一次的限制，全賴其掌控三分之二以上的國會
　　多數實力，這是當時，第二共和三十年來首度總統能握有如此多數國會席次的支持。

總統和總理來自不同政黨的共治。此一政府的歷史意義不僅在於推動憲改，而且具有國家建構的象徵意義。

　　跨黨派政府組成後，擁有絕對的議會多數足以推動修憲，最終於2015年4月28日順利通過第十九次憲法修正案，總統任期由六年改為五年，並回復第十八次修憲案前總統僅得連選連任一次之規定（參見表2-2）。Sirisena總統在選舉前承諾的廢除行政總統的主張，當選後雖無法履行，但至少縮減了任期和削弱了總統的重要權力。此次修憲取消總統可以簽字解職總理職務之設計，事涉半總統制次類型的關鍵點，從而由總統議會制轉為總理總統制。此外，關於削弱總統權力方面，原初修憲提案內容，具有濃厚內閣制特性，讓總統多項權力的行使建立在總理的「建議」（advice）之上。後來所達成的方案中，總理在特定方面的建議權確實更為加強，如總統須獲得總理的建議，才可任命和解職特定的部長，而總理在行政權內部的憲法地位也提高。然而，整體觀之，相較最初關於總理建議權的設計，減弱了很多，半總統制架構仍被保留下來（Welikala, 2018）。

　　除上述外，修憲後總統關於以下之職權仍維持不變：總統是國家元首，是行政與政府的首長（憲法第30條第1項）；內閣須集體向議會負責（憲法第42條第2項）；總統是內閣的成員之一，且是內閣首長（憲法第42條第3項）；總統須就議會成員中，最能獲得議會信任者任命為總理（憲法第42條第4項）。再比較修憲前後總統的權力，包括總統對內閣的形成與解除、解散議會之權力、總統與議會的關係。首先，在2015年的第十九次修憲前，總統對內閣的形成和存續都擁有權力，議會透過不信任投票也具有瓦解內閣的權力，在後者情況下總統仍可以再次任命他想要的內閣。在2015年修憲後的新體制下，總統無法解職總理和整體內閣，只有議會通過不信任投票或否決政府的政策宣示時，內閣整體才能被倒閣。

　　其次，關於總統解散議會的權力，在2015年第十九次修憲前，總統在議會大選一年後可解散議會，若議會決議要求總統解散，則不受此一年限制。總統亦不能在議會大選後第一次會議開始時，因

表2-2　第十九、二十次修憲前後總統重要職權之差異

總統權力面向	十八次修憲	十九次修憲	二十次、二一次修憲
連任規定	總統連任次數不受限制。	總統僅能連選連任一次。	總統僅能連選連任一次。
解職總理	總統可以簽字解職總理職務，具單方解職總理職位之權。	總統無解職總理和整體內閣之權，只有議會通過不信任投票或否決政府的政策宣示，內閣整體才能被倒閣。	總理應在內閣依憲法規定繼續履行職能的整個期間內繼續任職，除非經總統手書罷免。
任命與解職內閣成員	總統從國會成員中任命和解職內閣成員，無需徵詢總理意見。	總統須獲得總理的建議才可以任命和解職特定部長。	總統將酌情任命和罷免總理和任何其他部長。
解散國會	總統在國會大選一年後可解散國會，若國會決議要求總統解散，則不受此一年限制；總統除了不能在國會大選後第一次會議開始時因國會拒絕政府施政報告而解散國會，此外總統解散國會不受限制。	除非在國會任期結束前的六個月內，或者有三分之二以上的議員要求解散，總統無法隨意解散國會。	總統可以在國會當選兩年六個月後解散國會。

註：本表由作者自製。

議會拒絕政府施政報告而解散議會；除此之外，總統解散議會不受限制。在2015年修憲後的體制下，增加對總統解散權的限制，除非在議會任期結束前的六個月內，或者有三分之二以上的議員要求解散，否則總統無法隨意解散議會。最後，在總統和議會的關係上，在2015年修憲後出現了特異的規定：「總統對議會負責」，但憲法並沒有清楚說明負責的意涵。相對於憲法規定內閣須對議會「負責與答辯」，憲法第33條第a款在總統和議會的關係上僅有「負責」，但並沒有「答辯」之字眼。

　　由上述來看，總統的權力儘管受到縮減，但其仍為內閣之首，且當總統所屬政黨在議會中握有多數時，可享有更大的實際權力；相對而言，修憲後總理的權力只是局部增強而已。因此，由總統議會制轉為總理總統制，其主要體現在憲法上總統並無單方解職總理職務的權力，但這並不代表總統權力就弱於總理，總統仍具優勢地位。

　　比較第十八次與第十九次修憲，前者實質擴大總統權力，後者減少總統權力。兩者係相反的憲改方向，為何均能成功？合理的解釋是，總統均掌握了國會絕對多數席次的支持，形成優勢政治菁英主導並完成憲改。前者是Rajapaksa總統對2010年前一階段Kumaratunga總統權力弱化的反彈，後者則是Sirisena總統對Rajapaksa總統修憲擴大總統權力的抑制。

伍、雙首長的矛盾關係：共治與聯合政府經驗

　　第二共和時期的憲政體制，無論是在總統議會制時期，或者是總理總統制時期，都出現總統和總理雙元行政權威間的矛盾。2018年年末，斯里蘭卡爆發史上最嚴重的憲政危機，這應非偶然，回顧過去共治及聯合政府的經驗並不順利。

一、共治

　　斯里蘭卡曾出現兩次共治，第一次的共治（1994.8-1994.11），係由於人民聯盟（People's Alliance, PA）在1994年8月的國會議員選舉中，取得過半席次，勝過總統黨之UNP，於是Wijetunga總統任命人民聯盟中SLFP的Kumaratunga為總理（參見表2-3）。但隨後9月舉行總統大選，Kumaratunga當選總統，11月總統上任。此次共治只維持短短不到三個月，較不易看出雙首長的關係。

表2-3　斯里蘭卡兩次共治的成因與終止

第一次共治：1994.8-1994.11				
總統與總理		所屬政黨	共治的成因	共治的終止
總統	Wijetunga	UNP	總理黨SLFP所屬聯盟PA在1994年8月的國會議員選舉中取得些微多數（48.94% vs. 44.04%）。	總統當選爲新任總統，總統所屬政黨爲國會多數聯盟。
總理	Kumaratunga	SLFP（屬PA聯盟）		
第二次共治：2001-2004				
總統與總理		所屬政黨	共治的成因	共治的終止
總統	Kumaratunga	SLFP（屬PA聯盟）	總統提前解散國會，國會改選結果總統黨SLFP僅獲77席（共225席）未過半；相對地，Wickremesinghe的UNP所屬聯盟UNF獲109席，加上SLMC的5席，共114席爲過半數最大政黨聯盟。	總統解散政府和國會，國會選舉中總統黨居相對多數，並成功籌組過半數的絕對多數聯盟。
總理	Wickremesinghe	UNP（屬UNF聯盟）		

註：本表由作者自製。

資料來源：Election Commission (2020).

　　第二次的共治（2001.12-2004.4），乃緣於Kumaratunga總統於其第二任初始在國會中未能獲得多數，因此主動提前於2001年解散國會，結果對手陣營UNP所屬民族團結陣線聯盟（United National Front, UNF），在議員選舉中贏得了過半席次，Kumaratunga總統只好讓其領導人Wickremesinghe擔任總理（參見表2-3）。總統之所以得以提前解散國會，在於憲法允許總統在該屆國會任期滿一年後可以主動解散之，因此Kumaratunga總統便在2001年12月5日，國會任期剛滿一年時解散國會，期藉此尋求穩定的國會多數。此次選舉距離前次2000年10月10日，僅一年二個月。但選舉結果未如Kumaratunga總統的預期，當時國會總席次爲225席，主要由反對陣營UNF獲得最多議席109席，總統黨SLFP所屬的人民聯盟（PA）獲得次多的77席

次，人民解放陣線（Janatha Vimukthi Peramuna, JVP）與泰米爾民族聯盟（Tamil National Alliance, TNA）則各獲得16席與15席。擬說明的是，前述UNF、PA與TNA都是競選聯盟，其之下仍有諸多政黨。UNF聯盟之中最有影響力的政黨為UNP，而PA聯盟中最有影響力的政黨為總統所屬政黨的SLFP。

根據選舉結果，應由國會多數聯盟UNF組閣，然而其議席並未獲得絕對多數，因此UNF聯盟後來拉攏斯里蘭卡穆斯林國會黨（Sri Lanka Muslim Congress, SLMC）的5席議員一同組閣。[10]時任總統為SLFP黨主席Kumaratunga，她同意任命UNP的黨主席Wickremesinghe為總理，而內閣成員的黨籍也全為UNF之下的政黨，尤以UNP最多。在總統與總理不同政黨的情形下，形成共治政府。

在此期間，Kumaratunga總統退居於近似虛位元首的處境，相對的Wickremesinghe總理掌控了行政部門，造成了行政總統的危機（Venugopal, 2015: 681）。對Kumaratunga總統而言，在共治期間她須與敵對的總理和部長在其主持內閣會議中相鄰而坐，既非其所願，也迭有衝突。為此，她乃尋求解職總理和改組政府的時機。2004年2月Kumaratunga總統再度解散國會，同時解職Wickremesinghe總理的職務，並於4月間展開國會選舉。Kumaratunga總統的競爭黨派UNP輸掉了多數，總統扳回一城，結束總統和總理充滿敵對衝突的共治。

以上的共治經驗顯示，總統和總理之間均存在著嫌隙和對立，難以真心合作。但比較總統和總理的處境和地位，在第一次共治時由於總統在憲法上相對的權力較大，在面對國會的改選時機上較第二次具主動性。

---

[10] SLMC在2001年以前為PA之下的政黨，在2001年時跳脫出該聯盟獨立參選，而在選後又投入了UNF聯盟。

二、聯合政府

在2015年國會選舉中，總統黨SLFP所屬UPFA獲得225席中的95席，在野聯盟UNF則獲106席，為最大黨。總統Sirisena任命UNP（屬UNF聯盟）領導人Wickremesinghe為總理。本來這可能成為第三次共治，但由於政府是由總統Sirisena所屬政黨SLFP及Wickremesinghe總理所屬UNP共同執政，總統黨也在內閣中，所以是屬於聯合政府的型態（參見表2-4）。[11]

由於總統和總理之間陷入權力爭鬥，形成兩個行政權核心。總理所屬政黨UNP雖為最大政黨，但在國會中缺乏明顯多數席位，且由於治理成效不彰，使其公眾地位受到傷害，總統因而能夠發號施令，並對總理所屬政黨的政策進行有效的批評。因此總統仍占居優勢，形象上往往被視為是解決問題和愛國者的角色。Sirisena總統於是在等待重挫總理的時機，然而由於第十九次修憲總統被取消解職總理的權力，同時也被限縮解散國會的權力，所以Sirisena欲根據憲法免職總理，出現了困難。

但在2018年10月26日，Sirisena總統選擇片面解除Wickremesinghe總理的職務，隨後任命前總統Rajapaksa出任總理，更下令國會休會。[12]原總理Wickremesinghe向人民訴說總統違憲，唯有國會才能撤換他，而他仍是總理。由於總理鬧雙胞，政爭使斯里蘭卡陷入憲政危機。最後，國會通過對新總理Rajapaksa的不信任案，最高法院也裁定總統解散議會的決定違憲。最後新總理辭職，總統被迫再任命原總理，憲政危機終結。

11　此時SLFP是統一人民自由聯盟（United People's Freedom Alliance, UPFA）的一個組成政黨。

12　Sirisena總統宣稱他與Wickremesinghe總理的政策三年來一直存在很大差異，其中包括一起飽受爭議的中央銀行國債發行案，Wickremesinghe被指導致了6,500萬美元的損失。他另稱，Wickremesinghe領導的內閣還捲入了一起刺殺他的陰謀。Sirisena宣布罷免Wickremesinghe的同時，他還宣布自己領導的UPFA退出與Wickremesinghe領導的UNP組成的聯合政府，並暫停議會直至11月16日（BBC中文網，2018）。

表2-4　聯合政府

聯合政府：2015-2019				
總統與總理		所屬政黨	形成聯合政府的原因	聯合政府的結束
總統	Sirisena	SLFP（屬UPFA聯盟）	總統黨SLFP所屬聯盟UPFA於2015年國會選舉中獲95席（共225席），未過半；相對的反對陣營UNF獲106席，爲最大黨。UPFA與UNF合組聯合政府。	總統改選，新總統和總理同一政黨。
總理	Wickremesinghe	UNP（屬UNF聯盟）		

聯合政府：2022-				
總統與總理		所屬政黨	形成聯合政府的原因	聯合政府的結束
總統	Wickremesinghe	UNP	以Gunawardena爲首的SLPP多數派決定扶正臨時總統Wickremesinghe，同時由於UNP在國會內僅有1席議員，再加上這次選舉爲國會的間接選舉，使得Wickremesinghe的統治正當性完全仰賴SLPP。	尚未結束。
總理	Gunawardena	SLPP		

註：本表由作者自製。

資料來源：Election Commission (2020).

　　上述2018年的憲政危機是發生在總理總統制時期，顯示從總統議會制改成總理總統制之後，運作上並沒有變得比較穩定，這與許多主張總理總統制表現較穩定的觀點不同。根據Shugart和Carey的觀察，總統議會制由於總統可以正式解職總理，內閣可能較不穩定，較容易產生治理或憲政危機。且根據Elgie（2011）、Sedelius和Linde（2018）等人的研究，在整體民主表現的比較上，總統議會制國家不如總理總統制國家，因容易產生擴權總統、少數分立政府，或總

統和國會之間的相互掣肘（蔡榮祥，2018：61-62）。在憲法上，總統議會制的總統可以免職總理、解散國會，或擁有單邊的行政命令權，比總理總統制的總統為大（Shugart and Carey, 1992: 23-24）。

然而，最嚴重的憲政危機反而發生在2015年修憲後的總理總統制時，究其原因應與以下兩項因素有關，一是主觀上總統對於其權力內涵的認知，Sirisena總統認為他具有免職總理的合憲性權力，但總理則認為唯有國會才能撤換他。其實這種情況常見於由人民直接選舉產生的總統，易出現其乃全國人民所託付，即使在憲法的職權上有所相違，但主觀上具有凌駕總理權力之民主正當性的強烈意識和認知。二是總統和總理來自不同政黨，而總統卻可以主持內閣會議以及同時兼任內閣職位，雙首長在政策立場易生衝突，就如同之前Kumaratunga總統所言，「在共治期間她須與敵對的總理和部長在其主持內閣會議中相鄰而坐，非其所願」，由此可見一斑。

陸、由總理總統制返回總統議會制：半總統制再次局部轉型

2018年的憲政危機，預告了總理總統制的壽命不久。果然，2020年進行了憲法第二十次修正，憲政體制再度強化總統權力，返回總統議會制。接著2022年，又出現第二十一次修正案，這次修憲本來宣稱將削弱總統權力，但最終仍維持總統強權的總統議會制。以下，本文進一步分析這個階段的新發展。

一、2020年斯里蘭卡通過第二十次修正案

回到第十九次修正案（總理總統制設計），當時儘管以遠遠超過修憲所需三分之二的議會多數獲得通過，但修憲理念無論是在政治菁英還是在整個社會，並未被普遍理解或接受。因此在2018年10

月至12月的憲政危機時，該半總統制型態的危險，就在總統Sirisena和總理Wickremasinghe間的執政聯盟關係破裂中暴露出來（Welikala，2020）。

到了2019年總統大選，勝選的Gotabaya Rajapaksa於競選期間即對憲法第十九次修正進行抨擊。Rajapaks認為該次憲法的修正造成權力分割不清，致使總統與總理、各獨立委員會各行本位主義，彼此的意見難以整合，造成政府失能。因此Rajapaksa將廢除第十九次憲法修正內容作為其在大選中的政見，尋求恢復總統權力（羅元祺，2020）。

Rajapaksa總統執政後，他所屬執政黨斯里蘭卡人民陣線（Sri Lanka Podujana Peramuna, SLPP）在2020年國會選舉後總席次225席中獲145席，再取得幾名反對黨議員的支持，擁有修改憲法案所需的三分之二多數。Rajapaksa總統於是推動競選時所主張恢復總統權力的修憲，最後修憲通過（羅元祺，2020）。[13]

憲法第二十次修正的主要目的，是撤銷第十九次修正所引入的變化。根據第十九次修正，總統不能免職總理，只能在總理死亡、辭職、不再擔任國會議員，或在整個政府失去了議會信任的情況下，將其免職。且總統只能根據總理的建議，任命和罷免內閣及其他部長。在第二十次修正案中，上述都被取消，改為總統可以任命和罷免總理以及任何部長（Welikala, 2020）。修正後憲法也允許總統得自己分派任何部長的職能，以及自行決定內閣的組成（Baek, 2021）。由於總統可以單方面解除總理職務，憲政體制重回總統議會制。

此外，新憲法將總統和議會的任期從六年減少到五年，總統職位的任期限制為兩屆，可在議會當選兩年六個月後解散它，而非先前規定的在五年任期結束前六個月才可行使。整體而言，第十九次修正案的許多重要變更都被廢除或修訂，包括降低司法機構和其他獨立機構

---

[13] 主要反對黨「團結人民力量」（Samagi Jana Balawegaya, SJB）則向最高法院提交了針對第二十次修憲草案的特別請願書，稱其為非法。

的獨立性。

　　此次修憲引發民間的重大反對聲浪，諸多個人和團體向最高法院提交了反對該修正案的請願書。宗教領導人和政治學學者都曾表示，多年來儘管大多數總統和政黨在競選期間承諾廢除行政總統，惟一旦上臺，幾乎沒有兌現這項承諾。而且，人民也不知道他們為什麼最後做不到（Vatican News, 2020）。斯里蘭卡資深政治學家Jayadeva Uyangoda表示，第二十次修正案會導致斯里蘭卡形成獨裁政府體制，結束議會民主和自由民主的傳統及制度。之前的第十九次修憲雖然僅削弱了一些總統權力，仍被廣泛視為是對1978年憲法的最民主、最進步的修正案（Ramachandran, 2020）。

　　值得留意的是，在COVID-19大流行時，社會期待強而有力的總統，這對增強總統權力的修憲有推波助瀾的作用。疫情期間總統權力的運作確實擴大，疫情應對的績效成果能累積執政者選舉的優勢。再者，政府的危機應對措施亦獲公眾的廣泛認可，為行政部門積極接管國家提供了動力，但行政權力膨脹也產生了民主倒退的可能性（Fonseka, Ganeshathasan and Welikala, 2021）。

二、2022年通過憲法第二十一次修正案

　　第二十一次憲法修正案，是在該國經濟與政治出現重大問題的脈絡下蘊釀而生。2022年，斯里蘭卡遭遇數十年來最嚴重的經濟危機，由於政府無法解決，釀成人民的重大不滿，演變成抗議民眾占領總統和總理官邸，總統和總理兩人被迫逃出官邸。[14]總統Rajapaksa甚至逃到國外，辭去職位。同年7月20日國會投票選出Rani Wickremesinghe為新任總統。

---

[14] 當時爆發債務違約，全國數月糧食、燃料和藥品短缺，國內生產毛額（GDP）嚴重萎縮。總統Wickremesinghe於2023年與國際貨幣基金（IMF）達成紓困金協議。至2024年，經濟已走出谷底。

憲政體制被認為是經濟危機的一項關鍵原因，因為權力集中於行政總統一人，國會權力被削弱而無法制衡總統，也不存在獨立的司法機關，但總統卻無能力解決問題。於是接替的Wickremesinghe總統，在其任內進行第二十一次憲法修正。2022年10月21日，議會以179票贊成、1票反對、45票棄權獲得通過。這次修正最初有意削弱總統權力，然而最後結果總統仍是大權在握。舉其要者，關於總理的產生方式，一開始的草案設計是：「總理應在內閣根據憲法規定繼續履行職責期間內繼續任職，除非他親筆向總統辭職……。」但最後通過的條文仍維持原憲法的設計：「總理應在內閣依憲法規定繼續履行職能的整個期間內繼續任職，除非經總統手書罷免。」

雖然憲法第二十一次修正案重新設立了憲法委員會，但並沒有完全恢復原狀。外界顧慮憲法委員會多數成員的提名，將受到政黨控制的危險。反對黨表達他們對修正案的支持，是基於制定改革的需要，這是確保斯里蘭卡在應對數十年來最嚴重的經濟危機時，獲得國際支持的關鍵前提。但從最終修憲結果來看，反對派人士表示，這次修正案是一種障眼法，它沒有按照承諾，剝奪行政總統辦公室的任何權力（Etv Bharat, 2022）。

總結上述發展可知，斯里蘭卡憲政制度的變動性、反覆性很大，其由內閣制轉向半總統制，是跨越不同制度類型的完全轉型。在新體制運作數十年後，出現了轉向不同次類型的變遷，這是維持在半總統制之下的局部轉型。變遷肇因於第十九次修憲取消總統可以解職總理職務的權力，因此由總統議會制轉為總理總統制，而後在第二十次修正案又回復總統議會制，第二十一次修正案持續鞏固。目前的憲政體制具備半總統制結構，既有公民直選的總統、維持總統和總理雙首長、內閣集體向國會負責，但也摻雜部分非典型元素，如總統是部長內閣成員，並擔任部長內閣首腦，頗具斯里蘭卡的個案特色。

整個憲法的修改以及憲政體制局部的轉型，主要取決於優勢政治菁英短期的決斷，缺乏黨派間的共識或民意的參與。幾次修憲的結果不僅未弱化總統的權力，甚至更創造出權力集中於總統的憲政體

制。自1982年以來，每位總統在選舉前多承諾過，當選後要廢除行政總統或削弱總統權力，但當選後卻難以兌現。問題在於，主要黨派和政治菁英對是否應廢除行政總統缺乏共識。

對於行政總統的設置，不乏為其辯護之聲音，支持的觀點指出，相較於內閣制時期各種問題叢生，如經濟低成長、種族騷動、總理被行刺、政變等，事實證明，在行政總統體制的時期有著較高的經濟增長率，政府也贏得在北方和南方內戰的勝利。同時，在此制度下，政府也擊敗了世所罕見的恐怖主義軍事組織，從而確保領土的完整和國家主權，維續了多黨民主制和選舉式政府。其他支持的理由，也大致環繞在強調行政總統帶來穩定的政府、國家的統一，以及少數族群利益獲得行政總統的保護等（Jayatilleka, 2017）。

質疑行政總統設計者則指出，支持者的論點有許多的迷思，其實證基礎不免薄弱（Welikala, 2015）。且從主要政治人物的制度偏好和利益來看，主張廢除行政總統職位者，常見於掌握內閣職位的黨派，或擔任過總統，而無法再競逐此職位的人士，譬如前總統Rajapaksa即是。對他而言，最佳的權力位置，是爭取總理的職務（Sri Lanka Brief, 2018）。同樣地，對前總統Kumaratunga以及競逐總統失利的Wickremesinghe而言，有利的戰場是國會多數領導權的爭奪，而非總統一職，因此偏好弱化總統權力的政府型態。其他反對行政總統設計的人士，他們對憲政體制的喜好亦多基於個人的政治立場，而非源於深刻的憲政理念（Jayatilleka, 2017）。

斯里蘭卡雖然很早就採行總統公民直選，但其始終未能轉型為真正的民主政體。根據自由之家（Freedom House）近二十年來的調查結果，其評比均為「部分自由」（形同部分民主）。值得留意的是，自2015年Sirisena擔任總統後，斯里蘭卡的政治權利和公民自由得到了改善。但從2022年起，評比分數又從56分些微降至55分，再至2023年降至54分，至最新2024年維持54分，而這段期間恰是憲政體制加大總統權力的時候。2024年9月舉行最新的總統大選，時任總統Wickremesinghe在第一輪計票後未能進入前兩名而被淘汰，在第二

輪計票後，由人民解放陣線的Anura Kumara Dissanayake當選，23日宣誓就職。這是首次由統一國民黨和斯里蘭卡自由黨兩大黨以外的第三方候選人當選總統，也是第一次選舉中排名前兩位的候選人都沒有得到這兩黨的支持，是斯里蘭卡政治的重要盤整，其憲政運作將邁入新的階段。

柒、結論：兼談斯里蘭卡憲政體制的挑戰

斯里蘭卡是亞洲第一個半總統制國家，也是當時第一個歐洲以外採行半總統制的案例。在1978年新憲法制定時，全世界只有歐洲極少數的幾個國家採行半總統制，作為一個歷史上深受英國殖民的影響，有三、四十年時間採行內閣制的國度，竟嘗試引進地緣上遙遠的歐洲大陸國家——法國的經驗，如果沒有大膽而創新思維的政治菁英，應該很難辦到。

曲折的憲政變遷歷程，使其成為憲政選擇和變遷研究的一個特殊案例，由於該國長期面臨憲政改革之挑戰，對其半總統制的探討，具有在憲政實務的意義和理論層面的價值。理論上的重要意義在於，斯里蘭卡在不同歷史階段中出現體制類型的完全轉型，以及反覆的局部轉型，比較半總統制各國經驗，幾乎未有相同之模式。所謂體制的完全轉型，即斯里蘭卡曾由內閣制轉為半總統制，這是由一種典型的制度型態，改變為另一種不同制度型態的跨體制轉型。所謂的局部轉型，則是維持在特定制度型態內，但發生次級型態的變化，亦即斯里蘭卡曾出現半總統制下次類型的演化，由總統議會制轉型至總理總統制，而後又再回復於前者型態。

作者有感於斯里蘭卡憲政變遷相當複雜，修憲條文的異動曲折，解讀較為吃力，因此對於這樣個案的探討和研究成果之呈現，不能不在描述性的層次上有較多的著墨，否則讀者不易掌握來龍去脈。但本文亦試圖盡可能在憲政變遷的事實描述之餘，藉此與既有憲

政體制選擇理論對話。雖然本文是個案研究，但斯里蘭卡作為亞洲第一個半總統制，其制度生命史和前景，有特別之意義和重要性，此一個案所隱含的理論意涵，有其值得關注之處。鑑於中文著作幾乎未見針對斯里蘭卡半總統制（暨憲政體制）的專論，作者從憲政選擇和變遷角度探索該國的經驗，嘗試藉此拋磚引玉。

斯里蘭卡內閣制的形成，符合Powell所言的英國及其文化主導的因素，也奠定了迄今為止行政向立法負責的制度基因。直到1978年新憲法的制定，體制由內閣制轉型為半總統制，這是一種跨體制類型的完全轉型。究其因，在於主導新憲法的政治菁英欲創造一個較內閣制更加穩定的政治體系，以建構一個強而有力的政府，這是政治菁英有意參考法國第五共和體制的結果，儘管兩者仍有所差異。因此，從憲政體制的形成和轉型理論來看，這並非長期文化或地緣因素可以解釋，也不是民主化的必然結果，而是短期政治行動者選擇與外在示範效應之結果。即第二共和憲法的制定，是統一國民黨在國會絕對多數的力量下所主導制定的，而非不同政治行政動者相互讓步妥協下所形成的混合體制。

斯里蘭卡多次的修憲案均能通過，原因在於總統均掌握了國會絕對多數的支持。從長期憲政發展的歷程來看，雖存在實權總統，但行政向立法負責的內閣制元素，仍貫穿或制約著第二共和的發展。但近來的憲改逐漸加大總統的權力，甚至權力分立和制衡已經喪失。且斯國經歷2018年年末總統違憲解職總理之憲政危機、2020年總統逃亡國外、2022年後經濟危機和破產困境，其民主前景及政府治理，充滿荊棘和挑戰。

斯里蘭卡的憲政運作充滿爭議卻又有趣，當前的憲政挑戰在於，行政總統的強勢權力持續受到質疑，但政治菁英常徘徊於究竟是廢除行政總統而走向內閣制之途，或仍維持既有的半總統制架構之道路，而猶豫不決。對斯里蘭卡而言，擺脫半總統制是福還是禍，又是另一問題。固然一國民主的表現受各種因素影響，憲政制度僅是其中一環，但從歷來強權總統和政府影響來看，斯里蘭卡當前半總統制之

總統職權設計很難不被檢討。究竟，半總統制是斯里蘭卡憲政之路上的「中途之家」，還是「永久歸宿」？又首次來自兩大黨以外，屬於第三方勢力的Dissanayake當選新任總統，其政黨政治同時邁向嶄新的境域，會對憲政運作造成什麼影響，且讓我們拭目以待其後續的發展。

3

阿拉伯世界半總統制民主國家的個案研究：突尼西亞憲政體制的選擇與運作

壹、前言

　　長期以來，在廣泛關於憲政制度選擇的研究文獻中，阿拉伯國家鮮少成為關注的對象。[1]不過，2010年末至2011年年初的茉莉花革命，引爆了「阿拉伯之春」（Arab Spring），促使這個區域一些獨裁政權的根本性改變，並帶來相關國家重構政治體系的機會（Choudhry and Stacey, 2014: 9）。其中，突尼西亞不僅是阿拉伯之春的發源地，在革命十年後更是此區域僅存的民主國家，並且成功地制定了新的憲法，採行了半總統制的新政府體制。

　　審視阿拉伯國家的憲政制度選擇，在21個國家中（如表3-1），扣除傳統君主制國家後的17個國家中，憲法上內閣制相對最多（8個），總統制較少（4個），半總統制則有5個國家採行。半總統制國家中，除了突尼西亞之外，其餘包括埃及、巴勒斯坦、阿爾及利亞、茅利塔尼亞既非民主國家，憲政體制型態亦常變動而不穩定。此外，葉門也曾經採用過半總統制，但於2012年轉為內閣制。整體而言，經歷阿拉伯之春革命的國家，它們後來若非陷入內戰，如利比亞、敘利亞、葉門，就是迅速重回集權體制，如巴林與埃及。相對地，突尼西亞儘管在革命後幾年面對許多難題，如經濟問題、失業率居高不下等，[2]但仍能於2014年成功制定進步的新憲法，建立尚稱健全的民主體制，並於2014年、2019年、2024年分別和平產生了民選的總統。

---

[1] 在本文中，「阿拉伯國家」、「阿拉伯地區」及「阿拉伯世界」等為同義詞，指以阿拉伯（人）民族為主，講阿拉伯語的國家，隸屬中東和北非地區，絕大部分人信奉伊斯蘭教。而地理區位上在中東地區的國家，如伊朗、以色列等非阿拉伯人社會，則排除在外，因此表3-1與第一章表1-4係不同的歸納。

[2] 如2014年國內生產毛額略高於4,830萬美金，成長率比革命後初期幾年要高，但其他的各項經濟指標都是負成長。債務和財政赤字在國內生產毛額的比例，幾乎已經到了革命前的兩倍（Masri著，Shoo譯，2020：155-156）。

表3-1　阿拉伯地區各國憲政體制採用情形

區域	總統制國家	內閣制國家	半總統制國家
中東	敘利亞	黎巴嫩、伊拉克、約旦、科威特、巴林、葉門（1994-2012半總統制，2012轉內閣制）	巴勒斯坦
北非	吉布地、蘇丹、葛摩	索馬利亞、利比亞	埃及（2007-2011、2012-2013、2014之後）、阿爾及利亞（1989迄今）、茅利塔尼亞（1991-2005、2006-2008、2009迄今）、突尼西亞（2014迄今）
合計	4	8（不含阿曼、卡達、阿拉伯聯合大公國、摩洛哥等傳統君主國）	5

資料來源：作者整理自World Population Review（2021）、The Semi-presidential One（2021a, 2021b）。

　　突尼西亞革命爆發迄今逾十年，依「自由之家」的調查，其連續八年（2015-2022）維持「完全自由」（Free）的評等，但2023年、2024年降至「部分自由」（Partly Free）。這顯示近年來在Saied總統任內，因其強勢作為，政黨競爭和政治自由度出現倒退情況。

　　由於突尼西亞近來經濟情況持續不佳，加上新冠肺炎疫情的打擊，2021年7月間全國爆發多起抗議和暴力衝突，在總統和總理間長期存在的權力矛盾關係下，Saied總統開除了Hichem Mechichi總理職務，並宣布凍結國會30天，釀成憲政動盪和政治危機，受到國際的矚目。在此情況下，該國憲政體制的運作也受到各界的關注。對於突尼西亞這樣一個新興民主國家，伴隨著其民主發展的憲政體制設計和運作，無論在理論上或實務上，甚具探討價值。

　　回溯阿拉伯之春前的情況，在中東和北非傳統伊斯蘭信仰國家，既無民主政治的傳統，也缺乏當代普遍意義下權力分立與制衡的

憲政主義實踐，且憲法規範與憲政實務間的落差也較大，因此學術界關於憲政制度選擇的研究，也就很少將其納為對象。確實，歷史上在伊斯蘭信仰的法律傳統中，憲法、權力分立以及法治主義等，乃是外生的思維與觀念。傳統伊斯蘭信仰的法律思維，係由宗教扮演源頭，從其中演繹出所有關於政府統治的規範，《可蘭經》亦即相當於憲法的最高規範地位，國家事務和權力統治組織，亦是無法置身於其外。然而，此種傳統情況於近來已然改變，除沙烏地阿拉伯外，當前幾乎每個伊斯蘭國家都有一部憲法，並在宗教與國家組織間尋求平衡。即使保守如沙烏地阿拉伯，在1992年也制定了規範國家重要組織的基本法（Wolfrum, 2012: 77-78）。

　　相對於其他阿拉伯國家，突尼西亞歷來是政教分離最堅持的國家（Masri著，Shoo譯，2020：133-134）。1959年的舊憲法雖然指出伊斯蘭教是突尼西亞人的宗教，但未明確規定伊斯蘭教就是國教。2014年的新憲法條文中雖提到了宗教，但避免將其定義為法律的來源（Mersch, 2014; Al Jazeera, 2014）。憲法第2條並明定：「突尼西亞是一個建立在公民權、人民意志和法律之上的公民國家。」並且「本條文不得加以修改」。在革命後的民主轉型初始階段，突尼西亞在宗教和政治之間的關係也確立了Stepan（2012: 89-103）所指出的「雙重寬容」（twin tolerations）的模式。第一重寬容是宗教公民對國家的寬容，即具有宗教信仰的公民，應給予民選官員在立法和治理上的自由。第二重寬容是反過來由國家對宗教公民的寬容，其要求法律和官員必須尊重公民的宗教信仰自由，宗教活動者和組織彼此尊重其他公民在憲法上的權利。

　　不論從阿拉伯世界或從全球視野來看，突尼西亞這個年輕的民主政體的憲政制度經驗，有其特殊的個案研究價值，但現有學術文獻和理論較少討論，尤其審視中文學術論著，尚未有相關的專題作品。另一方面，既有半總統制選擇的主流理論，多建立在1990年初第三波民主化為主的經驗，強調民主化和公民直選對制度形塑的作用，這對於二十一世紀突尼西亞這個新興半總統制民主個案的解釋是否

有效，構成挑戰，因爲其原本就存在著由公民直選總統的制度。再者，就半總統制運作的層面來看，阿拉伯國家存在著伊斯蘭信仰主義政黨和世俗性政黨的競爭，前者是否遵守憲政民主遊戲規則，關乎憲政運作的穩定，這與阿拉伯以外半總統制民主有差異。而突尼西亞存在著復興運動黨（Ennahdha，以下稱復興運動黨）之主流伊斯蘭政黨，而其接受民主價值和融入憲政制度的情況如何，也有關半總統制民主的成敗，這也是既有半總統制理論較未探索之處。

　　爰此，本文試圖探討突尼西亞與其他民主國家半總統制的差別，呈現理論上與實務面的個案意義。本文核心內容涵蓋兩個相關聯的重要層面，一是突尼西亞由舊憲法體制到新憲法下半總統制的選擇與設計，二是探討現行半總統制實施和運作情況，聚焦於中央政府的組成、總統和總理的關係、政黨與選舉制度的作用，以及分析近期浮現的重大憲政問題和挑戰。

貳、解釋憲政體制選擇的理論

　　如第一章所述，憲政體制的形成可歸納爲三種主要型態，包括創設、選擇及演化（林繼文，2001）。以突尼西亞半總統制的形成來看，其明顯非原生性的制度創設，本文預設，「選擇」模式的理論相對於「演化」模式觀點，應更具解釋力。進一步地，對於憲政制度選擇模式的理論，可歸納爲兩種最主要解釋觀點，一是強調長期文化的宏觀因素，另一則是著重短期菁英互動的微觀因素。

　　如何從上述觀點來解釋突尼西亞的個案經驗？我們可以從三方面來看，首先，突尼西亞的半總統制的採行，主要源於2011年革命後的民主化歷程，在2014年時因新憲法的制定完成而形成。其次，在制憲過程中不同黨派勢力的制度的偏好，有偏向內閣制者，也有偏向總統制或半總統制者，無單一勢力能主導制憲。行動者有意識地設計制度，彼此間也需要妥協。此外，突尼西亞政治史上長期存在強人總

統和完全附屬於總統的總理職位，同時也曾是法國的殖民地。整體而言，其憲政選擇較涉及前述三個解釋因素的作用：民主化、行動者選擇、歷史遺緒。

　　綜上，從二十世紀末全球大量湧現半總統制國家的經驗來看，新興的民主易驅使總統職位由人民直接選舉產生，在維持內閣政府向國會負責的原則下，傾向增加總統的憲政角色和權力。不過，在突尼西亞的案例中，其經驗與主流模式並不相同。其半總統制的形成，是對原強人總統的反彈，在手段上雖然沒有改變公民直選總統制的制度，但強化總理和國會權力，並抑制強權總統滋長的制度基礎。具體而言，既有關於憲政體制選擇的理論，主要幾乎奠基於二十一世紀之前各國憲政發展經驗，而對於二十一世紀後包括突尼西亞的跨憲政體制轉型經驗的解釋，則較為欠缺。所謂的跨憲政體制轉型，係指在總統制、內閣制與半總統制三者間，出現任兩種體制的轉換。在本世紀出現的跨憲政體制轉型經驗中，較多出現在由半總統制轉向總統制（例如土耳其、查德、安哥拉、肯亞等）或內閣制（例如亞美尼亞、喬治亞、葉門等）。雖亦有部分內閣制國家因採公民直選而轉為半總統制（例如捷克、斯洛伐克、土耳其、摩爾多瓦），但如同突尼西亞由總統制轉向半總統制者，則似乎非常少見。

　　從上述來看，關於半總統制的形成，既有理論中涉及民主化過程的脈絡、各黨派的制度偏好，是本文後續重要的解釋因素。但突尼西亞本身個案的特殊性，皆必須納入考量，以補充既有理論的不足。

參、革命前的憲政體制：1959年憲法的設計

　　突尼西亞在1881年時曾為法國的保護國，二戰時間，法國被納粹德國占領，其後和德國同屬軸心國的義大利軍隊，又占領了突尼西亞和法國南部，建立了短暫的義屬突尼西亞。1943年德義聯軍和盟軍爆發了突尼西亞戰役，德義聯軍先勝後敗，二戰後突尼西亞被法

國重新接收。隨著戰後殖民地獨立風潮興起，突尼西亞由於獲得法國的同意，因此於1956年3月20日，在未有武裝行動下贏得了獨立，正式改名為突尼西亞王國。1957年制憲會議廢黜國王，宣布成立共和國，領導突尼西亞獨立的民族主義領導人Habib Bourguiba就任首屆總統。憲法起草者修改了當時在突尼西亞生效的《法蘭西第四共和國憲法》，1959年通過了一部以美國憲法為重要靈感來源的憲法（Masri著，Shoo譯，2020：320）。

　　根據1959年憲法，總統由直接投票選舉（兩輪）產生，任期五年（最多三個連續任期）。憲法明文規定行政權由總統行使，由總理領導的政府協助，總理則由總統任命，內閣其他成員由總統根據總理的建議任命。總統可以主動或根據總理的建議，終止政府或其成員的職能，「政府在行為上向總統負責」。

　　在國家政策和立法上，由總統指導國家總政策，確定其基本選擇，並相應地通知國民議會。憲法還授權總統參與立法領域，因其有權向議會提交法律草案，這些法律草案在立法上還應優先考慮。總統有權對法律草案進行認證並監督其立法通過，也可以拒絕其認證，並將其退回給議會進行二讀。此外，總統也主持部長會議。形式上政府雖有總理設置，但這個職位完全在總統的控制下，行政權力集中在總統手中，且其不對國會負責（Camarasa, 2018）。

　　在政府和總理職權方面，憲法規定政府根據總統確定的方向和選擇，實施國家的總體政策，政府的行為對總統負責。總理領導和協調政府的工作，必要時代替總統主持部長會議或任何其他委員會的工作。國民議會（國會）如發現政府沒有遵循憲法第49條（總統指導國家的總政策，確定其基本選擇）和第58條規定的總政策和基本選擇，可以透過對譴責動議進行表決，反對政府繼續履行職責。當譴責動議以三分之二的多數票通過時，總統接受總理提出的政府辭職。

　　在國會方面，為眾議院的一院制國會，直至2002年修憲，才設立了另一院顧問院。其中，眾議院議員由直接投票選出，任期五年。顧問院中一半的顧問從地區選舉產生，三分之一的顧問由國家從

雇主、農民和工人中選舉產生；其餘的顧問由總統從國內重要人物中任命。兩院加在一起，以絕對多數授權總統發布法令，通過憲法規定的組織法。另普通法律由兩院以簡單多數通過，但由總統頒布。

　　由以上設計來看，1959年憲法下的政府體制雖然存在著總統和總理兩種職位，但總理領導的內閣並不向國會負責，而是向總統負責。且國會的譴責動議固然最終可能導致總理辭職，但國會的譴責是奠基在監督總理是否配合總統實施國家的總體政策，而非監督總理是否配合或尊重國會的意見。半總統制有一要件，即總理領導的內閣向國會負責，突尼西亞憲法的設計則不是那麼符合。不過，審視既有文獻，該體制雖然普遍被視為總統制（Letaief, 2012; The Arab Weekly, 2019b），[3]但因國會得對總理發動譴責動議，並非典型的總統制。[4]

　　在2010年末茉莉花革命爆發前，長期以來憲法一直在不斷修正，並加強了總統的權力。同時在這整個半世紀的政治史中，只存在過兩位總統。在第一位總統Bourguiba主政時代，他所創立的新憲政黨（New Constitutional Liberal Party）長期掌控了政權，且政黨和國家機器合二為一。1964年，突尼西亞全力推進社會主義運動期間，新憲政黨更名為社會主義憲政黨（Socialist Destourian Party）（李竟強，2018：106）。1975年修憲，總統任期修改為終身制，並引入了自動繼承機制（總統缺位時，由總理接替總統職位）。相較於同時期的摩洛哥，國家是由君主制壟斷的；在阿爾及利亞，是由國民陣線壟斷的；北非其他國家是由軍方壟斷的；而在突尼西亞，權力則是集中在一個自稱終身總統的人身上（Berardi, 2019: 36）。

3　對於突尼西亞1959年憲法總統制的認定，廣泛見於各種學術和報導性文獻，本文前揭所引文獻出處，不過是其中的兩個例證。

4　因此，若有論者將舊政府體制歸類為半總統制，也不能說立論毫無基礎。只是值得注意的是，既有文獻和論者多普遍認定2014年新憲法「採行」（而非延續）半總統制，反而不易見到主張1959年憲法是半總統制體制之說法，由此來看突尼西亞舊憲法下政府體制，是較接近總統制精神。如果再看實際的憲政運作，其強人總統的政治型態，並無雙元行政領導的半總統制特徵。

　　1987年10月1日，Zine El Abidine Ben Ali獲Bourguiba總統委任
爲總理。後來他以憲法第57條規定，「總統身體狀況不允許他繼續
掌管國事時由總理接任」爲根據，宣布廢黜Bourguiba總統職位，並
於11月7日自行接任總統。Ben Ali上任後雖於1988年修改憲法，廢除
了總統終身制，將任期限制在三個五年。然而，強人政治並未實質
改變，Ben Ali將社會主義憲政黨改組爲憲政民主聯盟（Democratic
Constitutional Rally），黨政領導權轉換成他掌握，其領導地位一直
持續到他2011年下臺逃亡止。至2002年，Ben Ali的擴權行動已然成
熟，遂進行修憲，取消了總統連任次數的限制。相較Bourguiba的終
身總統制，這不過是五十步與百步之差。此外，2009年並修改總統
選舉候選人資格規定，必須曾擔任合法政黨黨魁兩年，始可成爲候選
人，這無疑爲競爭者設下了較困難的資格門檻，從而有利於Ben Ali
持續在位。

　　綜上，突尼西亞不僅在舊憲法體制下行政權爲總統所掌，在現實
政治運作中，政府權力更是集中在總統個人身上，並形成長期的弱議
會、強行政的傳統（The Carter Center, 2014）。

肆、革命後憲政體制的選擇：新憲法制定與半總統制設計

　　茉莉花革命爆發後，2011年1月14日，Ben Ali總統逃離突尼西
亞，由總理Mohamed Ghannouchi暫代總統職權一日。次日，眾議
院議長Fouad Mebezaa被任命爲代理總統，Ghannouchi重回總理職
位。以Ghannouchi總理爲首的憲政民主聯盟試圖挽救局勢，但革命
形勢的發展導致Ghannouchi被迫下放權力。突尼西亞國內各種政治
勢力爲爭奪政治權力展開了激烈的競爭，政黨政治逐漸步入了碎片化
階段。2011年3月9日，憲政民主聯盟被解散，一黨主導的政黨體系
崩潰，標誌著突尼西亞政黨制度從此邁向了嶄新的發展階段（李竟

強，2018：107）。在政治步入民主化的同時，制定新憲法的需求也很快形成。

　　由於1959年的憲法從Bourguiba到Ben Ali被多次修改，加強總統的權力，因此儘管這部憲法規定了某些權利和自由，但它無法擺脫舊獨裁政權的作用，特別是與Ben Ali政權的關係。這使得人民在革命後不久就選擇了終結它，並選舉另一個制憲會議來起草新憲法（The Carter Center, 2014: 88）。在Mebezaa擔任代理總統期間，突尼西亞朝野對國家很快地需要進一步制憲形成了共識，為此政府當局籌組辦理制憲議會和議員的選舉。

　　2011年10月23日制憲議會議員的選舉，在過去Ben Ali統治時期無法合法運作的政黨——復興運動黨，一舉贏得了總席次217席中的89席，掌控了41%的相對多數席位。制憲議會運作三年，[5]期間陸續產生四個憲法草案和版本，最後於2014年1月26日通過新憲法。

　　以下先就新憲法制定的背景和過程加以探討，再分析新憲法下半總統制的內涵和特色。

一、新憲法的制定

　　在2014年新憲法的起草過程中，伊斯蘭教的地位和婦女的權利，占據了制憲議會內部和公共討論相當的部分（Mersch, 2014）。此外，憲政體制的設計亦是其中一項重點。由於本文的主題在於憲政體制，故以下關於憲法制定的分析聚焦於此。至於憲法中婦女權利、公民權利以及伊斯蘭信仰等議題，與其關聯性不多，因此不在探討的範圍。

　　突尼西亞在1959年憲法體制偏向總統制精神，隨後的憲法修正案也強化了總統的權力，無論就行政權內部或行政權和立法權關係來

5　人民代表大會在2014年10月26日的議會選舉之後，取代了過渡時期的突尼西亞制憲議會。

看，權力關係是失衡的，明顯地偏向總統，新憲法的設計試圖加以扭轉。

憲法的初稿首先確立了三權分立的原則，至於政府體制如何設計則存在著熱烈的辯論，焦點圍繞在行政與立法機關和總統之間如何達成權力平衡，以及關於具有兩位行政首腦的混合制等議題而展開（The Carter Center, 2014: 88）。作為關鍵顧問的Chafik Sarsar教授指出（Choudhry and Stacey, 2013: 1），這部憲法的制定有三個目標：一是需要一個真正具有代表性的立法機關，彰顯其作為立法權的有效場域；二是需要建立一種機制，使立法機關得以保持對行政權的制衡和監督的能力。以上兩個目標，均出於扭轉突尼西亞「弱議會、強行政」的歷史而來。至於第三個目標，則是透過建立對立法機構本身的監督，確保其不濫用權力。

關鍵在於，何種政府體制能符合上述的目標？這個問題涉及各個黨派的制度偏好和抉擇。其中，復興運動黨作為當時議會的第一大黨，主張德國或英國模式的內閣制。總統所屬政黨，即第二大黨的保衛共和國大會（the Congress for the Republic）與其他政黨，則多主張實行偏向實權總統的制度（Berardi, 2019: 57; Camarasa, 2018）設計。論者普遍認為，制憲議會最終會選擇半總統制，是這幾股政治力量之間妥協的結果，目的是藉由半總統制設計來平衡國家機關間的權力關係（Erdoğan, 2020: 61; Berardi, 2019: 57; Camarasa, 2018; Williams and Mahmoud, 2014）。

各政黨在制憲過程中之所以能妥協，關鍵在於復興運動黨的態度。該黨在2011年選舉中獲勝後即明確支持內閣制（Williams and Mahmoud, 2014），主要在於其選擇國會場域而非總統職位，作為政治主戰場。回顧過去，復興運動黨作為一伊斯蘭政黨，其前身是「伊斯蘭回歸運動黨」，在Ben Ali時代並不被承認為合法政黨，而茉莉花革命後，2011年3月1日才合法成立。與其他伊斯蘭團體不同的是，復興運動黨是主張民主價值的，且其重要領導人Rached Ghannouchi明確表示，他本人或是黨員都不會出來參選下一任總

統，後來的發展也確實如此。該黨意識到強人總統甫被推翻，在當時政治氛圍和情勢下，取得總統一職對政黨而言究竟是福還是禍，實在難料。相對地，在國會中穩健地累積其實力，對該黨的長期發展反而較為有利。在憲政制度中，內閣制相對於實權總統的制度，較符合其目標和理念。惟如前所述，復興運動黨在制憲議會選舉中雖表現不凡，但終究只取得相對多數，這也迫使其不得不與其他政黨妥協。

基於同樣邏輯，在國會議員選舉制度的選擇方面，復興運動黨願意支持防止任何單一政治團體在議會中獲得絕對多數，以「黑爾基數─最大餘數法」（Hare Quota-Largest Remainders）為公式的比例代表制，也是一種妥協與合作的展現，此容後續再進一步討論。

相對地，世俗勢力如第二大黨的保衛共和國大會、爭取工作與自由民主論壇以及其他政黨，則主張偏向總統制或混合制政府。這些政黨認為，復興運動黨所以主張內閣制，係基於政黨的利益。他們認為復興運動黨強大的選舉能力，意味著其自然而然會支持內閣制選項，因為在此種制度下，為數眾多的議員人數可以更直接轉換為執政權力。世俗黨派對於復興運動黨在議會的實力心有餘悸，他們有意引入一個能夠制衡伊斯蘭黨的強大共和國總統。世俗政黨認為，若他們能齊心協力，即能贏得總統選舉（Pickard, 2013; Berardi, 2019: 57）。因此，這些黨派傾向於支持總統制或混合制，總統像法國那樣由公民直接選舉產生，並保留重要的權力，包括外交、國防及國家安全的權力（Marks, 2014: 27）。

但包括Rached Ghannouchi在內的復興運動黨高層，都很清楚表達願意與世俗政黨合作，以及支持民主的態度，因此與保衛共和國大會和爭取工作與自由民主論壇，首先共同組成了後來被稱為三頭馬車的聯合政府。

制憲當時，復興運動黨在制憲議會中雖擁有多數席位，但未達絕對多數，同時該黨也無意圖主導制憲進程，而試圖與其他政黨進行對話，並在必要時做出讓步（Erdoğan, 2020）。復興運動黨展現合作與緩和特質，並帶來不同意識形態的政黨領導人的忠誠，其妥

協也帶來包括接受半總統制在內的憲法制定（Pickard, 2014: 4）。
2014年1月通過的憲法最終文本，獲得了200名議員支持，遠遠超過
了所需三分之二多數的同意門檻。一般而言，一部憲法的合法性不僅
建立在內容上，也建立在制定憲法的過程上。以此來看突尼西亞，
在其憲法的起草過程中，包括「突尼西亞全國四方對話」（Tunisian
National Dialogue Quartet）等民間社會團體，能有機會廣泛參與其
中（Erdoğan, 2020: 61）。[6]

　　另在制憲過程中，Sujit Choudhry和Richard Stacey兩位學者，曾
為制憲議會成員和民間社會舉辦了關於半總統制研討會議，並提交了
一份關於半總統制的綜合報告。報告探討了政府體制的高度技術性
細節，以及這些設計對民主表現、政府穩定性和政府效率的更廣泛影
響。政府體制的爭辯在制憲時固然不易達成一致意見，也相當耗費時
日，但半總統制作為主要的模式漸次取得共識，顯示這也是制憲者有
意識的憲政選擇結果。

　　突尼西亞2014年憲法是該國史上第一部的大眾憲法，儘管歷經
三年的冗長過程（2011-2014），內容是經過公開辯論，是在社會整
體廣泛討論後才定案的（Masri著，Shoo譯，2020：136）。在制憲
過程中，各政黨能凝聚共識和信念，使其不同於其他阿拉伯之春國家
的制憲過程。譬如埃及，在革命後所制定的兩次憲法，皆未有真正的
公眾參與，且是在司法停擺和軍方政變威脅下，短短幾日便迅速通過
的。又如葉門、敘利亞和利比亞，憲法的制定均未能展現公眾的參與
和民主的審議（Pickard, 2014: 4-5）。相對地，突尼西亞新憲法在起
草過程是相當透明，且具包容性及參與性的民主程序。[7]

6　突尼西亞全國四方對話，係由突尼西亞四個公民團體所組成，包括突尼西亞總工會、突
　　尼西亞工業及貿易與手工業聯合會、突尼西亞人權協會、突尼西亞律師公會等，在突尼
　　西亞和平轉型過程中，其扮演了關鍵的角色，因此於2015年獲諾貝爾和平獎。

7　如制憲會議提出了第一份草案後，便向公眾開放辯論。第二份草案公布後，制憲會議發
　　起了為期兩個月的公開會議活動，以接觸到制憲議會代表的選區和利益集團。此外，在
　　聯合國開發計畫署（UNDP）的支持下，制憲會議成員與突尼西亞各省的民間社會開展

　　從突尼西亞2014年新憲法制定的經驗來看，半總統制的選擇，是在重新制定新憲法，而非局部修憲的條件下大幅展開的設計，是政治菁英有意識的抉擇，也是各政黨妥協與合作的結果。與新興民主國家不同的是，公民直選總統具有國民主權的象徵意義（沈有忠，2018：45）。但就突尼西亞而言，其原本就存在公民直選總統的事實，在伴隨著革命和民主制度的建立之時，人民並無需要爭取選舉總統的權力，反而是削弱總統在憲法上的權力，增進總理和國會的權力，以及強化內閣向國會負責的精神，以避免重回強人總統的威權體制。

　　此外，突尼西亞制度選擇中各種勢力的妥協，這點和許多後共產主義的新興民主國家經驗相似。但後者的民主化多發生在1990年初，當時世界上採行半總統制的國家限於歐陸為主的少數個案；而前者在2011年至2014年這段制憲期間，半總統制在全球已廣受採行，而實施了一段時間。因此，突尼西亞作為採行半總統制的後進國家，當時制度的選擇雖是各政黨妥協與合作的產物，但也是政治菁英有意識的、參考其他國家經驗後的選擇。

二、半總統制的設計

　　半總統制的定義如前所述，主要採Duverger（1980）與Elgie（1999）的觀點。綜合來看，符合總統由普選產生，以及同時存在著需要向議會負責的總理與內閣，即屬半總統制。本文以下將據此論證突尼西亞2014年憲法下的政府體制符合半總統制定義。

　　首先，突尼西亞的總統由公民直接普選產生，採取絕對多數的兩輪決選制（Run-off election），最多兩個五年任期。再者，憲法規定行政權由總統和政府首腦（總理）領導的政府行使（第71條）。由

　　了對話，有6,000名公民、300個民間社會組織和320名大學代表參與，他們向議會提供了有關草案內容的直接意見（Erdoğan, 2020: 61）。

於半總統制具雙重行政首長特徵，通常是基於總統和總理各具行政實權而來，但憲法文字直接講明行政權由兩者行使，相當罕見。

進一步地，憲法規定總統負責在與總理協商後，確定國家在國防、外交關係和國家安全領域的總體方向，以保護國家和國家領土不受任何內部和外部威脅（第77條）。另憲法授予總理挑選部長和國務秘書之權，而外交部長和國防部長則應與共和國總統協商決定（第89條）。伴隨上述特定部長的人事權，在政策決定上，總統必須主持部長會議，討論與國防、外交政策和國家安全有關的問題。此外，總統也可出席部長會議的其他會議，此時他亦將主持會議（第93條）。

從比較憲法的視野來看，半總統制國家憲法雖常見賦予總統在國防（或國家安全）、外交領域的政策方針決定權，但幾乎未見明文授予總統對於特定部長的人事決定權。即使在臺灣，總統在實務上所行使國防部部長、外交部部長以及大陸委員會主任委員的人事決定權，亦非憲法明文授予。尤有甚者，突尼西亞憲法更明確規定總統主持有關這些政策領域的部長會議。從總統參與特定部長的人事決定參與權力，以致於主持特定政策領域的部長會議，這樣細緻而環環相扣的分工設計來看，這可能也是突尼西亞半總統制所獨有。

無論如何，就上述來看，總統具有行政實權是一項非常具體的憲法設計，因此毫無疑問符合Duverger定義半總統制總統，由人民直選產生且具實權等兩項特徵。

再就總理和內閣政府及國會的關係來看，2014年新憲法半總統制強化總理角色，被冠以「二元制」的標籤，標誌著突尼西亞憲政史上的一個轉捩點（Mekki, 2018; Camarasa, 2018）。相對於1959年憲法體制，新憲法中總理職位並非附屬於總統之下，且憲法也強化總理領導的政府向國會負責的特性，如憲法規定政府對人民代表大會負責（第95條），並設計了人民代表大會對政府的不信任投票和信任投票設計（第97、98條）。

關於人民代表大會提出不信任投票方面，依憲法規定，在至少三

分之一的議員向人民代表大會議長提出的合理要求下，可針對政府提出的譴責動議（motion of censure）進行表決，以及對政府進行不信任投票。不信任投票須經人民代表大會絕對多數議員表決通過，並提出總理的替代人選，其候選人資格須在同一表決中獲得批准。另外，總統應根據憲法第89條的規定，委託該候選人組建政府。人民代表大會也可在至少三分之一議員向議長提出合理要求後，撤銷對政府成員的信任（第97條）。再者，總理的辭職，整個內閣政府也連帶辭職。辭職應以書面形式向總統提出，再由總統通知人民代表大會議長（第98條）。

　　相對於國會主動提出譴責動議以及進一步的不信任投票，政府也可以主動要求國會進行信任投票。憲法規定，總理可請求人民代表大會對政府進行信任投票。信任投票應以人民代表大會議員的絕對多數進行，如果人民代表大會不恢復對政府的信任，則政府應被視為已辭職；在這種情況以及前述不信任通過後總理的辭職下，總統均應根據第89條的規定，指定最有能力的人組成政府（第98條）。

　　由上述政府對國會附設的制度設計來看，也符合Duverger（1980）和Elgie（1999）的定義，因此在2014年新憲法的設計下，突尼西亞政府體制可歸類為半總統制。

　　由於半總統制存在著憲法下次類型的劃分，在此可進一步討論突尼西亞政府制度屬於何種型態。先以廣受援引的Shugart與Carey（1992）所提出的「總理總統制」（premier-presidentialism）與「總統議會制」（president-parliamentary）兩種次類型來看。Shugart與Carey的兩種次類型差異在於，總理總統制是總理（內閣）僅對國會而不對總統負責，而總統議會制則是總理（內閣）同時對國會和總統負責。其中，「總統對內閣是否有免職權」決定了一個半總統制國家是屬於內閣單向負責的「總理總統制」或內閣雙向負責的「總統議會制」（蘇子喬，2011）。

　　但Shugart與Carey的類型建構有其明顯限制，其分類隱含總統罷黜（即免職）總理的權限是決定總統能否掌握總理的主要因素，

而非任命總理的權限，這是有待商榷的。根據中央研究院吳玉山院士（2012）的分析，總統「單方任命總理權」相較總統「解除總理職位之權」，是總統控制總理（即控制內閣人事）更重要的變項。確實，各國憲法對於總理如何任命均有清楚規定，但對於罷黜則未必。一旦總統具有單方任命總理的權限，即可藉由任命權，直接任命新總理，達到迫使原總理去職的目的。因而總統具有單方任命總理的權力，幾乎形同總統實質上可以解除總理職位。爰此，後續將一併討論突尼西亞總統是否具有單方任命總理權力。

依照憲法規定，突尼西亞總統應要求在人民代表大會中贏得最多席位的政黨或選舉聯盟的候選人，在30天內（可延長一次）組建政府。如果兩個或兩個以上的政黨或聯盟擁有相同的席位，則應要求得票最多的政黨或聯盟組建政府（第89條）。因此，總理人選主要由國會多數所決定，總統並無單方決定總理人選權力。不過，總統並非完全沒有參與的權力，如果在規定的期限內未組建政府，或者未獲人民代表大會的信任，總統應與各政黨、聯盟和議會團體進行協商，促使被認為最有能力的人選在不超過一個月的時間內組建政府（第89條）。再者，如果在首次指定人選組建政府後的四個月內，人民代表大會成員未能對政府給予信任，總統可解散人民代表大會，要求重新選舉。政府應向人民代表大會提交一份方案摘要，目的是獲得絕對多數成員的信任。如果政府因此獲得人民代表大會的信任，總統將任命總理和政府成員（第89條）。

基於上述，雖然總統在某些特殊情況下，對總理的任命具有了相應的參與職權，但可以確定的是，並無單方任命閣揆的權力。因此從任命總理的制度設計來看，無法推演出憲法上總統具有解除總理職位權力，或是總理須向總統負責的憲法義務。但突尼西亞憲法卻有一項特殊而複雜的設計，即總統可要求人民代表大會在整個總統任期內，對政府進行最多兩次信任投票，並可能因此賭上自己的職位。信任投票由人民代表大會成員的絕對多數投票決定，如果不延長對政府的信任期，政府將被視為辭職。在這種情況下，總統根據第89條

的規定，應邀請被認為最有能力的人在不超過30天的時間內組建政府。如果期限屆滿而未組建政府，總統可解散人民代表大會；又或政府未獲得議會的信任時，總統也可解散人民代表大會。當人民代表大會被解散後，則在最短45天、最長90天後，提前進行選舉。如果上述兩次因總統解散人民代表大會而致其重新選舉，而選舉後人民代表大會重新信任政府，那麼總統將被視為辭職（第99條）。

綜上，總統並無免職總理權力，總理亦無向總統負責的憲法義務，因此突尼西亞的憲政體制並非總統議會制。但由於總統具有提請國會對總理不信任投票的權力，這在一般總理總統制下是沒有的，因此從憲法的規範上來看，可將其視為非典型的「總理總統制」。再回到其半總統制設計的重要特點，憲法明文授予總統在國防和外交方面的政策權、部長人事決定參與權，以及對應政策領域的部長會議主持權，此一設計相較於其他半總統制國家中在總統和總理分工設計上，是更為明確的。

除了以憲法規範為分類基礎外，另可以制度實際上的運作結果加以劃分。吳玉山院士（2012）跳脫憲法的制度類型框架，以總統或國會多數決定總理與內閣人事，以及總統和國會多數是否同屬一個政黨這兩個變項，形成四種半總統制運作模式：準內閣制（quasi-parliamentarism, QP）、換軌共治（alternation/ cohabitation, ALT）、分權妥協（compromise, COM）與總統優越（presidential supremacy, PS）。本文於後續討論突尼西亞半總統制的運作時，將進一步就此予以探究說明其實際運作多屬「分權妥協」，並出現總統和總理權力的角力和競爭，近期的發展則出現在位總統的強勢作為而欲往「總統優越」傾斜的明顯企圖。

伍、國會議員選舉制度對政黨體系的影響

　　政治學所累積的智慧顯示，國會議員選舉制度對政黨數目、政黨體系具有關鍵的作用，也間接牽引憲政體制的運作。對於突尼西亞這樣一個由革命後邁入政治轉型關鍵時刻的國家，國會議員選舉制度關係到各黨派在國會中的實力、參與國家事務的權力和機會，其設計之重要性，更是不言而喻。

　　突尼西亞國會共有217個議席，包括國內選區選出199席和國外選區選出18席，均以比例代表制選出（The Carter Center, 2019: 26; Freedom House, 2021）。此一選舉制度是在2011年臨時政府（Mebezaa被任命代理總統）時所奠基，在議席分配公式上採用的是「黑爾基數－最大餘數法」（Hare Quota-Largest Remainders），並且全國門檻為零。此一設計防止了任何單一政治團體在制憲會議中獲得絕對多數，並促進多元化和包容性（Erdoğan, 2020）。[8]

　　值得留意的是，這一決定是在第一大黨復興運動黨領導層的支持下通過的。由於「黑爾基數－最大餘數法」公式有利於小黨，並為憲法起草期間的共識政治開闢了道路，而不是由一個政黨取得壓倒性勝利（Erdoğan, 2020: 58）。因此，由於所採用的比例代表制沒有選舉門檻，這導致了左傾團體之間的分裂和競爭性多黨政治的出現，並對分配的席位產生了重要影響。其中最大的政黨獲得的席位少於過半多數，迫使它在起草憲法時須與其他團體進行談判（Carey, 2013; Carey et al., 2016; Erdoğan, 2020）。學者根據研究公式推演，如果突尼西亞當時採用另一種最常用的頓特法（D'Hondt Divisor）選舉公式，最大政黨在議會中獲得的席次將更多，並有更大的能力主導憲法的制定（Carey, 2013; Carey et al., 2016）。[9]

---

[8] 在2017年，議會通過了一項法律，要求候選人名單上的男女人數相等。2019年選舉後，有54名女性獲得了議會席位（Freedom House, 2021）。

[9] 根據學者王業立（2016：24-26）的研究指出，頓特法常被批評對於大黨較有利，而對小

　　復興運動黨並未強勢爭取一黨多數執政，因如前所述，其領導人顧慮到，對於一個幾十年來被排除在政治之外，並被世俗主義者視為威脅的政黨來說，在這樣一個動盪和脆弱的政治環境中單獨執政，實存在著很大的風險（Erdoğan, 2020: 58）。領導人Ghannouchi意識到，該黨還無法在過渡時期進行領導，在一次採訪中，他說：「突尼西亞是一個過渡性的民主國家，它不能由一個政黨來統治，即使這個政黨獲得了多數；在這個過渡時期，51%的支持比例是還不夠的。」（Hearst, 2016）。因此，零門檻的比例代表制，有利小黨的參政，非常適合讓復興運動黨及世俗和左派團體，就新憲法的原則達成一致（Erdoğan, 2020: 58）。

　　在前述背景上，突尼西亞在革命後進入轉型時期時，一黨制崩解，先後成立了約150個政黨和5,000餘個協會。在2011年10月23日突尼西亞制憲議會選舉階段中，全國共有81個合法政黨（李竞強，2018）。國會議員的選舉制度，無疑對多黨分立的情勢也發揮推波助瀾的作用。Carey（2013）提醒，黑爾基數公式對政黨體系產生分裂的作用，未來可能會阻礙突尼西亞民主的發展，因此主張應該考慮用「除數制」（divisor system）來取代這一公式。[10]Carey的擔憂有其立論基礎，確實國會中出現多黨嚴重分割的體系，以致民主化後各階段內閣政府大都是多黨聯合政府。只是，突尼西亞多黨體系尚不至傷害其民主的根基，政黨在國會和政府內部既競爭又聯合的情勢，成為常態。

黨不利。相對地，按Carey（2013）、Carey、Masoud與Reynolds（2016）等研究顯示，「黑爾基數—最大餘數法」下2011年的選舉中，儘管復興運動黨在各黨派中居主導地位，但其席位紅利卻不是最大的。比復興運動黨小得多的聯盟所獲得的席位紅利，甚至大了許多倍。Carey、Masoud與Reynolds等人（2016）的研究指出，如果突尼西亞當時選擇另一種最常見的頓特法，復興運動黨將贏得69%的議會席位，並有能力單方面實施新憲法。

[10]　除數制即最高平均數法，頓特法（d'Hondt formula）是常見的一種方法。

雖然如此，國會中多黨分立的情形，畢竟不易形成較穩定或取得絕對過半優勢的執政黨，這對政府的籌組和運作也帶來不利的影響，此留待下一節進一步討論。

陸、半總統制政府的組成與運作

在本節中，擬進一步就突尼西亞半總統制的實務運作加以探討。以下先就茉莉花革命後歷屆政府的組成加以介紹，次就其中曾出現兩次雙首長權力爭議，和近期發生的憲政危機予以探討，更深入掌握其半總統制實務運作面臨的問題和挑戰。

一、革命後各屆政府的組成

以下分析2011年10月制憲議會選舉後各屆政府的形成（表3-2），並以2014年新憲法後實施階段為重點。

（一）Moncef Marzouki總統時期政府（2011.12-2014.12）

2011年10月23日突尼西亞舉行制憲議會選舉，選舉結果復興運動黨取得相對多數席次，由前復興運動黨黨主席Hamadi Jebali擔任總理，總統由保衛共和黨Marzouki擔任，自由民主論壇主席Musapha Ben Jaafar則為制憲議會議長，三黨組成所謂的三頭馬車聯合政府。

（二）Beji Caid Essebsi總統時期政府（2014.12-2019.7）

2014年1月新憲法制定通過，年末舉辦了兩場全國大選，先選國會議員，後選總統。10月26日先舉辦的國會選舉，是繼2011年制憲議會選舉後的第二次全國民主選舉，奠定了民主鞏固明確的方向（Sadiki and Bouandel, 2016: 110）。突尼西亞是阿拉伯之春第一個

舉辦多黨選舉的國家，順利進行了革命後過渡階段，以及經歷新憲法後鞏固階段的雙重轉型過程，這是其與許多阿拉伯國家經驗不同的地方（Sadiki and Bouandel, 2016: 110）。

在國會選舉中，突尼西亞呼聲黨（NidaaTounes）贏得了多數席次，有權推出總理人選。不過由於該黨席次未過半，迫使其和意識形態對立的復興運動黨為了執政而共同合作。在其後的總統大選中，突尼西亞呼聲黨的Essebsi以55.68%的選票贏得第二輪選舉，成為1956年獨立以來首度民主選舉產生的總統。

新總統上任後需組建新政府，突尼西亞呼聲黨在國會席次未過半，加上18個政黨林立的情況下，政府不易組成。最後突尼西亞呼聲黨屬意由Habib Essid組閣，最後成立一個多黨組成的組成聯合政府。Essid內閣在運作一年半後，被各界指責未能有效處理國內外相關問題，總理被迫大規模改組內閣。2016年6月，Essebsi總統竟透過電視公開批評Essid總理施政不佳，並提出籌組新政府的構想。國會於2016年7月30日通過對Essid總理的不信任案，迫其下臺。

此期間，總統亦曾試圖將其權力擴大到憲法規定的範圍之外，因此總統和總理兩者間的權力糾葛已逐漸構成體制潛在的問題，到了接替Essid總理的Youssef Chahed內閣時期，這種情況更為明顯。

（三）Mohamed Ennaceur總統時期政府（2019.7-2019.10）

2019年7月至10月間Ennaceur僅短暫代理總統三個月。

（四）Kais Saied總統時期政府（2019.10.23-）

2019年9月15日舉行總統選舉，[11]在10月13日第二輪決選中，無

---

[11] 選舉原計畫於2019年11月17日和24日舉行，但因Essebsi總統於2019年7月25日去世而提前舉行，以確保新總統按照憲法要求在90天內上任。Saied在第二輪投票中以72.7%的選票獲勝。

黨派的獨立參選人，前憲法法學教授Saied贏得了選舉。最大黨復興運動黨一開始也提名其副主席Abdel Fattah Morou參選，這是該黨2011年以來首次提名參與總統選舉。但第一輪投票Morou未能進入前兩名，於是復興運動黨轉而在第二輪時支持保守社會觀點立場的Saied（Reuters, 2019）。Saied作為一位無黨籍人士，同時未有參政經驗，其能當選除獲得最大黨的支持外，也受到大部分青年人歡迎和自發性民眾的支持。[12]

在同年10月6日的國會選舉中，沒有任何政黨或聯盟獲得足夠的多數席位，其中復興運動黨儘管僅獲52席（23.96%），但由於共有20個政黨取得議席，政黨彼此間的選票分散，復興運動黨仍居國會最大的政黨。[13]

由於復興運動黨在國會中的席次不足，2020年1月10日國會以134比72的懸殊票數，否決了復興運動黨的Habib Jemli總理提議組成的內閣。這是突尼西亞自2011年革命後，第一次國會在投票中否決組成新政府的提議。經過多日談判，Saied總統任命Elyes Fakhfakh擔任總理和組織新內閣，其後議會在信任投票中批准了新的聯合政府（Ouanes, 2020）。但Fakhfakh總理施政未獲肯定，於2020年2月上臺，9月時便向總統提出辭呈。在此之前，有105名議員對其內閣提出不信任動議，且Saied總統也曾要求Fakhfakh總理主動辭職。

Fakhfakh下臺後，則由無黨派的獨立人士Mechichi接任總理。Mechichi面對的是一個20個政黨林立下被割裂的國會，而其本人並無隸屬任何政黨，因此試圖籌組一個非由政治人物組成的無黨派技術專家政府。起初許多政黨議員覺得不受到重視，但彼此間也難以推出閣揆人選，而且當時處於新冠肺炎爆發和經濟不穩定時期，各黨意識到新政府亟需組建的需求，於是在最後復興運動黨表達支持信

---

[12] 根據出口民意調查，Saied獲得超過90%的年輕人支持（BBC News, 2019）。

[13] 復興黨儘管贏得了52席最多的席位，但相較於該黨在2011年的89個席位和2014年的69個席位，呈現逐步下降的情況。

任投票，國會最後通過了新內閣人事案（Hamann, 2020; Al Jazeera, 2020）。

　　Mechichi總理上臺後，其間出現總統和總理關於內閣人事改組權力重大憲政爭議。基本上，2019年的國會選舉帶來了一個四分五裂的議會，致後續不易產生一個穩定的政府，各黨派在內閣席位分配上也有歧見，影響所及推遲了政府的重大決策。2021年7月間又因全國爆發民眾抗議和暴力衝突事件，Saied總統以緊急狀態為由，解除Mechichi總理職務。新總理Najla Bouden Romdhane遲至10月11日才被任命後上任，她是突尼西亞，也是阿拉伯國家首位的女性總理。

　　綜合上述，突尼西亞內閣多為聯合政府，這是迫於國會中多黨並立和分割的現實。在Saied總統任內的Mechichi內閣時期，出現總統和總理均為無黨籍獨立人士，組成的內閣也是無黨籍為主的政府之特別現象，是源於多黨割裂下國會妥協的結果。整體而言，在2014年新憲法實施後，總統和總理雖分享行政權，但二者間迭有權力之角力，突尼西亞半總統制的實際運作並不平順。

表3-2 突尼西亞2012年後總統、總理、政黨等資料表

總統	總統政黨	總理	總理政黨	內閣政黨	國會各政黨席次
Moncef Marzouki（2011.12.13-2014.12.31）	保衛共和大會	Beji Caid Essebsi（2011.2.27-2011.12.24）	無黨派	Essebsi內閣：復興運動黨、突尼西亞呼聲、解放運動	2011.10.27-2014.10.26：復興運動黨（89，41.0%）保衛共和大會（29，13.7%）人民請願黨（26，12.0%）爭取工作與自由民主論壇（20，9.2%）共27個黨，餘略。
		Hamadi Jebali（2011.12.24-2013.2.22）	復興運動黨	Jebali內閣：復興運動黨、保衛共和大會、爭取工作與自由民主論壇	
		Ali Laarayedh（2013.2.22-2014.1.29）	復興運動黨	Laarayedh內閣：復興運動黨、爭取工作與自由民主論壇、保衛共和大會	2014.10.26-2014.12.31：突尼西亞呼聲（86，39.2%）復興運動黨（69，31.8%）自由愛國同盟（16，7.4%）人民陣線（15，6.9%）共18個黨，餘略。
		Mehdi Jomaa（2014.1.29-2014.12.31）	無黨派	Jomaa內閣：無黨獨立人士	
Beji Caid Essebsi（2014.12.31-2019.7.25）	突尼西亞呼聲	Mehdi Jomaa（2014.12.31-2015.2.6）	無黨派	Jomaa內閣：無黨獨立人士	（同上：同國會政黨）2014.12.31-2019.7.25：突尼西亞呼聲（86，39.2%）復興運動黨（69，31.8%）自由愛國同盟（16，7.4%）
		Habib Essid（2015.2.6-2016.8.27）	無黨派	Essid內閣：突尼西亞呼聲、突尼西亞希望、自由愛國同盟、復興運動黨	

（接下表）

總統	總統政黨	總理	總理政黨	內閣政黨	國會各政黨席次
		Youssef Chahed（2016.8.27-2019.7.25）	突尼西亞呼聲	Chahed內閣：突尼西亞呼聲、復興運動黨、突尼西亞希望、自由愛國同盟、社會民主之路、共和黨	人民陣線（15，6.9%）共18個黨，餘略。
Mohamed Ennaceur（2019.7.25-2019.10.23）	突尼西亞呼聲	Youssef Chahed（2019.7.25-2019.10.23）	突尼西亞呼聲	Chahed內閣：突尼西亞呼聲、復興運動黨、突尼西亞希望、自由愛國同盟、社會民主之路、共和黨	（同上：同屆國會政黨）2019.7.25-2019.10.6：突尼西亞呼聲（86，39.2%）復興運動黨（69，31.8%）自由愛國同盟（16，7.4%）人民陣線（15，6.9%）共18個黨，餘略。 2019.10.6-2019.10.23：復興運動黨（52，24%）突尼西亞之心（38，17.5%）民主潮流（22，10.1%）尊嚴聯盟（19，8.8%）自由憲政黨（17，7.8%）共20個政黨，餘略。

（接下表）

總統	總統政黨	總理	總理政黨	內閣政黨	國會各政黨席次
Kais Saied (2019.10.23-)	無黨派	Youssef Chahed (2019.10.23-2020.2.27)	突尼西亞呼聲	Chahed內閣：突尼西亞呼聲、復興運動黨、突尼西亞希望、自由愛國同盟、社會民主之路、共和黨	2019.10.23- 復興運動黨（52，23.96%）突尼西亞之心（38，17.5%）民主潮流（22，10.1%）尊嚴聯盟（21，9.7%）；自由憲政黨（17，7.8%）共20個政黨，餘略。
		Elyes Fakhfakh (2020.2.27-2020.9.2)	爭取工作與自由民主論壇	Fakhfakh內閣：復興運動黨、民主潮流、人民運動、突尼西亞萬歲 共16個政黨	
		Hichem Mechichi (2020.9.2-2021.7.26)	無黨派	Mechichi內閣：無黨派獨立內閣	
		Najla Bouden Romdhane (2021.10.11-2023.8.2)	無黨派	Romdhane內閣：無黨派獨立內閣	
		Ahmed Hachani (2023.8.3-2024.8.7)		Hachani內閣：無黨派獨立內閣	
		Kamel Maddouri (2024.8.8-)		Maddouri內閣：無黨派獨立內閣	

資料來源：作者整理自World Statesmen（2021）、The Carter Center（2011）、National Democratic Institute（2014）、Alphabetical Index（2021）。

二、半總統制運作下憲政爭議事件

突尼西亞半總統制運作出現三次重大憲政爭議事件，前兩次涉及雙首長權力歸屬，最近一次則是總統免職總理暨停止國會運作的嚴重憲政危機。第一個案例發生在Essebsi總統任內，另兩次案例均發生在Saied總統任內。藉由三次事件的探討，可進一步釐清該國半總統制運作的問題。

（一）Essebsi總統與Chahed總理內閣改組的爭議

Essebsi總統是突尼西亞2014年憲法下的第一位總統，其任內除一位看守內閣總理外，主要有兩位總理，一位是Essid，另一位是Chahed，Essebsi總統與這兩位總理的搭配治理都不甚平順。Essid總理任內頗有自主意見，總統對其表現不是很滿意。如前所述，Essid只當了一年左右的總理，即被國會以不信任投票迫其下臺。接續的Chahed總理，因內閣改組所引發其與總統間權力行使和歸屬的憲政爭議，他強硬地維護了憲法下的職位角色，並成功地防止總統兒子（Hafed Caid Essebsi，執政的突尼西亞呼聲黨黨魁）對他的反對（Mekki, 2018）。

先從事件的結構性背景來看，2018年9月，Essebsi總統在提到Chahed總理時曾宣稱：「我是選擇他擔任政府首腦的人。他並非由選舉而任職，他的正當性來自我向人民代表大會提出的建議。他本身沒有正當性。」（Camarasa, 2018）。由此可以清楚知道，Essebsi本人對總統權力的自我認知是相當強勢的，他並試圖擴大其源於2014年憲法的權力基礎。例如，按2014年憲法的規定，總統雖是國家安全委員會的主席，但Essebsi總統2017年命令設立幾個憲法體制外的委員會，包括教育、環境和醫療保健等領域的委員會，導致外界擔心在總理所領導的內閣之外，還存在著所謂的影子政府（shadow government）（Camarasa, 2018）。[14]

　　內閣改組危機事件的近因，源於Chahed總理受到來自總統和其兒子及一些反對勢力的巨大壓力。在政府經濟效率低下的情況下，反對者要求Chahed總理辭職並更換內閣政府。然而，在國會的強大支持下，Chahed總理堅持自己的立場，但也同時認識到內閣須改組以提高政府工作的效率，以結束政治和經濟危機（Al Jazeera, 2018; The Arab Weekly, 2019a）。內閣改組於2018年11月進行，異動的部長並未包括總統對其有人事參與權的國防部部長和外交部部長，但Essebsi總統卻拒絕接受內閣改組，並表示他沒有事先且即時地接獲協商通知。總統的兒子，即執政黨的黨魁，更堅持要求總理應辭職或至議會進行信任投票，以示負責（Al Jazeera, 2018）。然而，Essebsi總統和其兒子，卻無法阻止總理著手的內閣改組。依憲法規定，內閣改組必須得到國會的批准才能最終完成。最終Chahed總理在國會中確實得到了包括復興運動黨和一些突尼西亞呼聲黨代表在內的多數議員支持，而得以保住其總理職位。

　　此一爭議涉及總理是否可以在未獲總統事先支持或協商的情況下進行內閣人事改組。按憲法文本（第89條）係明確授予總理挑選部長的權力，唯一的限制是，當涉及外交部部長和國防部部長時其義務須與總統協商。總統這一方認為自2014年以來出現了一種憲法慣例，即總理在選擇所有部長時總是會徵求總統的意見，因此這次改組也應該如此。但許多憲法專家認為，即使是一個習慣，也不能牴觸成文的憲法文本，所以縱使總統公開表示不贊成改組，也無法改變憲法的規範。

　　在突尼西亞的政治史上，許多人直到今天還對強勢總統的形象念

---

14 此處所謂的「影子政府」與一般在內閣制下「影子內閣」（shadow cabinet）不同。後者指的是在野黨為準備上臺執政而設的預備內閣，前者較非政治學上的正式概念，僅是用來說明在正規的內閣之外，還有類似職權的委員會，類似非檯面上的「地下政府」意涵。

念不忘。這次改組所生的動盪，可視為新憲法下總統、總理和國會權力間展現平衡的一個機會（Mekki, 2018）。同時，在此一內閣改組的危機事件中，Chahed總理面對總統的抵制時的回應方式，顯示2014年憲法下的總統並不具有免職總理的權力；相對地，總理只要得到國會多數的支持，其職位是可以維持住的。

（二）Saied總統與Mechichi總理內閣改組的爭議

Saied總統於2020年9月任命Mechichi接任總理，Mechichi在2021年1月16日欲新任命多名內閣部長，與前述案例相似，Saied總統再度抱怨任命程序沒有按照憲法規範進行，應先徵求他的意見，這一指控與前述Essebsi總統案例亦相似。Saied總統並指控，其中一名被提名的部長與腐敗案件有牽連，另外三名部長則涉嫌利益衝突，因此他堅決表示不允許多位新部長宣誓就職。但總理這邊也固守原有立場，並無認為有何不當，一場憲政僵局於是產生。

其間，國會最大政黨復興運動黨指責Saied總統違反憲法，侵犯了制度和總理權力（Reuters, 2021）。Mechichi總理獲得復興運動黨以及議長Ghannouchi的支持，他們認為總統無權批准或拒絕政府部長的任命，因為其角色是象徵性的（Middle East Monitor, 2021）。進而，國會多數同樣並未支持總統的訴求。Ghannouchi議長同時也反對撤換Mechichi總理和建立新內閣，並應由12名法官組成的憲法法院來解決憲政爭議。不過，因各方對憲法法院法官的人選遲遲未有共識，該法院迄今尚未成立（Kavaler, 2021）。由於國會多數黨和議長支持總理，這場政治危機不僅是總統和總理間的權力紛爭，也是總統和國會間權力的角力。

許多憲法學者認為，依憲法規定總統權力受到限制，不能阻止部長們進行憲法宣誓，是國會而非總統，才有權表達部長的人事案。且憲法第89條規定「總理和政府成員應在共和國總統面前宣誓」，這是一種指令。也有認為，總統作為憲法的守護者，可以不承認議會議

事規則，但不能違反憲法第89條的規定，因爲這將導致憲政僵局和體制危機（The Arab Weekly, 2021）。

據了解，自Saied就任總統的頭幾個月以來，執政的復興運動黨領導人Ghannouchi就存在著限制Saied權力的籌謀，以便能加強該黨對國家立法和行政機構的控制。循此邏輯，Ghannouchi主張成立憲法法院，但Saied總統持抵制立場，拒絕簽署國會的相關法案。究其因，這應是Saied擔心其法案通過後，憲法法院便會加速成立，進而透過憲法解釋和仲裁機制，從而限制了他作爲總統的相關權力。是以，關於憲法法院議題，總統和國會議長間展開了一場角力，加劇了政治爭議造成的緊張局勢（Hedoui, 2021）。

（三）Saied總統免職總理與凍結國會的憲政危機

就在前述第二個案例中的爭議未決下，2021年7月25日因新冠疫情和經濟因素的打擊，全國又爆發多起嚴重抗議和暴力衝突。[15]尤有甚者，事態演變成總統Saied以緊急狀態爲由，解除了總理Mechichi職務，暫時接管相關行政權力，並宣布凍結國會30天和爲期一個月的宵禁。7月27日，再開除國防部長Ibrahim Bartaji。其間，支持者衝進首都突尼斯力挺總統，但反對者卻認爲總統的作爲已屬政變。Mechichi總理在一份聲明中表示，他不會成爲破壞分子，並會將權力移交給Saied任命的任何人（Amara and McDowall, 2021）。Saied表示，他的所作所爲符合突尼西亞憲法，響應了民眾解決持續危機、打擊腐敗和賄賂的意願（Brumberg, 2021）。

此一憲政危機事件固然與疫情和經濟情況有關，但誘發的關鍵

---

[15] 突國至2021年7月25日止，累積染疫死亡人數已達18,600死；每日新增確診達5,000人以上，單日死亡數則達231人。在1,170萬人口中，只有7%的人口接種了全面疫苗。根深蒂固的失業和搖搖欲墜的國家基礎設施問題從未得到解決。突尼西亞現在存在預算赤字和債務償還問題，可能需要國際貨幣基金組織（IMF）提供新貸款。但這可能會傷害突尼西亞人，因爲國家工作崗位的流失和商品補貼的減少（轉角國際，2021；Jawad, 2021）。

因素，則和總統與總理及國會的權力矛盾有關（Jawad, 2021; Amara and McDowall, 2021）。其間，國會議長Ghannouchi譴責這是對民主的攻擊，並敦促人民走上街頭表達反對民意。此外，國會最大的四個政黨也譴責Saied的行為違憲。

　　然而，儘管大多數政黨反對Saied總統的行動，但軍方、警察和突尼西亞總工會（Tunisian General Labor Union, UGTT）未表示反對（甚至表面上支持）Saied。反對黨和對十年前革命結果失望的許多年輕人，支持總統的行動，認為這是打擊腐敗和結束立法僵局所必需的（Karam and Laghmari, 2021）。情勢發展至9月22日，Saied總統發布了一項法令，正式暫停憲法的幾個章節，制定了臨時性的「非常措施」。其間，國會也被持續凍結、暫停運作，但國會認為，Saied總統用來暫停國會運作所依據的憲法第80條條文詮釋具有爭議，[16]因而在2022年3月30日逕行召開線上會議，否決Saied擴權的命令，Saied也於同日解散國會。總統暫停議會本身已經造成了巨大的憲政危機，在野黨以及許多媒體稱之為政變行為。[17]

（四）綜合討論

　　上述前兩個案例的憲政爭議有其共同點，即均涉及總統對內閣部長人事參與決定權力的堅持，這確實是半總統制下雙首長職權常見的爭議。兩個案例差異的部分是在後者中，關於總統是否有權拒絕部長的宣示就職。雖然，憲法對總統和總理雙重行政權的設計可能會增加爭議和衝突的可能性，但上述爭議的根源究竟是憲法設計或是政治人物本身，是值得討論的。因為憲法明文規定「由總理挑選部長和國務秘書，而外交部長和國防部長則與共和國總統協商決定（原文第89

---

[16] 該條賦予總統在國家面臨危機時可採取任何必要措施。

[17] 有些學者甚至稱Saied的行為為一種自我政變（self-coup），其是以總統權力來凍結相關憲法條文、破壞憲政體制，最後集權力於一身（Tamburini, 2023; Yerkes and Alhomound, 2022）。

條）」，因此，總統和總理人事權的爭議，較可能源於國防和外交兩部的部長人事案，因其中涉及共同「協商決定」，倘如發生協商不成的情形，會不會產生憲政僵局，其化解之憲政機制為何？憲法未有進一步規範。惟從權力分立和司法權角色來看，很可能就是憲法法院介入的時機。但在兩次的內閣改組爭議案例中，並未涉及國防和外交兩部之部長的異動，理應由總理挑選，這在憲法規範上並沒有疑義。

至於在第二個案例中，關於Saied總統在該爭端中擁有多少權力，除了上述總統權力所受到的限制外，另一是憲法中總統對內閣組成的參與權的時間點，是否限於新政府組成時有關，又或者同樣也適用於局部改組的時候？憲法沒有說明這一點。但除在國會改選或國會通過對政府的不信任案時，以及原總理辭職後新總理的產生和新內閣組建過程時，總統具有相關職權；又或者是當涉及國防、外交兩部部長任命案時，應由總統和總理「協商決定」等情況外，實在找不到其他總統可以實質參與內閣改組機會的憲法依據。

突尼西亞以往的政治分歧，主要集中在世俗主義者和伊斯蘭主義者之間以及經濟改革問題等層面，而近來的分歧，則源於總統和總理以及國會之間的權力劃分和爭議。國會議長Ghannouchi指出：「總統認為，他有權接受一些部長的任命，拒絕其他部長的任命。這就是混合總統制和內閣制的結果。」（Middle East Monitor, 2021）。若干憲政專家也認為，憲政爭議也源於現有政府體制是兩種制度混合下的產物。[18]這種對憲政爭議的理解，不一定完全站得住腳。同樣有論者認為，憲法並不完美，但不應將其視為當前體制和政治危機的唯一或主要原因，即使採純內閣制或純總統制政府，也不因此就消除憲政機關之間發生爭端和衝突的可能性。[19]

在第三個案例中，爭議情況更為嚴重而複雜，因除牽涉到總

---

[18] 例如新澤西州蒙特克雷爾州立大學Arnaud Kurze教授和其他研究者的意見，請參見Kavaler（2021）。

[19] 如曾經擔任制憲會議法律顧問的Mekki（2018）即持這種見解。

統、總理與國會等部門的運作外，更擴及到整個社會和軍方的角色與態度。在總統一方，主張他的行動是在捍衛憲法，而在反對總統作為的一方，則認為這已超乎了憲法職權，形同政變。按憲法第80條的規定，總統在啓動緊急狀態之前，必須諮詢總理和國會議長，並且議會應保持「在此期間連續開會的狀態」。然而，Saied總統在宣布緊急狀態前，並未諮詢總理和國會議長，且逕自凍結國會運作。此一憲政爭議當然亦無法透過憲法的解釋加以解決。

綜上，相對於憲法的設計，政府領導人的性格和企圖心，及其理念與作為，對於憲政爭議和政治危機的形成，更可能扮演關鍵的因素。Saied得以崛起和執政，與國家處於長期經濟困境下，其無黨籍超脫黨派身分、具有民粹主義強勢領導人風格，有利於在此氛圍中獲得民眾支持（Huber and Pisciotta, 2022）。再者，相關研究也顯示，總統無黨籍的身分雖然可以使得其不必受到政黨的約制，但也因無任何政黨支持，以及當憲法對於行政權威的區分較不明確，總統和總理的衝突在缺乏政黨機制的協調下，將會持續發生（蔡榮祥，2020：132）。尤有甚者，國會中多黨割裂，總統無法在國會獲得多數的立法支持下，也較有可能選擇透過行政命令，而越過國會執行其意志，造成民主的倒退（Elgie and Moestrup, 2008: 245-247）。

上述的相關憲政實踐，使得突尼西亞半總統制的運作走向了總統強勢的方向，逐漸偏離憲法上「總理總統制」的屬性。實事上，2014年新憲法刻意強化總理權限和立法權，以及總理領導的政府向國會負責之精神，使得許多論者認為，總理相對於總統，才是行政權的重心（Mekki, 2018; Camarasa, 2018）。

三、最新2022年的修憲與總統權力的擴增

在2021年總統免職總理與凍結國會的憲政危機（政變）後，Saied的民調仍有相當的支持度。這顯示其在憲政危機過程中的行為，包括他將這件事訴諸於是對腐敗的打擊，以及對經濟的追求之不

得採取的手段，似獲得民眾的支持（Ridge, 2022）。Saied總統已控制大權，他將危機歸咎於國會與總統分享權力的不當制度設計，也不信任現有的政黨，深信國家需要強而有力的總統，使任職者能夠迅速、且果斷地採取行動（Volkmann, 2022）。於是，Saied便蘊釀憲政體制的調整與憲法的修改。

在Saied總統主導的政局下，突尼西亞在2022年7月25日通過了修憲公投。修訂後憲法增強了總統權力，包括總統得直接任命總理及內閣、國會須優先處理總統提出的法案、國會對內閣的譴責動議需兩院三分之二多數才能通過等。此外，憲法法院的作用也受到極大限制，使得總統無法被彈劾，其地位幾乎無可動搖、難以制衡，因此頗多論者稱憲政體制轉成為總統制，甚至是超級總統制。不過，由於國會仍可透過對政府不信任動議，導致內閣下臺，因此憲政體制仍屬半總統制型態。[20]

相較於2014年的制憲，2022年的修憲本身的正當性備受質疑，總統獨斷決定了憲法委員會的成員，造成反對派抵制修憲，公投最終雖以九成的高同意比例通過，但投票率卻不及三成。缺乏廣泛的公民參與，相當程度降低修憲本身的正當性，但這似無損Said在總統改選過程中一直是支持度最高的候選人（Volkmann, 2022）。投票率的低落不僅反映在公投上，就連其後的國會選舉第一輪和第二輪的投票率，亦分別僅有8.8%以及11%。

自2021年的憲政危機以來，Saied政府便出現不少威脅司法部門、壓制媒體，以及調查和逮捕包括復興運動黨領導人Ghannouchi在內的異議分子之作為（Bensedrine, 2023）。新憲實施後情況，突

---

[20] 憲法第115條規定：「如果人民代表大會和全國大區和區域委員會認為政府違反了國家的總體政策和憲法規定的基本選擇，他們可以通過指示一份譴責清單，共同反對政府繼續承擔其職責。只有在人民代表大會半數成員和國家區域與區域委員會半數成員提出理由並簽署的情況下，才能提交譴責清單，且在提交清單四十八小時後才能進行表決。共和國總統接受政府主席（即總理）提出的政府辭職，如果該責任名單獲得兩院議員加起來三分之二多數的批准。」

尼西亞的政治持續走向威權化，不過，卻並沒有換來經濟的繁榮。2023年8月2日，Saied在沒有任何解釋的情況下解僱了總理Bouden，並任命前央行行長Ahmed al-Hachani為繼任者。這項安排，被視作政府經濟政策失敗下的人事變更（Reuters, 2023）。2024年7月3日，Saied宣布10月6日舉行總統選舉，由於政敵幾乎都遭受打壓，Saied的連任之路也被認為是難以撼動的事。2024年8月8日，Saied又突然宣布解除總理Hachani職位，並指派社會事務部長Kamel Maddouri接替。2024年9月14日，又傳出復興運動黨多名成員在全國各地被當局逮捕，包括黨內高層。除了反對黨，記者、律師及知名公民運動分子，許多人被依反假新聞法律遭逮捕，突顯突國政局紛亂以及Saied總統的強勢和威權領導。2024年10月Saied再次獲得壓倒性的票數當選總統，這也在外界一般預期中。

　　綜上，突尼西亞半總統制轉變為總統權力難受節制的情況，其憲政運作距離權力制衡和民主政治的理想，似乎已愈走愈遠。

柒、結論：憲政發展的挑戰

　　引爆阿拉伯之春的突尼西亞，伴隨著其民主之路的憲政體制選擇，在理論上和實務上都格外具有探討的意義。本文對它的研究，焦點在兩方面，一是關於其半總統制的採行及制度內涵，二是分析其半總統制採行後的運作和衍生之問題，據此呈現突尼西亞的個案意義，補充既有憲政選擇的理論內涵。

　　關於憲政體制的選擇，既有理論主要奠基於二十一世紀前各國的情況，其中關於半總統制選擇的主流理論，多建立在1990年初第三波民主化為主的經驗，強調民主化和公民直選對於體制的形塑作用。然而，這對於二十一世紀突尼西亞這個新興半總統制民主的個案，其解釋力是有限制的。突尼西亞半總統制的形成，與諸多第三波民主化國家經驗有別，因為在茉莉花革命前，其總統原即由公民直選

產生的總統制，隨著革命後的民主化，人民並無需要再爭取直選總統，而是新憲法削弱總統的權力，增強總理角色，及確立內閣向國會負責的制度精神。亦即，新憲法體制的建立，是對長期強人總統體制的扭轉。

本研究指出，突尼西亞半總統制的選擇，相較於同樣是發生在二十一世紀憲政體制的轉型經驗，是非常罕見的。多數的跨憲政體制轉型，出現在由半總統制轉向總統制或轉向內閣制，少部分是由內閣制轉為半總統制，但由總統制轉向半總統制民主的體制轉型，不論是在阿拉伯世界或在全球經驗中，都幾乎未見。

在另一方面，解釋半總統制選擇的理論中，有強調政治行動者的策略互動與妥協，特別是後共產主義的新興民主國家，以此來看突尼西亞，則與其經驗有些相似。但前者在開啟民主化的1990年代前，採行半總統制者限於極少的歐陸國家，而後者在2011年至2014年制憲期間，半總統制在全球早已被廣為採用，兩者相較時空條件並不相同。因此，突尼西亞作為半總統制的「後進」國家，其制度選擇雖是各政黨妥協與合作的結果，但也是政治菁英有意識的制度引進和選擇的結果。由於突尼西亞曾為法國保護國，其半總統制設計雖非以其第五共和憲法為藍圖，但很難不受到其經驗影響。不過，從突尼西亞憲法中關於總統、總理及國會三角權力關係的設計來看，也相當程度反映該國自身制度特色。

再就制憲過程來看，各黨派和各界廣泛參與其中，第一大黨復興運動黨並試圖與其他政黨妥協與合作，體現較多的民主參與及政治勢力間的讓步和合作，半總統制的採行，是其中一項妥協的結果。其制憲經驗與阿拉伯之春其他國家，以及大部分第三波民主化國家相較，屬於民主正當性較高的案例。另外，制度的創建，是在重新制定新憲法，而非局部修憲的有利條件下進行。

從半總統制次類型研究來看，突尼西亞總統在憲法規範下並無免職總理權力，總理則並無向總統負責的憲法義務，因此應非總統議會制，而較屬總理總統制。但總理總統制此一類型概念本身並非理

想，易被誤以為總理權力大於總統。實則在此制之下，總理相較於全國公民直選的總統，並無選票直接支持，多仰賴國會中政黨或總統的支持或信賴，因此在大部分情況下，其憲法上的權力基礎難以與總統相提並論。

因此，從憲法的規範來看，半總統制下總統和總理權力難以截然清楚劃分，或存在重疊或模糊之處，但突尼西亞的個案，在總統和總理的分權及分工設計上則有其特色。譬如，憲法除明文授予總統在國防和外交方面的政策權限外，並配套地賦予總統在這兩個部會首長人事決定的參與權，以及這兩個政策領域的部長會議召開時的主持權。此種環環相扣的設計，相當細膩而罕見，也呈現此個案的特殊性。這樣的設計精神，似反映了接近Elgie（2003）早期提出的「總統和總理權力平衡的半總統制」；雖然，在實際的運作上，多處於總統權力優勢的狀態。

在制度運作方面，審視2014年後的政府組成，多屬聯合政府，在特別情況下亦出現無黨籍技術官僚內閣。一方面，這源於國會多黨並立，難以組成一黨內閣；但另一方面，當政黨割裂嚴重時，聯合政府的組成和運作也會出現難題。這是為什麼會有無黨籍技術內閣、非政黨組成的內閣的出現。除多黨林立導致內閣不易推動政策外，總統和總理雖分享行政權，但二者間仍常出現職權間的角力，尤其總統的強勢作為，易成為半總統制運作的挑戰。在Essebsi總統和Saied總統任內，雙首長權力爭議浮出檯面，兩次內閣改組的危機事件，均源於總統和總理對於部長任命人事案中總統具有的參與權力，出現了在憲法權限上理解的嚴重分歧。其後，Saied總統任內又出現免職總理與凍結國會的憲政危機，再次突顯總統的強勢領導，將突國的憲政運作帶入更加動盪的狀態。

然而，縱然憲法並不完美，但不應將其視為憲政爭議、乃至政治危機，唯一或主要的原因。即使採純粹內閣制或純粹總統制設計，也無法保證不會發生憲政爭端或憲政僵局。相較於憲法條文，政治領導人，特別是總統的性格、野心以及對自身權力的認知等，往往可能成

為憲政爭議和政治危機的關鍵因素之一。民選總統的權力基礎和治理聲望，可能使憲法條文的規範和實際運作中的權力格局出現落差，導致後者超越前者的範疇，從而衝擊政治體制的正常運作。現任總統Saied為無黨籍獨立人士，雖然無黨籍的身分使總統能夠超越政黨利益，不受政黨牽絆，但缺乏穩定的政黨支持使得在面對憲政爭議和僵局時，難以透過政黨政治的協調機制加以解決。此外，在國會多黨割裂的情況下，若行政部門無法獲得穩定的立法多數支持，這會增加無黨籍總統繞過國會、單方面發布行政命令的誘因，從而導致更難以化解的憲政危機。若政治領導人認為其權力行使不應受到制度或政黨的過多制約，那麼憲政衝突的可能性和不確定性將會進一步加劇。

　　此外，從比較制度來看，突尼西亞多黨林立的負面影響廣被認定，而其所採行的「黑爾基數—最大餘數法」比例代表制，對政黨體系的分裂作用，為學者所提醒。雖然多黨林立反映多元意識形態和民意，對新興民主政體容納及緩和各種社會與政治力量帶來助益，但付出的代價仍不小。因此，突尼西亞的經驗也顯示，對於民主轉型國家而言，選舉制度的設計，是除中央政府體制外，政治制度選擇之關鍵環節。本文亦贊同Carey（2013）的提醒，突尼西亞現有選舉制度在未來需要進行檢視其合適性，並進一步改變，以避免國會中政黨嚴重的割裂。

　　突尼西亞這個新興民主政體已經變質，是否有能力回歸憲政秩序，包括目前總統強權的半總統制命運如何，都在未定之天。從宏觀的比較政治角度來看，這意味著，幾年前阿拉伯世界唯一的民主政體已受到的重挫，這是憲政體制研究與比較民主化研究，值得持續關注的議題。

4 土耳其憲政體制的選擇與競爭性威權主義的發展

壹、前言

　　土耳其在二十一世紀的憲政體制（本文主要指政府體制）發展上出現了重大轉變。2014年，在長期的內閣制基礎上，首次實施公民直選總統，成為具半總統制特徵的國家（Sobacı, Özer and Miş, 2018）。隨後，在2017年通過了總統制修憲，並於次年正式實施。在這過程中，土耳其經歷當代三種類型的憲政體制，單向逐步增進總統的憲政地位和權力，其間並未有縮減總統權力的逆向發展情況。從最新一項全球憲政體制選擇的研究發現來看，這是本世紀全世界唯一由內閣制轉向總統制大轉型，且中間存在短暫的半總統制過渡期的特別個案（陳宏銘，2022）。土耳其的總統制在實施後，所遭致的反對聲浪卻未停歇，甚至在2022年最近一次的總統大選中，誓言推動取消總統的重要權力，讓憲政制度重回內閣制（Uras, 2022; Uzun, 2023）。

　　土耳其從內閣制轉向總統制的過程、原因及其運作與發展，既是該國重要的憲政課題，也是值得深入探討的比較憲政體制選擇問題。同時，在土耳其憲政體制變遷的過程中，另一個關鍵議題也隨之浮現，那就是其政治體制逐步走向威權主義。Huntington（1991）在其名作《第三波：二十世紀末的民主化浪潮》（*The Third Wave: Democratization in the Late Twentieth Century*）一書中曾指出：「沒有一個伊斯蘭的國家長期地維持過完整的民主，這個例外是土耳其。」（Huntington著，劉軍寧譯，1994：334）。[1]確實，土耳其曾是中東地區民主化程度最高的國家（郭秋慶，2016：95），甚至被譽為一個動盪不安的周邊地區的民主鞏固燈塔（Kirişci and Sloat, 2019）。但在二十一世紀，伴隨著執政的正義與發展黨（Adalet ve

---

[1]　2010年同樣是伊斯蘭社會的北非突尼西亞爆發茉莉花革命，在2014年施行新憲法後，其迅速轉為民主政體，逐步超越土耳其的民主表現（陳宏銘，2021）。

Kalkınma Partisi, AKP）權力的鞏固、總統制的實施，以及艾爾多安（Recep Tayyip Erdoğan, Erdoğan）總統權力的集中和增大，土耳其的政治體制在所謂「監護式民主」（tutelary democracy）終結後，並未順勢深化民主；在歷經短暫的擴大自由後，反而又倒退步入威權主義的路徑。許多學者紛紛指出，土耳其形成了「競爭性威權主義」（competitive authoritarianism）的體制，一種既具競爭性又具威權主義特徵的政權。

承上，土耳其在本世紀的政治發展出現兩個重要軸線，一是憲政體制的重大變遷，從內閣制走向總統制；二是政治體制的轉型，由具有民主形式的監護式民主體制，走向競爭性威權主義政體。對於這兩條軸線關係，亦即總統制的採行和威權主義的形成之關係，雖然不乏研究者關注，但多傾向單向的認定總統制帶來威權主義（Esen and Gumuscu, 2018: 45-48），卻未能意識到兩者間存在的雙向影響關係，亦即總統制的採行也可能是威權主義發展之結果。簡言之，目前尚缺乏有關該國憲政體制發展的深刻研究以及其與競爭性威權主義形成的關係之探討。因此，本文除了進一步延伸將總統制的選擇和其後的運作納入分析外，更著眼於政府體制與政治體制發展的關係。

具體而言，本文探討總統制如何被採行，以及其和競爭性威權主義發展的關係究竟為何？擬說明的是，本研究的問題意識不在於解釋土耳其民主的倒退或威權主義（競爭性威權主義），而是以憲政體制為核心焦點，關懷總統制的成因與影響，兩者係不同的研究問題。前者是將民主的倒退或競爭性威權主義的內涵和成因視為依變項，然後尋找解釋的自變項究竟為何，追尋其源頭，在此情況下，憲政制度或總統制因素，不必然是研究最核心的焦點，憲政制度以外的因素可能扮演同樣的或更直接的影響因素。相對地，本文自始關懷的是土耳其的總統制政府體制的成因和對政治體制的影響，換言之，在後者之下，總統制既是依變項，也是被列為評估影響威權主義發展的其中一個自變項。

由於土耳其是全球少數從內閣制轉向總統制，而中間只有很短暫

停留在半總統制的個案，對於這樣制度選擇個案的探究，本身即具現實和理論上的意義。本文更同時探討土耳其總統制和競爭性威權主義形成關係的重要問題，也與憲政體制選擇研究長期以來關於「憲政體制與民主表現」的理論關懷相呼應。本文認為，土耳其假若有民主的倒退或競爭性威權主義的出現，憲政體制是否是最直接影響的因素，尚待探討，其中可能也涉及土耳其當代政治史上的強勢領導人傳統（Selçuk, 2016）、民粹主義（populism）和個人因素〔如艾爾多安主義（Erdoğanism）〕（Yilmaz and Bashirov, 2018）等原因。但從既有的研究文獻和種種經驗事實來看，本文假定總統制的形成是在威權主義的發展脈絡下，總統制的實施對威權主義的發展將帶來促進的作用。

　　值得留意的是，土耳其的研究既顯示其個案特殊性，但也反映出具有超越個案的理論意義。在特殊性上，可以地緣上相近的中亞等後共總統制國家，或普遍採行總統制的拉丁美洲國家略加比較。前者區域的確出現一些國家總統權力增長的憲政趨勢，致有學者指出威權主義總統制的危險（Waller, 2022）。不過其憲政制度係從共產主義時期的雙元領導體系演變而來，與土耳其歷程迥然不同，因此無法從威權主義帶來總統制的觀點予以有效解釋。在拉丁美洲，同樣出現政治型態的個人化和總統制的採行等特徵，總統性格和領導風格的類型，以及總統制政府，是解釋政治運作的重要因素（Sáezet, Blondel and Thiébault, 2018）。且也有政治兩極化與民粹主義興起現象，政治制衡體系受到破壞，總統權力受到加強（Cárdenas and Posse, 2024）。但土耳其的總統制是晚近才出現的，在總統制出現之前，威權主義已經浮現，拉丁美洲則在二十世紀中即以美國總統制為制度榜樣，而且同樣也非威權主義帶來彼等總統制的形成。土耳其與這個區域制度的選擇和變遷模式仍有不少差異。簡言之，土耳其的制度運作與威權主義或民主發展的關係，與拉美各國經驗也有所不同。

　　但如從總統制對威權主義的發展影響來看，土耳其經驗隱含了一種普遍性的理論訊息，超越個案的意義上。亦即，在於若一個國家總

統制的形成，是產生於威權主義的發展脈絡下，尤其是存在政治強人及是民粹領袖活躍的社會型態，那麼總統制的實施將進一步促進，甚至鞏固威權主義的發展，民主也難以樂觀期待。本文試圖藉出土耳其經驗的分析，來探討此一課題。

　　本文分為以下幾個部分：首先分析土耳其內閣制的建立，接著探討半總統制的形成，再就最終總統制的採行、制度內容以及運作情形加以解析，然後在此基礎上探究總統制的採行和競爭性威權主義發展的關係，最後提出本文的結論和進一步的展望。

貳、文獻與理論探討

　　本研究探討制度如何被採行以及其政治影響，以下的討論兼具這兩方面的討論。

一、憲政體制的選擇與表現：當代的研究視角

　　受到國際政治學界1990年代「憲政體制與民主的維續和鞏固」論戰的影響（Horowitz, 1990; Linz, 1990, 1994; Lipset, 1990），比較憲政體制選擇研究的傳統智慧，著眼於不同憲政體制的民主表現。在此種研究關懷下，憲政體制被視為是政治運作的自變項，而民主的表現或政治體制的型態則是依變項。這類研究涉及研究方法上或推論上的特性，例如樣本的代表性、變項的控制、研究對象的觀察時程問題，以及命題是建立在或然率或絕對的宣稱等問題。因此，儘管其中總統制相對處於被質疑的一方，但欲普遍性論斷政府型態與民主表現的關係，並不容易（陳宏銘，2021）。在土耳其社會內部，特別是主要的政治勢力，對於該國是否宜採行總統制，則是該其憲政體制發展過程中長期存在的爭辯議題。

　　與上述並存的另一項研究視角，在於憲政體制如何被採行（選

擇），其研究問題與前者不同，旨在探討不同憲政體制在實然上被採行的原因。其中，有著眼於長期的文化或區域的宏觀因素，或是民主化的效應以及歷史遺緒等作用（陳宏銘，2020）；也有側重短期微觀的政治行動者，如黨派和政治菁英的策略互動和選擇之結果。比較這兩種理論，在解釋土耳其的憲政變遷方面，後者應有特別關注的需要。譬如，有學者認為土耳其從內閣制轉向半總統制，是屬於加大總統權力、獲取型的策略性修憲（吳玉山，2016）。此種觀點雖限於2016年之前的憲政階段，尚未觸及後來總統制的選擇，但仍具有相當的解釋力。整體而言，上述研究視角主要解答特定國家採行某種制度的原因，也有助於將憲政體制視為政治發展的結果，而非純然是影響政治發展之因。

二、土耳其總統制的成因：微觀行動者選擇理論vs.宏觀民主倒退理論

　　既有關於土耳其憲政體制選擇的研究，多偏向制度變遷、修憲歷程的探討（楊晨，2019；Adar and Seufert, 2021: 6; Çalışkan, 2018; Sobacı et al., 2018: 186），對於總統制選擇中主要黨派的制度偏好和策略互動較少觸及。從憲政體制是政治發展的結果來看，本文假定土耳其總統制的採行需追溯政治行動者的策略選擇的結果，這涉及優勢政治力量掌控下的修憲行動，亦即AKP主政的制度選擇。雖然從歷史的脈絡來看，實權的憲政體制之形成，似存在歷史制度論所指涉的路徑依循作用，亦即2014年總統公民直選修憲所帶動的制度依循發展，然而，此種觀點無法有效解釋為何土耳其在公民直選之下會走向總統制而不是半總統制，因為公民直選也可以維持在半總統制狀態，不見得要選擇總統制。顯然，政治行動者的策略選擇觀點較歷史制度論具有更明顯的解釋力。

　　Aytaç、Çarkoğlu和Yıldırım（2017: 2）分析土耳其憲改過程中政黨的制度偏好，指出三個反對黨均反對走向總統制，其認為總統制的

主張乃是Erdoğan擴權的手段。然而，政治行動者的策略選擇觀點，需要進一步說明爲何作爲優勢政治勢力的AKP和政治強人Erdoğan，有機會在土耳其的政治體制下掌握權力、主導修憲，並將總統制設定爲其策略目標？爲了回應這個問題，既有的憲政體制選擇（成因）理論尙需結合有關民主倒退和威權主義興起的因素；亦即憲政體制的選擇，不僅是微觀的政治行動者選擇的結果，也是宏觀的政治體制變遷下的產物。循此，本文有別於既有的研究視角，揭示土耳其總統制的選擇不僅可能對威權主義的發展產生影響，其本身即是威權主義興起下的制度產物。雖然，導致民主倒退、威權主義的深化，存在著非制度性因素，例如民粹主義在許多國家中的興起，但制度性的因素，如憲政體制的設計，也可能扮演其中的作用。前述1990年代後比較政治學界關於「憲政體制與民主的維續和鞏固」的大量研究，即是循此邏輯。

三、土耳其威權主義的發展：憲政體制與民粹主義的催化作用

　　最近形成了一種學術的普遍看法，將土耳其在2010年之後一段時期之政治體制以競爭性威權主義（competitive authoritarianism）加以描繪，主要學者包括Örmeci（2014）、Çalışkan（2018）、Özbudun（2015）、Esen和Gumuscu（2016）。其中，Esen和Gumuscu（2016）明確指出2010年後土耳其由監護式民主轉向競爭性威權主義。Çalışkan（2018）更採取Levitsky和Way（2002）關於競爭性威權政體的特徵，驗證了土耳其2010年至2017年間一再地符合絕大多數指標。在自由之家（Freedom House）於2017年將土耳其的地位從「部分自由」降級爲「不自由」之後，土耳其當前的政治制度更被描述爲非民主體制（Akçay, 2021: 79）。

　　上述觀點傾向將2002年至2007年AKP政府視爲反對土耳其監護制度的民主化進程，而之後走向競爭性威權主義（Akçay, 2021:

79）。這種觀點比較接近「民主倒退」（democratic backsliding）說（Bermeo, 2016: 11）。也有少數學者所持與民主倒退觀不同，認為土耳其一直以來就具有威權主義特質，並不是突然在2007年或之後的某個時間點從民主倒退為威權，譬如Akçay（2021）指AKP政府是1982年以來威權國家形式的延續和強化。Adaman和Akbulut（2021: 281）也不同意將AKP時代作為民主與威權主義的明顯二元性變化來理解，而是認為AKP一直帶有威權主義的因素，其強度繼續呈指數增長，後面這一觀點本文稱之為「威權主義持續論」。

　　本文認為威權主義持續論和民主倒退論各自有其啟發性，前者在於指出威權主義是長期的特質，而非戲劇性地在AKP執政的第二個任期後突然出現；後者在於發現競爭性威權主義形成的關鍵時期，且所謂民主的倒退，不必然理解為完全民主倒退為非民主或競爭性威權主義，從部分民主倒退為民主程度低落的情況，何嘗不可視為一種廣義的民主倒退。

　　不論是威權主義持續論和民主倒退論，均不否認土耳其至少在2010年後民主程度變差，尤其在2017年前後又更明顯惡化。這個時間點恰與公民直選總統的實施、再到採行總統制，和Erdoğan藉此獨攬行政權、弱化國會和司法部門權力的憲政態樣若合符節。以致於反對黨一直主張讓憲政制度重回內閣制。因此，在現實上，土耳其總統制對競爭性威權主義的形成，可以成為進一步思考制度影響的課題。此外，既有文獻也幾乎都指向總統制的採行對於權力分立遭到破壞、Erdoğan個人主義和政治極化等民主倒退的特徵（Adar and Seufert, 2021: 7; Çalışkan, 2018; Esen and Gumuscu, 2018: 45-48）。土耳其式總統制下總統介入司法人事權的增大、在司法案件中Erdoğan總統的介入案例、在選舉中Erdoğan政府對媒體控制的權力更為方便。或如Çalışkan（2018）所言，土耳其的競爭性威權主義制度化現象。因此在理論上，總統制對威權主義的發展究竟扮演何種角色，同樣是值得關注的議題。

　　除了憲政體制因素外，近來對於新興民主國家和政治變遷中國家

的觀察和研究顯示，催化民主重回威權的另一項關鍵因素，在於民粹主義的興起。[2]Svolikz（2019）提出在選舉競爭下，具有威權野心的政治人物，將國家潛在的社會分歧，激化為尖銳的政治衝突，以此呼籲支持者犧牲民主原則來交換黨派利益，並出現政治的兩極化。Frantz、Kendall-Taylor和Wright（2021）提出一個重要問題，新興民主國家的政治，是否變得愈來愈個人主義（personalism）？他們的研究結果表明，情況確實如此。

　　上述情況，相當程度出現在土耳其。譬如，Selçuk（2016）對土耳其民粹主義的研究指出，強有力的領導人都會將自己置於反對傳統體制的地位，在他自己和追隨者之間培養直接聯繫，並將政治環境極化為兩個對立的陣營。在另一方面，Foa（2021: 61）指出，土耳其經Erdoğan執政下的2017年憲法改革後，民粹主義愈加發展、個人主義統治也更為鞏固，學者Yilmaz與Bashirov（2018）甚至將其冠以「艾爾多安主義」。另根據Görener與Ucal（2011: 367）對Erdoğan的個性和領導風格的分析，認為他的演講的特點是以赤裸裸、非黑即白的方式看待世界，容忍度和模糊性較低。因此，政治環境的二分性決定了新的「他者」的建構，以區分善惡。

　　一些學者也指出，民粹主義政黨的選舉勝利是解釋民主價值觀和制度受到侵蝕的危險趨勢。而隨著對土耳其民主倒退的擔憂增加，學者們質疑AKP統治期間的民粹主義（Elçi, 2019）。

　　本文作者進一步發現，許多討論民粹主義以及威權主義相關文獻，均觸及土耳其總統制的面向。Aytaç和Elçi（2019）對土耳其民粹主義的重要分析，強調政府制度的因素：如Erdoğan的這些民粹主義操作的同時，也伴隨著加強行政部門權力的制度變革，其中有三項

2　民粹主義的核心包含五個面向：強調人民主權（emphasizing the sovereignty of the people）、為人民代言（advocating for the people）、攻擊菁英（attacking the elites）、排斥異己（ostracizing others），以及喚起本土意識（invoking the heartland）（Engesser et al., 2017: 1111-1113）。

憲法修正案尤爲重要：2007年的修正案規定總統由公民投票而不是由議會選舉產生，這在很大程度上使政府對總統的制衡作用失去了意義；2010年的進一步修正案破壞了司法部門對行政和立法部門的自主權；2017年的總統制修憲案，其內容是閉門起草的，只有在提交給議會後才被公開，它引入了行政總統主導立法部門的制度。

　　此外，Selçuk（2016）分析了土耳其強大的領導人、民粹主義以及憲法制度過程和總統制的辯論，其指出Erdoğan希望廢除土耳其的內閣制並建立總統制政府，總統既可以是國家元首又是政府首腦。當Erdoğan傳達的信息是他獨自制定國家的政治議程時，整個政治進程就歸結爲對他個人形象的認可或拒絕。在2014年總統選舉之後，Erdoğan便試圖以總統的身分治理國家，而犧牲總理角色。Yilmaz和Erturk（2021: 1528）探討土耳其民粹主義的興起與競爭性威權主義時，提到土耳其式的缺乏制衡的總統制取代內閣制所產生的影響。再者，前述提到Foa（2021: 61）對個人主義和民粹主義的研究，也指出由原來擔任總理和副總理的Davutoglu與Babacan，後來成立的反對黨，致力於恢復內閣制民主，以扭轉政治的獨裁傾向。

　　由上述的文獻討論可知，憲政體制和民粹主義同時構成威權主義形成的重要因素，也使政治變得更加個人主義。

參、分析架構

　　依循前述理論和文獻的討論，本文關注土耳其政治發展兩項議題：總統制的採行、競爭性威權主義的形成，並假定兩者構成相互影響的關係。本文嘗試提出圖4-1之分析架構，其中總統制既是威權主義興起的產物，也是影響競爭性威權主義發展的因素。

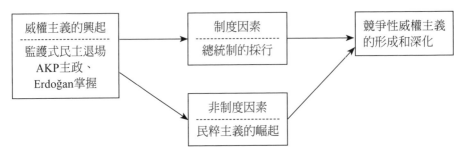

圖4-1　土耳其總統制的採行和競爭性威權主義關係之分析架構

註：本圖由作者自製。

在圖4-1左方，威權主義的興起是伴隨著監護式民主的退場、AKP的主政和Erdoğan的掌權而來，這既促成土耳其式總統制的採行，也影響民粹主義的滋長。研究者指出，AKP即是民粹主義政黨，Erdoğan也將民粹主義的內涵作爲他的政治策略。[3]在圖4-1右方，是競爭性威權主義的深化，同時受到總統制與民粹主義所分別代表的制度性和非制度性因素的影響。在此一分析架構中，本文核心關懷在於總統制此一憲政體制的成因和影響。

所謂競爭性威權主義係非傳統的威權主義或威權主義的次類型，也常被視爲選舉式威權主義（electoral authoritarianism）的一種次類型，有時在使用上兩者被劃上等號。而選舉式威權主義，指的是有多黨選舉的非民主國家。

有關競爭性威權政體的代表性觀點是Levitsky和Way（2002）的研究，依他們的界定，競爭性威權主義爲一種政治體制，「其中存在著正式的民主制度，並被廣泛視爲獲得權力的主要手段。但在這種政體中，現任者濫用國家權力，使其相對於對手具有顯著優勢」，「這樣的政權之所以具有競爭性，因爲反對黨利用民主制度來爭奪權力；但它們並不民主，因爲競爭環境嚴重偏袒現任者。簡言之，競爭

3　民粹主義政黨支持者會將領導者塑造成是魅力型領袖（Van der Brug and Mughan, 2007: 31）。

確實存在，但並不公平」（Levitsky and Way, 2010: 5-6）。在競爭性威權主義之下，如果在位者幾乎可以確定他們在選舉中會贏，那麼就會容許競爭（Çalışkan, 2018: 10）。但現任者和反對派之間的競爭基本上是不公平的，儘管反對派仍有空間。本文關於競爭性威權主義的界定，主要依循Levitsky和Way（2002, 2010）的觀點。[4]

肆、憲政體制的選擇：由內閣制到半總統制

　　土耳其歷史上出現多部憲法，最早一部憲法是在1876年制定，屬於立憲君主制政體。在1924年4月20日，由大國民議會（國會）頒布新憲法，宣布土耳其爲共和國，總統由大國民議會選舉產生，確立了內閣制的制度框架。作爲現代土耳其共和國的第一任總統Mustafa Kemal Atatürk（以下以中文慣用的「凱末爾」稱之），憑藉個人魅力和權威，以及藉執政的共和人民黨（Cumhuriyet Halk Partisi, CHP），而能控制政府和國會，逐步建立威權政治體制（李豔枝，2018：64）。從1923年到1938年，凱末爾既是共和人民黨黨主席，也是土耳其共和國總統，擁有至高的權力（楊晨，2019：59）。

　　1960年發生軍事政變，一年後新憲法草案順利通過公投，這部憲法目的在解決引發政變的各種問題。但1980年又發生軍事政變，政變領導人Kenan Evren將軍透過一個民主合法性非常值得懷疑的過程，讓自己當選爲總統（Özbudun著，林佑柔譯，2017：286）。

---

[4] Schedler（2002: 47）則區分了競爭性選舉式威權政體（competitive electoral authoritarian regimes）和霸權性選舉式威權政體（hegemonic electoral authoritarian regimes）等兩種選舉式威權政體，在前者中，選舉舞臺是「爭奪權力的眞正戰場」；相對地在後者中，選舉「只不過是一個戲劇性的舞臺」。但他認爲可將兩者同歸爲選舉式威權政體。Diamond（2002: 25）和Schedler的區分相似，他根據選舉競爭的程度，將選舉式威權主義分爲「競爭性威權主義」（competitive authoritarianism）和「霸權性選舉威權主義」（hegemonic electoral authoritarianism）。

在軍人政權主導下頒布了1982年的新憲法。土耳其軍方自視爲民衆
及統治階層的監護者，這種軍方制度化的持續性介入日常政治，形
成所謂的「監護式民主」（Akkoyunlu, 2017; Çalışkan, 2018: 6）。
至二十一世紀初，軍隊逐步失去了它的特權，政權的監護性質也消
失。

　　雖然1982年憲法下的政府體制，常被視爲內閣制的延續，然而
這項認定也存在不同的看法。因憲法第104條所列舉的共和國總統權
力，是憲法中最長的條款，並賦予總統在立法、行政和司法領域的
相關權力。儘管憲法保持了內閣對總統的副署原則和部長會議對議
會的政治責任，但允許總統在某些情況下單獨行動（第105條）。此
外，總統的權力雖僅限於從其他機構（如相關高等法院或高等教育委
員會）提名的候選人中進行選擇的權力，但在這種情況下，總統的
權力仍然是實質性的。因此，Özbudun（2013: 165-166）認爲這種制
度是一種介於內閣制和半總統制之間的混合系統（hybrid system），
或者借用法國的一個術語，稱爲「衰減的內閣制」（parlementarisme
attenué）。此外，基於總統具有實質權力的事實，學者甚至認爲土
耳其這時期的體制是屬於半總統制政體（陳德成，2016）。不過，
從半總統制的定義來看，此階段中總統尙非普選產生，縱使其他條件
符合，並不適合稱之爲半總統制。

　　綜上，土耳其這段期間雖然總統並非完全虛權，但元首是否完全
虛權並非內閣制的必要條件，故將其歸類爲內閣制體系是相對上較合
適的。[5]

　　政府體制由於具有雙元領導的屬性，容易造成總統和內閣之間的
衝突，而這種衝突在此前四任總統執政內都發生過（Özbudun, 2013:
166-167）。監護式政體成爲進一步民主化的核心障礙，也伴隨後來
AKP政府與軍方的矛盾和競爭狀態，二者的競爭處境除了攸關宗教

---

[5]　請參閱Linz（1994: 6）、Lijphart（1984: 68-69, 1994: 92）等學者所提出內閣制與總統制
　　的區辨特徵。

和世俗的立場外，也涉及憲政體制因素。關於前者，本文後續再予討論；對於後者，主要在於監護式政體和軍方介入政治是在1982年憲法體制之下，而AKP想要削弱軍方的影響力，於是想引進總統制，透過在適當時機的憲法修正案，改變1982年憲法下的政府設計，使選舉產生的立法機構和行政機構，均脫離軍方勢力影響下的官僚和司法菁英的監護（Adar and Seufert, 2021: 7）。但土耳其是否應該採行總統制，卻是一項長期爭辯、未能有共識的議題，因此2007年引進總統直選制度，便成為邁向總統制過程中的關鍵踏板和轉折。

　　2007年修憲採行總統直選制度，是土耳其長期內閣制下的重要制度變革，之所以在該年這個時間點引進總統直選，並非基於公民選舉總統的人民主權意義或民意呼求，而是與原有的選舉制度運作困難和AKP的政治企圖心以及抗衡反對勢力的作為有關。由於2007年Ahmet Necdet Sezer總統任期結束，在原國會以三分之二多數選舉總統的制度下（任期七年），AKP在議會中雖占有多數席位，但其推出的總統候選人，即該黨的創始領導人之一的Abdullah Gul，因伊斯蘭主義者的背景受到軍方和國家菁英的強烈反彈，在第一輪投票中最後沒通過。[6]於是AKP另闢戰場，藉由推動直選公投以抗衡在國會中所受到的阻力，最後該案在2007年10月21日通過。[7]於此同時，改選後的新國會又選舉Gul為總統，因此公民直選總統的時間就需配合總統的七年任期，訂於七年後的2014年舉行（Aytaç et al., 2017: 3）。

　　除了總統直選，原來憲法中總統的角色本非純然的儀式性和象徵性，而具有實權。且從以下兩個關於信任投票與不信任投票的規定來看，維持內閣需向國會負責的設計：一、在譴責議案的辯論過程

6　土耳其軍方是世俗主義的主要捍衛者，因此對於伊斯蘭主義背景的總統自然會有異議，尤其當時AKP在國會中的實力係在甫建立之初。

7　當時總統Ahmet Necdet Seze（無黨派）雖將其提交公投，但同時他表示，由於程序錯誤，他將要求憲法法院使議會投票無效。據報導，他的強烈反對來自於擔心一位擁有強大民眾權力的總統，其在與總理意見不合時可能會導致僵局。但法院後來裁定改革確實有效，因此公投按計畫進行（Rainsford, 2007）。

中，由議員或黨團提出的附有理由說明的不信任議案，或由部長會議提出的信任投票要求，應在一整天後才進行表決；二、為了推翻部長會議或某位部長，在表決中需要獲得議員總數的絕對多數，其中只計算不信任票。準此，2007年後憲法的規範下，土耳其政府的體制屬於半總統制，且因總統並不具有單方免職總理力，因此屬於Shugart和Carey（1992）所提出的總理總統制（premier-presidentialism）次類型（蘇子喬，2020：75）。然而由於實際上公民直選直至2014年才舉行，因此，土耳其的半總統制是到2014年後才正式啟用。不過，即使是2014正式轉型為半總統制，外界仍常將土耳其視為內閣制。但這樣的認定較不合適，以當前國際政治學界普遍適用的半總統制定義（Duverger, 1980; Elgie, 1999），土耳其在2014年後至2018年間，可視為半總統制。

另該半總統制屬於總理總統制，但並不表示總統權力弱於總理，其與另一次類型總統議會制（president-parliamentarism）的差異，主要在於前者並無單方解除總理職位權力，總理主要對國會負責，並不意味總理權力一定大過總統。就如同法國第五共和體制，也因總統不被認為具有單方罷黜總理權，而被歸類為總理總統制，總統職位依然為憲政體制的中樞。尤其，對於長期處於議會內閣制的土耳其而言，總統由間接選舉轉為全國公民直選產生，Erdoğan選擇競逐總統職位，而非爭取總理角色，並不難理解，因相較過去總統權力和地位只增不減；何況，他將進一步推動總統制。雖然Erdoğan和掌權的AKP並不排斥半總統制，但自始最嚮往的政府體制仍是行政權集中於總統職位、行政權獨立於立法權的三權分立總統制，因此，乃積極尋求適當的時機改變憲政體制。

伍、總統制的採行：主導型的非共識選擇

以下先分析土耳其由半總統制轉向總統制的選擇，次就「土耳其式總統制」特性加以探討。

一、選擇總統制

土耳其關於憲政制度選擇的討論，最早可溯至1970年代（楊晨，2019：60），但懸而未決。長期以來土耳其的內閣制被認為難以因應政治的不穩定、軍方對文人政治的介入、官僚的獨裁以及經濟發展等問題。即使是在內閣制而非半總統制的脈絡下，行政部門仍存在雙元結構，時而發生危機和衝突。再者，1990年代也存在虛弱而短命的聯合內閣，致內閣制結構無法維持政府的效能（Sobacı et al., 2018: 186）。到了2007年憲法公投引進總統直選，2014年正式實施半總統制，總統和總理間潛在的緊張關係又出現，加深新政府體制選擇的公共論辯（Sobacı et al., 2018: 187）。

在此情況下，鑒於1990年代時聯合政府常有癱瘓的情況，[8]主張建立獨立於議會監督的總統職位之政府制度的呼聲更為響亮（Adar and Seufert, 2021: 6）。一些政治人物和學界人士認為，總統制與土耳其的行政運作的歷史傳統、政治文化以及社會結構特性等，都較為相容（Sobacı et al., 2018: 186）。不過，促成總統制的採行，更為關鍵的在於主要政治力量的制度偏好和策略選擇。

支持總統制的關鍵力量在於Erdoğan總統和執政的AKP，他們長期以來力主總統制取代內閣制。在2012年6月6日的電視採訪中，Erdoğan總統即明確表達，建議採行總統制或者是半總統制（Özbudun, 2013: 165）。其後，在2015年的選舉時期，則成為當時

8　土耳其在1961年至2001年間，就經歷了四十屆的聯合內閣，由於政治分歧，政府常無法持續維持，最長一屆是1999年，維持了三年半，但仍紛爭不斷（楊晨，2019：62）。

相當顯著的政治議題。Erdoğan總統認為，總統制較能確保經濟發展所需的政治穩定與有效能的政府，因此提出總統制計畫，作為達成國家民主化的一種手段；執政的AKP也支持和推動總統制（Adar and Seufert, 2021: 7）。相對於執政者，三個反對黨均反對走向總統制，認為總統制的主張乃是Erdoğan擴權的手段（Aytaç et al., 2017: 2）。

　　2015年7月選舉結果，AKP儘管贏得了超過40%的選票，但在國會中只取得258席，離過半276席，還差18席，是該黨和Erdoğan總統執政以來國會席次最少的一次。由於選舉期間總統制憲改議題成為焦點，因此對Erdoğan而言是一個衝擊。失去了國會的多數，造成AKP選後組成新政府的困難，包括嘗試與共和人民黨及人民民主黨（Halkların Demokratik Partisi, HDP）籌組聯合政府，均告失敗。觀察者普遍認為Erdoğan總統本人也對組成聯合政府不表認同（Dalaman, 2015）。[9]聯合政府既告失敗，少數政府也不在考慮方案內，最後則是進行國會提前選舉來因應僵局。這場新選舉是在2015年的11月舉行，選舉結果AKP獲得317席過半多數席次（席次率57.64%），重新取得執政的優勢。在不到半年的時間，AKP乘勝追擊，其主導的總統制修憲案公投法案，在盟友民族主義運動黨（Nationalist Movement Party, MHP）的支持下於議會中通過後，於2017年4月16日再由公民複決投票通過。

　　總結來看，多年來AKP政府之所以能夠實現從內閣制到總統制的政治體制轉型，除了奠基於2007年的總統直選修憲公投、2014年的總統直選，也與2016年未遂的且幾乎導致Erdoğan死亡的軍事政變有密切的關係（楊晨，2019：68；Baghdady, 2020）。2017年總統制修憲增大總統權力，似乎是對前一年政變的反彈。2016年政變後Erdoğan所掌握了集中總統權力的制度打造契機，顯現Erdoğan遇到阻力尋求反制的政治心性格。而Erdoğan在平息政變後的政治聲望巨

9　根據當時憲法第16條規定，如果在總理辭職後45天內無法組建新的部長會議而不被信任投票否決，共和國總統同樣可以與土耳其大國民議會主席協商，要求舉行新的選舉。

增，加上世俗主義黨派的整體失勢，讓修憲案較能順利強渡關山。但這項總統制修憲案，其內容是閉門起草的，只有在提交給議會後才被公開。因此整個修憲的過程是在AKP勢力主導下，完全沒有共識可言的制度選擇，這是典型的威權政體憲改的操作方式。從這個角度看，土耳其總統制的採行是威權主義下的產物。

在2017年4月憲法公投後，AKP政府組成一個監督委員會，完成2018年轉型至總統制。不過，Erdoğan透過公投將內閣制改為全民直選的總統制，引起外界抨擊他公然奪權，反對黨並未承認修憲公投（Çalışkan, 2018: 7）。[10]

二、土耳其式總統制

2017年修憲後總統仍採直選方式，每五年舉行一次選舉。總統候選人可以由在上屆議會選舉中超過5%選民門檻的政黨提名，或者蒐集到至少10萬個支持其政黨提名的簽名，並以兩輪絕對多數投票的選舉制度制產生。在此制下如果無參選人於首輪投票取得過半數票，則需舉行次輪投票，由首輪得票最多的兩名參選人角逐，由獲過半數者當選。此外，總統任期只有兩任，但若提前選舉則可三任。2017年總統制憲法中另規定，總統選舉和國會選舉同日舉行，這旨在確保行政和立法間的一致（Adar and Seufert, 2021: 9）。2018年總統制實施後首次的大選，在6月24日舉行，Erdoğan於首輪選舉中即取得52.9%的過半數選票，領先得票率30.64%的共和人民黨競爭者Muharrem İnce，當選總統。

另外，總統制憲法之下，總統與政黨的關係有重要的改變，新憲法允許總統可以加入政黨，因此憲法公投一經完成，Erdoğan立即成

---

[10] 在修憲公投中，修正案以51.4%對48.6%的微弱多數通過，Erdoğan總統歡呼這是項「歷史性決定」，但反對陣營則質疑開票結果，指控公投是在騷擾和恐嚇中進行的舞弊行為（Adar and Seufert, 2021）。

為AKP黨主席，集政黨領導權、政府首長與國家元首於一身，一般認為其實際權力要大於憲法權力（Esen and Gumuscu, 2018: 45）。

（一）總統獨享行政權

在修憲後的新制度下，不再有總理職位，總統握有單一的行政權，可就廣泛的政策領域發布行政命令（總統命令）；且除非國會反對，否則可發布緊急命令。在人事權上，總統得以直接任命部長等最高層級政府官員，無需國會同意；且部長不是從國會成員中挑選，而是由總統任命，其間沒有國會的參與，國會議員並喪失了原有解職部長的權力。此外，憲法第106條規定一至多位副總統，由總統直接任命。因此，總統直接控制官僚機構，不用假手內閣的參與；以往部長會議的權力和責任都均移轉至總統個人身上（Adar and Seufert, 2021: 7; Esen and Gumuscu, 2018: 45）。

Erdoğan總統在2018年7月9日宣誓就任執行總統職務後，立即實施國家機器的重組，精心挑選忠於其政權的官員。類似的情況也適用於軍隊，傳統上，軍方是土耳其外交政策的重要參與者，Erdoğan採取能讓他直接控制高層任命的制度，取代軍方數十年之久的晉升制度（Kirişci and Toygür, 2019）。2018年Erdoğan在夏季休會後的國會開幕式上發表講話時指出：「他擁有唯一的行政權力，所有的否決權都被廢除了。」（Adar and Seufert, 2021: 10）。

除上述人事權外，總統在政府各委員會和各部門的人事權相當廣泛。根據憲法，國務委員會四分之一成員由總統任命。所有對官僚機構、軍隊、經濟、媒體、公民社會以及公共宗教生活等層面，進行直接控制的中央機構（一般稱為başkanlık或presidiums），如國家監察委員會（Devlet Denetleme Kurulu, DDK）、國家安全委員會總秘書處（Milli Güvenlik Kutulu Genel Sekreterligi, MGKGS）、國防工業主席團（Savunma Sanayii Başkanlığı, SSB）、戰略和預算主席團（Strateji ve Bütçe Baskanlığı, SBB）、土耳其財富基金（Turkey

Wealth Fund, TVF）、宗教事務主席團（Diyanet İşleri Baskanlığı, DIB），均向總統負責（Adar and Seufert, 2021: 10）。

此外，總統並領導四個跨部會有關數位化、投資、財政和人事領域的「辦公室」，與前述諸多中央機構一同成為相對於各部會的平行管理，也負責監督這些部會，並只為總統服務。尤有甚者，總統的觸角也延伸到了情報部門，其作用在近年來亦逐步擴大。其核心機關國家情報局組織（Milli İstihbarat Teskilati, MIT）的主要作用，並不限於反恐和監督官僚機構，甚至也被Erdoğan總統利用它來控制自己的政黨（Adar and Seufert, 2021: 10）。

（二）國會權力的弱化

相對於總統龐大而廣泛的行政權力，國會立法權力被弱化，其監督權力很有限（Esen and Gumuscu, 2018: 45）。這顯現在諸多層面，其一是受到總統否決權擴大後連帶的衝擊。新制度下國會若要推翻總統對法案的否決，必須要有國會議員中的絕對多數的支持，而非過去的簡單多數而已。其次，總統有權發布具有廣泛法律效果的總統命令，因此壓縮到國會的立法權範圍，而這在總統制實施前的2016年時，在有關國家緊急狀態下緊急命令的發布中，就已經顯現此種趨勢（Adar and Seufert, 2021: 9-13）。再者，總統的行政命令並不受行政法院的挑戰，若憲法法庭欲進行審查，也須有相關的條件才得以進行（Adar and Seufert, 2021: 9）。此外，在國會預算權部分，其在實踐中也被進一步削弱，這早在過渡到總統制之前（2016年後的預算審查），也已經出現（Adar and Seufert, 2021: 13）。在2019年，預算草案是總統辦公室首次提出的，也出現應當列出而沒有列出項目的款項；2020年10月對預算分類規則進行的法律修改，也惡化了預算審查透明度，以及問責方面的模糊性（Adar and Seufert, 2021: 14）。

除上述外，國會不再具有對政府的信任投票和倒閣的權力（第

75條至第100條）。且國會質詢（questions）的行使對象是副總統和部長，後者並以書面形式回答（第98條）。任何部長都不需要向國會口頭回答問題，也沒有規定對不回答問題的制裁（第98條）。此外，國會只有在出現犯罪行為時才有可能對總統進行調查，而這需要五分之三的多數票。對總統提起刑事訴訟則需要三分之二的多數票（第105條），否則國會只能通過以五分之三的多數票，藉由解散自己以強迫總統選舉的提前進行，因為憲法規定國會和總統選舉是同時舉行（Adar and Seufert, 2021: 9）。

（三）司法權的弱勢

除了總統掌握有行政大權，以及國會的監督權弱化之外，司法權也受到新制下總統權力設計的影響，其中主要在於司法人事權方面。前述提到，國務委員會四分之一成員由總統直接任命，另外四分之三成員是由「法官和檢察官委員會」所任命，但法官和檢察官委員會中的2名成員——司法部長和國務秘書——本來就是由總統任命，總統還可任命另外4名成員。國會則可選擇7名，但如果國會沒有達成共識，只需要簡單多數即可決定人選，這意味著執政黨（或支持政府的政黨集團）有相當優勢的機會可以決定人選。再就憲法法院成員來看，在15名成員中就有高達12名由總統任命，另3名才由國會任命，必要時以簡單多數任命。

綜上，在總統制下，立法和司法兩權相對於總統權力明顯弱化，但總統僅具有限的責任（Esen and Gumuscu, 2018: 46）。整體而言，對土耳其總統制的評價多屬於負面。其中一項核心缺失，即指其權力分立和制衡的精神遭到破壞（Adar and Seufert, 2021; Esen and Gumuscu, 2018: 46）。尤其當這套制度剛形成時，研究者便預期當它用在Erdoğan總統身上時，鑒於他具有的民粹和威權傾向，狀況將會加劇，並斷定在總統制下，將會使AKP將多數統治與贏者全拿的現狀予以制度化（Esen and Gumuscu, 2018: 46）。

陸、競爭性威權主義的形成

跟隨Levitsky和Way（2002）的觀點，多數學者將土耳其在2010年後一段時期之政治體制以競爭性威權政體加以描繪。White和Herzog（2016）也認為土耳其在2011年後符合選舉式威權主義，而競爭性威權主義本屬選舉式威權主義之次類型（Diamond, 2002: 25）。土耳其競爭性威權政體的形成，在2010年之後有跡可循，因為2010年土耳其修憲公投通過了新的憲法，限制了軍隊的權力，軍方的監護特徵不再存在，於是監護式民主退場。[11] 亦即監護式民主下臺，真正的民主並未到來，反而使得AKP主政下的競爭性威權主義滋長。

一、監護式民主的形成與退場

土耳其監護式民主始自1960年政變後制度化的軍事監護制度，期間再經歷1980年政變，並在1982年軍方主導產生新憲法後，延續至2010年這段期間。Przeworski（1988: 61）將監護民主定義為「一個具有競爭性的、形式上民主的制度的政權，但在這個政權中，權力機構（此時通常已淪為武裝部隊）保留了干預以糾正不良事態的能力」。土耳其軍方形塑這種體制的主要目的，是為了限制選舉的影響和所產生的政府影響力，而不在於操縱選舉過程或預先決定選舉結果。就政治競爭和取得政權的內部遊戲規則來看，它具有形式上的民主程序，軍方並不介入。

---

[11] 2010年修憲時原憲法是1980年軍事政變後制定，於1982年實施，在該憲法下軍方一直享有特權，人權受到較大限制。歐盟一直期待土耳其進一步修憲，以改善人權並限制軍方權力。2010年的修憲賦予民事法庭審理軍人的權力，以及相關權力的縮減。軍方在該年發生信譽危機，政府公布針對2003年政變計畫的多年調查結果，2010年2月逮捕多位軍人，同年10月開始審判。軍方當時的合法性被削弱，在此情況下，當時對修憲難以有直接抗衡的作為。

　　比較南歐、拉丁美洲和東南亞相關的軍事威權案例，土耳其軍方大部分時間並未直接掌握執政權力（Akkoyunlu, 2017）。正由於其不直接統治，亦不參與選舉，因此也就不會面臨選舉的成敗問題。不過，軍方保有監督這套競爭規則的特權，亦即形同具有否決者權力的憲政地位。舉例而言，依據Huntington的研究，在1980年至1983年期間竟有631項所制定的法律，是不能受到改變或被批評的（Huntington著，劉軍寧譯，1994：263）。一個正常的民主政體，除了國民主權，不會存在著在行政、立法與司法等主要憲政權力機關之外的否決者。

　　在歷史上，土耳其軍方一直被認為是受尊敬的國家機構，被看成是凱末爾的世俗土耳其共和國精神的化身（Huntington著，劉軍寧譯，1994：263）。[12]他們也自詡為代表整個社會和國家，認為自己高於社會，所考慮的是「國家的利益」（Cizre著，林佑柔譯，2017：247）。在此背景上出現了監護體制，最早它是執政的軍事委員會〔國家安全委員會（Milli Güvenlik Kurulu, MGK）〕藉由強有力的、來自軍方的總統與相關機制，監護著民選機構：議會和部長會議，進行民主的監護性監督（Özbudun, 2013: 166）。軍方領導人認為，當時政府的主要弊病之一，是協會社團及其他民間社會機構過度政治化，因此須將協會活動去政治化，並切斷政黨及各種民間社會組織的聯繫（Özbudun著，林佑柔譯，2017：178）。因此，具有伊斯蘭主義和庫德族（Kurds）民族主義目標的政黨，是當權派對付的主要目標，領導人不得不面臨監禁、政治禁令和政黨關閉（Selçuk, 2016: 575）。包括救國黨（Millî Selâmet Partisi, MSP）、福利黨

---

[12] 土耳其社會的一項重大政治分歧在於世俗主義與挑戰世俗主義的伊斯蘭主義者的對立，前者是「凱末爾主義」（現代土耳其的國父凱末爾之追隨者以其思想和做法為本所打造的原則）的重大原則之一，甚至載入憲法中，在1982年的憲法序言中寫到：「按照世俗主義原則的要求，神聖的宗教感情絕對不應涉及國家事務和政治。」軍方歷來是世俗主義最強大的代表力量，此外司法機關也是世俗主義的支持者。相對地，當時執政的AKP則是後者伊斯蘭主義的主要代表。

（Refah Partisi, RP）和幸福黨（Fazilet Partisi, FP），所有這些政黨最終都被憲法法院查封。在擔任伊斯坦布爾市市長期間，Erdoğan甚至被指控在群眾集會上背誦一首詩時煽動宗教仇恨，被判處十個月監禁，並在1999年服刑四個月。[13]

　　簡言之，在監護機制下，軍方享有特殊的地位。特別是在1990年代，土耳其軍隊被描述為「統治而非治理」的機構，強調其對民選政治人物的主導權力（Cook, 2007; Selçuk, 2016: 575）。

　　上述監護的原則並非只是抽象的或哲學概念，而是建立在具體的監護機制。最主要的是「共和國總統辦公室」，其被設計為公正、高於黨派的單位，對平民政治擁有廣泛的監督權。透過這個單位的各式人事任用權，總統可以影響其他專業機構的成員，例如憲法法院、高等司法法院的部分部門，以及高等教育委員會等（Özbudun著，林佑柔譯，2017：286）。1982年憲法則進一步賦予總統對立法機構的否決權。此外，監護的關鍵體制機制還包括國家安全委員會，這是軍事政府權力核心，軍方高層可以向政府提出警告和最後通牒，並將其美其名為「建議」。之後，這個委員會由退休軍官組成，變成總統的資政會議（Huntington著，劉軍寧譯，1994：263）。再者，另一個機制是憲法法院，其有權以違反憲法為由解散政黨，禁止或監禁政治家（Akkoyunlu, 2017）。此外，關於將協會活動去政治化等目標，憲法也做了相應的規定，譬如憲法禁止所有利益團體追求政治目標、從事政治活動、得到政黨的支持或支持政黨，以及禁止與政黨採取聯合行動或是協會之間組成聯合行動（Özbudun著，林佑柔譯，2017：179-180）。

　　由上述的分析可知，這種政治體制本質上並非完全的民主政體，而是如Çalışkan（2018）所說的政治上的混合政體（ploitical

---

[13] 由於埃爾巴坎的伊斯蘭運動和Erdoğan本人面臨政治處境的許多障礙，包括Erdoğan的改革派主張對政治伊斯蘭採取更現代主義的願景，並於2001年在保守民主黨的旗幟下創立了AKP。

regime hybridity），本文認為實質上較屬於半民主的政治體制。二十一世紀初，土耳其的政治體制被認為逐漸走向民主，也曾被視為是中亞和中東地區民主的帶頭國家，同時出現經濟的創發和自由的改革（Baghdady, 2020）。但一個關鍵的問題在於，從2010年修憲軍方不再享有特權後，甚至在更早一些時候，軍方的影響力已漸衰弱，土耳其的政治體制應該是往有利民主的方向邁進，何以又有所謂競爭性威權主義的存在？並且，似乎隨著總統制的建立，這個體制的競爭性質少了很多，威權的性質則多了很多？我們以下討論這兩個問題。

二、競爭性威權主義的興起

在本世紀後，土耳其軍隊的權力開始明顯流失，並逐漸喪失其影響力，也因此土耳其出現了短暫的「自由時刻」（liberal moment）（Akkoyunlu, 2017）。然而，土耳其的政治仍擺盪在民主與威權兩種不同方向中，根據Huntington的觀點，這是屬於「輪迴型」（cyclical pattern）的政權發展模式，即民主政體和威權政體的循環交替（Huntington著，劉軍寧譯，1994）。[14]

凱末爾建立的土耳其是堅守世俗主義的共和國，Erdoğan所領導的AKP是溫和的伊斯蘭主義政黨，在2003年Erdoğan成為總理後，自由派和世俗化的土耳其人擔心他會把國家悄悄地伊斯蘭化。在執政初期，Erdoğan與AKP為了讓土耳其加入歐洲聯盟（European Union，以下簡稱歐盟），因此讓土耳其走向民主化，土耳其變得更開放，言論更自由。2002年，AKP開始通過民主化改革，旨在實現歐盟的哥本哈根標準（Copenhagen criteria）。其間，土耳其見證了經濟增長和成功以及自由的擴大，這降低了軍隊在政治中的作用，並取消了對宗教敬拜的限制（Esen and Gumuscu, 2016: 1582-1583）。

---

[14] 在過去土耳其雖長期維持形式上的民主制度，但其間穿插三次政變，政變中斷了民主，威權力量時而顯現。

　　儘管AKP政府設法在2005年開始正式談判加入歐盟，但德國和法國對土耳其加入歐盟的強烈反對，AKP的改革動力到2007年也減弱了，Erdoğan的強化性格面目開始顯露，其與AKP增強對司法體系和公務體系的控制（Diamond著，盧靜譯，2019：86）。由此來看，2002年起之短暫看似民主化的行為，本質上是配合加入歐盟不得不採行的策略。到了2014年後，土耳其更明顯地邁向威權主義，出現了大量警方對示威者使用過度武力、對新聞和網路自由的限制、政府對司法的干預，以及對官僚機構的清洗。在2008年至2011年的一系列名為Ergenekon和Balyoz的調查中，政府清洗並審判了數十名被指控密謀推翻政府的高級軍事將領。從自由之家的調查顯示，在2017年後由「部分自由」退為「不自由」，競爭性威權主義已然深化。以下進一步探討影響競爭性威權主義形成的重要因素。

（一）競爭確實存在，但並不公平

　　根據前述Levitsky和Way（2002, 2010）對競爭性威權主義的定義，在這種政體中，現任者會濫用國家權力，使其相對於對手具有顯著優勢，以致於競爭確實存在，但並不公平。的確，AKP從2002年經由選舉成為國會第一大黨以及Erdoğan擔任總理後，持續取得執政地位，確立他們的霸權地位，雖然反對黨持續參與全國性和地方性選舉，但很難挑戰它（Esen and Gumuscu, 2016: 1582-1583）。

　　Erdoğan於2014年成為首屆民選總統，開始鞏固和增強其總統權力。[15]在隨後的國會選舉中，Erdoğan和AKP壓制並恐嚇他們的對手，逮捕記者，對出版界、學術界的異議人士，以及資助反對黨的企業界予以恐嚇和壓制，逐漸控制媒體以提高他們的政治議程和聲望

---

[15] 在2014年的選舉，開票尚未到25%的選票，國家通訊社主其事者就對外宣稱AKP候選人Erdoğan獲得63%的得票，反對黨候選人僅獲26%的得票。觀察者認為這種誤導意在讓反對黨支持者提早離開投開票所。最後正式開票結果，Erdoğan獲得51.7%，而非稍早宣稱的63%得票率（Çalışkan, 2018: 13）。

（Diamond著，盧靜譯，2019：86；Akkoyunlu, 2017）。

　　根據歐洲安全合作組織（Organization for Security and Co-operation in Europe, OSCE）的調查，在2014年總統選舉時，最高選舉委員會刻意將競選活動縮短三星期，使當時身居總理的Erdoğan相對於其他候選人取得優勢處境（Çalışkan, 2018: 15）。另在2017年修憲案於經過大國民議會接受後，最高選舉委員會宣布舉行公投。由於前一年發生政變，因此公投舉行時國家尚處於緊急狀態的特殊時期，竟有2,165位人民民主黨的成員和地方政府人員，以及83位市長和13位該黨國會議員被逮捕，媒體和觀察者則難以監督選委會（Çalışkan, 2018: 22）。AKP在一黨執政之下，掌握政府的主要權力和國會多數，攸關選舉公平性的最高選舉委員會，其獨立性也降低。選舉公平與否直接關係到競爭的眞實性，這是觀察一國民主實況最重要面向之一。就此來看，土耳其即使在未實施總統制時，選舉競爭已對在野黨不利。

　　再至最近2023年的總統選舉，自從4月1日以來，國營土耳其廣播電視公司新聞臺（TRT Haber）播出Erdoğan新聞的總時間超過48小時，同期間播出對手Kemal Kilicdaroglu的時間共僅32分鐘（中央社，2023）。以上種種情勢，符合Levitsky和Way（2002: 52-54, 2010: 5-6）對競爭性威權主義的界定特徵：「存在正式的民主制度，並被廣泛視爲獲得權力的主要手段。但在這種政體中，現任者濫用國家權力使其相對於對手具有顯著優勢。」

　　在此，值得思考的是，在此種威權體制中，領導既夠強勢，何以還需要讓整個體制處於執政黨與反對黨「競爭」的狀態？爲何反對黨仍有存在空間，而不是被強人總統鎭壓？合理的解釋是，競爭之所以存在，提供了使威權政治制度正當性的功能，而威權體制保有相關手段可以持續壓制反對黨（Yilmaz and Bashirov, 2018: 1817）。藉由多黨選舉，開放國家權力的競爭，選舉式的獨裁政權能展現民主的正當性（Gandhi and Lust-Okar, 2009: 406; Schedler, 2006: 13）。此外，選舉有助於獨裁者在國內外確立合法性，選舉因爲受到操縱，政治影

響力也有限，但他們仍然可以向國內和國際受眾發出信號，表明該政權變得更尊重民意（Waterbury, 1999）。

另外，土耳其國會議員選舉在2023年之前採行政黨比例代表制10%的席次分配高門檻，產生了大黨的過度代表和小黨的低度代表，利於AKP的執政（關於此點，後面再進一步討論）。

（二）總統制提供Erdoğan大權在握的制度憑藉

憲政體制的設計關乎國家統治機關權力的規範性安排，土耳其由內閣制轉向總統制，逐漸增強總統的權力：總統獨攬行政大權、國會的弱化與司法的弱勢。早在2010年的公民投票對憲法即進行了修改，重組憲法法院以及法官和檢察官高級委員會，它們被置於行政權爲主的政府的控制之下。且在Erdoğan當選首任公民直選總統後，土耳其和國際觀察家一致認爲，這標誌著該國政治發展的轉折點，新總統不僅將自己視爲國家元首，「而且將自己視爲人民意志的保證者」（Seufert, 2014: 2）。這符合比較憲政體制的理論觀點，公民直選下的總統，容易背負一種受到人民託付和支持的歷史使命感，總統制本具有行政權單一領導的特質，更是如此。因此，由公民選舉產生的、具實權的總統之憲政體制，提供了民粹領袖在全國性選舉中得以直接號召人民、確立二元對立的競爭和敵我關係的場域。

土耳其式總統制的實施後，更是讓Erdoğan集大權於一身，權力擴及立法和司法領域。總統制憲法下，總統能夠擔任執政黨領袖，具頒布法令、提出國家預算、任命內閣部長和高層未經議會信任投票的官僚的權力，更具有任命半數以上的高等法院成員的憲法職權（Kirişci and Sloat, 2019）。尤有甚者，Erdoğan採取的措施，將總統權力充分發揮，舉例而言，在頒布法令部分，根據共和人民黨所蒐集的一項資料顯示，自過渡到總統制以來，Erdoğan撰寫並批准了2,229條的總統命令內容，議會只討論了其中的1,429條（Tremblay, 2020）。國會的預算權力也在實踐中進一步受到侵蝕，其關鍵在於

缺乏監督的透明度。此外，在2016年2月時，Erdoğan已成爲第一位公開拒絕土耳其憲法法院裁決的土耳其總統（Adar and Seufert, 2021: 15）。

　　Erdoğan致力廢除土耳其的內閣制並建立總統制政府，其中總統既是國家元首又是黨派政府首腦，他可以主導國家政治議程的制定，國家重大政治議題的決定和發展方向，連結到他個人的形象和領導是否受到認可。目前，除了少數對總統制持正面評價的聲音外，觀察者普遍認爲土耳其政治是往強化威權主義方向發展。[16]與執政黨宣稱的新治理體系相反，權力分立遭到破壞，議會變得更加虛弱，司法機構也被政治化（Adar and Seufert, 2021）。甚至謂AKP推動和塑造的土耳其新總統制，已經成爲全球獨裁主義崛起的範本（Babacan et al., 2021）。

　　一項在2021年發表的研究指出，建立在兩年半的經驗，總統制支撐了土耳其進一步威權主義的確切證據（Cillier, 2021）。綜上，本文主張土耳其總統制的採行加深了其競爭性威權主義的發展，這項觀點獲得相關研究的佐證。

（三）Erdoğan個人主義和民粹政黨的推波助瀾

　　土耳其威權主義的發展除了受益於總統制的採行外，民粹主義的興起則扮演推波助瀾的重要關鍵。民粹主義的發展仰賴民粹領袖和政黨的運作，Erdoğan被廣泛視爲民粹型領導人物，因而有艾爾多安主義之說（Yilmaz and Bashirov, 2018: 1813）。圍繞在崇拜Erdoğan個人的大眾政黨（AKP），也是具有威權民粹主義特質的政黨，最新的研究也顯示，土耳其個人主義政權的崛起，表現出威權政體的一種

---

16 關於爲總統制正面評價，如副總統Fuat Oktay認爲，總統制的活力和穩定性增強了土耳其即時應對卡拉巴赫地區危機的能力（Daily Sabah, 2022）。副總統作爲總統的副手，他的態度自然不可能與總統相背離，但重點在於其爲總統制辯護之辭，查其表達重點在於總統制處理危機的應變能力。

特有型態（Öztürk and Reilly, 2024）。

　　AKP是土耳其伊斯蘭民族主義運動（Milli Görüş Hareketi, MGH）最新和最成功的政治組織，是MGH的改革派於2001年所成立的政黨。從理念上來看，AKP改變過去政治的伊斯蘭所倡導的理念，將保守主義（包括經濟上的新自由主義）、伊斯蘭主義與民族主義混合（郭秋慶，2016：107）。從AKP的社會支持來看，也是一群爭取社會經濟力量及影響力量的新菁英政治代表。相關學者指出，AKP也透過與安納托利亞小鎮和村莊有緊密聯繫的企業家發聲，運用伊斯蘭認同的語言，以求在政治事務中發揮更大的作用（Kalyvas著，林佑柔譯，2017：351）。再從政治策略來看，2002年取得政權後，開始通過民主化改革，旨在履行歐盟哥本哈根標準（評估一國是否有資格加入歐盟的標準）並加強土耳其的民主，重新塑造其作為民主參與者的形象。但在加入歐盟的希望落空後，逐步在執政的過程中創造自己的執政優勢條件，並邁向權威政體。

　　至於Erdoğan，則在AKP內部的領導權取得過程中逐步鞏固地位。當AKP於2001年8月正式成立時，其創始章程限制了黨領袖的權力，並包括大量的權力下放。但2003年2月，Erdoğan悄悄推動了一系列修正案，有效地將所有決策過程集中在自己手中。從某個角度來看，AKP的發展既受Erdoğan領導的影響，也仰賴Erdoğan這種能在大選中一再獲勝的魅力型、民粹型政治領袖的加持；相對地，Erdoğan也藉由AKP政黨組織和資源，遂行其政治抱負和企圖性。AKP作為土耳其優勢政黨，是強人總統用來提高威權統治的工具。本文認為，AKP的崛起，結合了多項理念，恰與Erdoğan實用主義（pragmatism）的生存策略以及混合意識形態相容。

　　Erdoğan的個人主義特徵之一是實用主義，其係建立在為了政治生存和權力而採取的務實做法，除使他能夠在對內連續的選舉中組建各種獲勝的聯盟，在對外關係上積極而靈活應對。譬如他最初採取親歐盟（也親美國和親國際貨幣基金組織）和相對改革主義的聯盟立場，其後對庫德族人、自由主義者、社會民主黨和土耳其工商業協會

（Türk Sanayicileri ve İş İnsanları Derneği, TÜSİAD）等各種不同群體的戰略訴求，也能相呼應。此外，Erdoğan具有穆斯林兄弟會（以下簡稱穆兄會）的背景，2011年阿拉伯之春開始後，他接受與穆兄會有聯繫的政治伊斯蘭組織，能夠更有效地為穆兄會提供支持，以此作為鞏固土耳其在中東和更廣泛的伊斯蘭世界領導者地位的手段。在烏俄戰爭時，對普丁的俄羅斯的相挺也毫不避諱，但又不會表明與西方為敵。藉此，他在國內的政治地位更為強大。

　　Erdoğan的個人主義也表現在其民粹主義風格。民粹主義領導人試圖兩極分化，採取強烈的道德二分法，Erdoğan將社會分為「純潔」人民和「腐敗」菁英，將自己描述為代表「被剝奪」的「真正人民」的聲音和他們反對舊菁英利益的捍衛者。他還刻意在他長大的貧困社區剪頭髮，此等民粹主義行為，贏得工人階級的歡迎，這有助於表明他新獲得的權力並沒有改變他的背景（Yilmaz and Bashirov, 2018）。Erdoğan的民粹行為除了建立起對他個人的崇拜，其領導魅力也使AKP受惠，提高了政黨的聲望並在繼續掌權方面發揮了重要作用。

　　我們再從一些對Erdoğan的演講特點有細膩觀察的意見中可以歸納出，其講話除了前述二分法、兩極化外，使用語詞有一特點，即概念的複雜性較低，甚至有點粗魯。即Erdoğan以赤裸裸、非黑即白的方式看待世界，容忍度和模糊性較低。[17]在土耳其這樣一個大多數選民欽佩政治大男子主義的國家，Erdoğan個人的威權和對抗性及言辭風格，可能是他經久不衰的選舉人氣的原因之一（Jenkins, 2009）。

　　然而，本文認為Erdoğan的個人主義也好，民粹風格也好，若缺乏公民直選總統和總統制之制度條件，其效果會打折扣。理由顯而易見，民粹主義作為群眾動員的媒介，在總統職位的單一領導特性

---

[17] Ostiguy（2009）區分低度民粹主義與高度民粹主義，高度民粹主義往往是精緻的，而低度民粹主義往往是粗糙的，本土化和個人主義更明顯。Baykan（2018）認為Erdoğan即是屬於低民粹主義模式，而這個風格確保其相當穩固的個人聲望。

下，總統有各種機會可以進行民粹動員，這是內閣制所欠缺的民粹舞臺。

　　土耳其的政治體制在2010年代後被視爲具有威權主義特性的政治體制應該爭議不大，至於屬於何種威權政體可能有不同的認定。在2018年之前，認爲具有競爭性威權主義特性的最爲常見，也有冠以選舉式威權主義（Baghdady, 2020; White and Herzog, 2016; Yilmaz and Bashirov, 2018）或霸權式選舉威權主義之名的觀點（Esen and Gumuscu, 2018: 46）。至於對採行總統制後政治體制的觀察，也多認爲其競爭性威權主義特徵不減反增，甚至已走向全面的威權主義發展（Çalışkan, 2018）。[18]

　　土耳其走向以及深化競爭性威權主義的過程中，2016年政變的失敗，具有重要的意義。自1950年土耳其過渡到多黨制以來，該國已經發生了六次試圖對政治進行軍事干預的事件。其中有四次（1960年、1971年、1980年和1997年）獲得成功，兩次（1962年和1963年）失敗。在2016年7月15日晚間的政變下，Erdoğan的政府一度似乎會垮臺。這場被土耳其政府定調爲少數軍中派系的叛變，就在全國造成290餘人死亡之後，旋遭政府軍與警察聯手鎮壓。民衆動員以及媒體和反對黨對政府的支持和對政變的譴責，對於挫敗政變企圖發揮了關鍵作用。激起的Erdoğan支持者在街頭發揮了作用（Esen and Gumuscu, 2017）。AKP的政府隨後對軍方、政府各部門以及民間社會各界發動大規模清洗和逮捕審判。經此失敗的政變，Erdoğan和AKP主導的競爭性威權政權獲得鞏固。

---

[18] 而所謂的全面威權主義，根據Levitsky和Way（2002）的定義，係政權中不存在任何可行的管道讓反對派合法地爭奪行政權力，包括不存在國家級民主機構的封閉式政權，以及紙面上存在正式民主機構，但實際上淪爲門面的霸權式政權。

柒、土耳其總統制與威權主義：單向或雙向影響

在之前的討論中，本文分析土耳其憲政體制的變遷，尤其指出總統制的形成是在威權主義發展的過程中並存的，亦即總統制的採行受到競爭性威權主義形成的影響。同時，本文也分析競爭性威權主義的發展和民主的倒退，除了受到民粹主義這項非制度性因素的影響外，同時也受到總統制的影響。以下，本文進一步聚焦在總統制與競爭性威權主義的關係，本研究擬藉助長期的視角來觀察制度與民主表現的關係。

一、民主表現的長期視角

目前對於政體民主程度的全球性觀察中，「政體」（Polity）與「自由之家」以及《經濟學人》（*The Economist*）的調查是最常被引用的評比（參照表4-1）。以下的訊息雖然只是描述性統計，但可能是讀者目前可以看到的相對較多元而完整的重要調查機構的數據，可以輔助本文前述的分析。

依照「政體」民主調查，本文作者追溯最早的資料顯示，自1946年起，土耳其即被評為民主政體，這符合學術界認為該年多黨民主政治的國家，並在1950年舉行首次的競爭性選舉（Akkoyunlu, 2017: 47-48），至公民直選總統前一年的2013年間止，除了其間經歷三次政變的倒退外，土耳其的政體評比一直維持在「民主」（democracies：6至10分）狀態。Huntington（1991）指出，沒有一個伊斯蘭的國家長期地維持過完整的民主，這個例外是土耳其，也符合這項調查結果（Huntington著，劉軍寧譯，1994：334）。

相對地，「自由之家」的評比與「政體」明顯不同，該評比中土耳其除了在1975年至1980年間被評為「自由」（free）外，自1981年起（1982年新憲法通過的前一年）至2016年為止，在長達三十六年

表4-1　土耳其近年來的民主和自由程度的評比

機構年分	政體	自由之家	經濟學人			政治制度重大事件
			政體型態	排名	分數	
2011	民主	部分自由	混合政體	88	5.73	--
2012	民主	部分自由	混合政體	88	5.76	--
2013	民主	部分自由	混合政體	93	5.63	--
2014	半民主	部分自由	混合政體	98	5.12	首屆公民直選
2015	半民主	部分自由	混合政體	97	5.12	--
2016	不民主	部分自由	混合政體	97	5.04	政變
2017	不民主	不自由	混合政體	100	4.88	總統制修憲
2018	不民主	不自由	混合政體	110	4.37	總統制實施
2019	--	不自由	混合政體	110	4.09	--
2020	--	不自由	混合政體	104	4.48	--
2021	--	不自由	混合政體	103	4.35	--
2022	--	不自由	混合政體	103	4.35	--
2023	--	不自由	混合政體	102	4.33	--

資料來源：作者整理自Center for Systemic Peace（2023）、Freedom House（2023）、The Economist（2023）。

的時間裡，一直處於「部分自由」（partly free）狀態。部分自由等級不可能是屬於完全民主的狀態，較合理的是相當於部分民主。由此來看，「政體」的評比略較寬鬆，本文認為，監護式民主體制期間應非完全民主政體。

　　雖然「政體」與「自由之家」對土耳其在2016年之前的民主（自由）程度的評比存在差異，但對於近年來該國民主（自由）程度的急遽下降，則有相當的交集。依照「政體」民主調查，2011年至2013年，連續三年維持在9分的高分狀態，但2014年、2015年迅速下跌至3分的半民主，再於2016年至2018年又再急遽降至負4分的

不民主。但該「政體」調查結果最新只呈現至2018年止，無法知道2019年後的具體數字。在「自由之家」的調查部分，在2017年是一關鍵年，從這一年開始，評比結果則由「部分自由」則轉為「不自由」；相對於「政體」2016年評比為不民主，兩者時間十分接近。兩者共同的交集是，2017年後均降至不民主或不自由的最差等級，而其趨勢最晚可溯自2014年至2016年間，也就是首次公民直選總統那段時間。[19]上述結果也與經濟學人的調查接近：在2011年至2023年間仍維持在「混合政體」，但在2014年排名由之前的93名落至98名；2017年再降至100名；2018年則遽降至110名。

由上述來看，從公民直選總統再到總統制的實施，土耳其的民主程度是跟著下降的。但總統制與民主的倒退、威權主義的關係是何者影響何者，有待後續進一步探討。

二、選舉制度的作用：國會大黨的優勢

本文前述分析了總統制、民粹主義與Erdoğan個人主義因素對土耳其的威權政體的影響，選舉制度因素雖非本文的焦點，但選舉制度是政府體制之外影響民主憲政運作的另一項重要制度因素，對於土耳其長期以來採行的選制類型有需要進一步略加討論，因其有利AKP掌握國會多數，從而有利於該黨的政治權力占有。

如表4-2所示，在2002年後幾任總統和國會選舉結果來看，在還是由國會選舉總統時，AKP已取得過半多數，2018年後雖然未一黨過半，但也僅些微差距。因此，雖然國會中政黨林立，但反對黨並無足夠的席次能夠抗衡AKP，其中涉及到國會議員選舉制度的影響。土耳其大國民議會（國會）共600名（2018年之前為500名）議員

---

[19] 根據另一項V-DEM的選舉式民主指標（electoral democracy index）調查研究，土耳其在2000年代一直是一個穩定的低品質選舉民主國家，自2005年以來，其得分不斷惡化，並在2014年跌破民主門檻（Castaldo, 2018）。這項研究所指出土耳其跌落至非民主的時間點與「政體」研究相似，都是在2014年。

組成，任期五年，係由政黨名單比例代表制選舉產生。分成87個選區，採用頓特法（d'Hondt method）選出。

表4-2　土耳其2007年後總統、總理及國會中政黨資料表

總統	總統政黨	總理	總理政黨	國會政黨席次及占比
內閣制階段（2007-2014）				
Ahmet Necdet Sezer (2000.5.16-2007.8.28)	獨立人士	Abdullah Gü (2002.11.18-2003.3.14)	正義與發展黨	2002.11.3改選550議席 正義與發展黨（363，66%）
		Recep Tayyip Erdoğan (2003.3.14-2007.8.29)	正義與發展黨	共和人民黨（178，32.36%）獨立人士（9，1.64%）
Abdullah Gül (2007.8.28-2014.8.28)	正義與發展黨	Recep Tayyip Erdoğan (2007.8.29-2014.8.29)	正義與發展黨	2007.7.27改選550議席 正義與發展黨（341，62.00%）共和人民黨（99，18.00%）民族主義運動黨（71，12.91%）民主社會黨（20，3.64%）民主左翼黨（13，2.36%）獨立人士（4，0.73%）自由和團結黨（1，0.18%）大團結黨（1，0.18%） 2011.6.12改選550議席 正義與發展黨（327，59.45%）

（接下表）

總統	總統政黨	總理	總理政黨	國會政黨席次及占比
				共和人民黨 （135，24.55%） 民族主義運動黨 （53，9.64%） 獨立人士 （35，6.36%）
半總統制階段（2014-2018）				
Recep Tayyip Erdoğan (2014.8.28-2018.7.9)	正義與發展黨	Ahmet Davutoğlu (2014.8.29-2016.5.24)	正義與發展黨	2015.7.15改選550議席 正義與發展黨 （258，46.90%） 共和人民黨 （132，24.00%） 民族主義運動黨 （80，14.55%） 人民民主黨 （80，14.55%） 2015.11.1改選550議席 正義與發展黨 （317，57.64%） 共和人民黨 （134，24.36%） 人民民主黨 （59，10.73%） 民族主義運動黨 （40，7.27%）
		Binali Yıldırım (2016.5.24-2018.7.9)	正義與發展黨	2018.6.24改選600議席 正義與發展黨 （295，49.17%） 共和人民黨 （146，24.33%） 人民民主黨 （67，11.17%） 民族主義運動黨 （49，8.16%）

（接下表）

總統	總統政黨	總理	總理政黨	國會政黨席次及占比
				好黨 （43，7.17%）[20]
總統制階段（2018之後：無總理）				
Recep Tayyip Erdoğan（2018.7.9-2023.7.9）	正義與發展黨	--	--	2023.5.14改選600議席 正義與發展黨 （268，44.67%） 共和人民黨 （169，28.17%）
Recep Tayyip Erdoğan（2023.7.9-）	正義與發展黨	--	--	綠色與左翼黨 （61，10.17%）[21] 民族主義運動黨 （50，8.33%） 好黨 （43，7.17%） 新福利黨 （5，0.83%） 土耳其工人黨 （4，0.67%）

註：本表由作者自製。

　　亦即，頓特法並非在總統制時期才有，而是在內閣制時期1960年政變後軍方所主導的制度。雖然研究指出，頓特法對於大黨較有利，而對小黨不利（王業立，2016：24-26）；但即使如此，相對於先前的制度，小黨在1960和1970年代仍具有破壞聯合政府的能力。因此，1980年政變後土耳其的選舉辦法又規定，得票數超過10%的政黨才有席次。此種選舉制度的合理化說辭，即是在避免小黨過度林立和政黨的割裂，以穩定議會民主（Akkoyunlu, 2017: 51）。

　　如圖4-2所示，在內閣制時期2002年11月的國會選舉時，AKP獲得的得票率是34.28%，但在550席的國會議員中，取得341席，高達

---

[20] 2018年土耳其國會改選，正義與發展黨與民族主義運動黨結盟參選，共和人民黨、好黨和幸福黨結盟參選。

[21] 2023年3月24日，人民民主黨和其他左翼政黨決定以綠色左翼黨的名義聯合參加總統和議會選舉。

66%的席次率，明顯過度代表。該次選舉另一於國會取得席次的政
黨是共和人民黨，得票率是19.39%，席次率32.36%，仍明顯高於得
票率。在2018年6月24日與總統選舉同日舉辦的國會選舉中，AKP獲
得的得票率是42.56%，但在600席的國會議員中，取得295席，高達
49.16%的席次率，仍有過度代表情形；第二大黨共和人民黨得票率
22.65%，取得146席，席次率則是24.33%，差距不大。

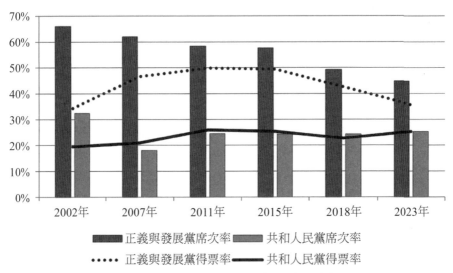

註：2015年共有兩次選舉，本圖為求精簡，以第二次重新改選結果為主。

圖4-2　國會中前兩大政黨得票率與席次率（2002-2023）

　　由此來看，過度代表主要出現在第一大黨「正義與發展黨」
（AKP）身上，第二大黨共和人民黨除2002年外，則幾乎沒有過度
代表的現象。這是因為該黨雖然是第二「大黨」，實則從2007年至
2018年間，其歷次得票率均低於第一大黨AKP達20%以上，將兩者
稱第一和第二大黨，純屬排序，其實兩者不可相提並論。換言之，
AKP在那段期間是實力遙遙領先的政黨，因此過度代表主要反映在
該黨是可以理解的。土耳其10%的席次分配之高門檻，產生了大黨的

過度代表和小黨的低度代表，易促成一黨政府。2023年大選前，執政黨將政黨進入議會的選舉門檻從10%下調至7%。

　　由於選票會集中在大黨，小黨只能與其他黨派結盟或與獨立候選人結盟競選（Arslantaş, Arslantaş and Kaiser, 2020）。2018年初國會通過了選舉法的修正案允許政黨間能組成聯盟，在選票上會將其以聯盟名稱組合在一起。在聯盟內參與選舉的政黨不受10%門檻的限制。只要聯盟整體得到全國投票的10%以上，參與聯盟的各方都有資格參與席次分配。在2018年的國會選舉中，AKP與MHP組成聯盟，稱為人民聯盟，取得了絕對多數選票。[22]雖然AKP在該次選舉中喪失了國會過半多數席次，因此依賴盟友MHP的合作通過立法，但2018年的選舉結果符合Arslantaş等人對選舉制度效應的分析。基本上，此一選制被認為是不公平的制度，阻止了較小的政治力量進入國會（Sanderson, 2015）。

　　雖然，若干原本在2018年大選中加入AKP陣營的人士後來脫離，以其他黨派身分在國會問政，但AKP仍有286席，加上MHP的47席，依然掌握國會絕對多數。迄今，AKP延續2002年來的單一政黨政府，並控制國會所有委員會主席（Adar and Seufert, 2021: 14）。總統制本來即具有「贏者全拿」的特色，這也常成為其被指出的制度缺點之一（Linz, 1990, 1994）。土耳其國會選舉採用的比例代表制並未緩和權力的集中，卻助於大黨國會勢力的膨脹。

　　2023年的大選，由Erdoğan領導的AKP為首的人民聯盟〔包括MHP、大團結黨（Büyük Birlik Partisi, BBP）和新福利黨（Yeniden Refah Partisi, YRP）〕，贏得了不到50%的選票，但仍取得323個國會議席，維持過半多數執政實力。其中AKP獲268席，以及35.6%的得票率，遭遇了自2002年大選以來最差的結果，但其極端民族主義

---

[22] 2015年7月的國會大選中，AKP首次失去國會過半數政黨地位，相對的擁有庫德族根源的人民民主黨成功獲得80個席次，這使得Erdoğan總統開始尋求與極右派的MHP結盟，Erdoğan與庫德族間的不信任也更加深化（Smith著，林玉菁譯，2021：221）。

盟友MHP有超乎預期的表現，贏得了10.1%的選票。

從圖4-2來看，AKP所獲國會議員選舉的選票支持自2015後逐漸下跌，因此雖然其繼續主導國會，Erdoğan也連任總統成功，但反對勢力亦不斷增長中。2024年3月31日舉行全國地方選舉，最大在野黨共和人民黨大獲全勝，不僅Mansur Yavas與Ekrem Imamoglu分別連任首度安卡拉市市長及最大城市伊斯坦堡市市長，共和人民黨另外贏得其他15個市長，外界認為這是Erdoğan總統及AKP遭遇執政二十多年來的最大挫敗（盧思綸，2024）。

三、總結：總統制與威權主義的相互影響

不論是總統制或國會議員選舉制度，都有利於權力集中。不過，究竟是總統制帶來威權主義，還是威權主義帶來總統制？本文的答案在上述各節的論證中其實已經表明了，也就是：兩者皆是。在這裡，只要再總結和用更簡要的說法來加以補充。

綜觀土耳其2010年後的政治發展，一方面公民直選總統並未促進其民主的提升，反而伴隨著威權主義的增進；而在2017年總統制憲法公投通過，以及2018年總統制正式實施後，威權主義更加速的深化，這已成為研究者和各界觀察者，乃至於土耳其主要在野政黨所公認的事實。另一方面，公民直選修憲和總統制憲改，均是在AKP逐漸掌權和限縮政治自由的脈絡下產生，特別是2017年總統制的修憲是AKP一黨強勢，違反程序通過的，是該黨主導性修憲的制度選擇模式，主要的在野黨皆明確反對，政黨間完全沒有共識可言。尤有甚者，總統制的修憲，更是在前一年2016年政變後Erdoğan所掌握的政治工程契機，其背景是民粹語言、劃分敵我，全力清算、打擊各種反對勢力的時空環境，旨在集中總統權力和制度打造。由此來看，總統制的採行是威權主義昂揚的產物。這也是本文主張，競爭性威權主義並非始於總統制的實施，而是在AKP逐漸鞏固政府權力，並於公民直選首度進行和Erdoğan參選和隨後的掌權開始時，就已奠定根基

之理由。

　　然而，從本文已呈現的明顯訊息來看，總統制的實施，確實讓Erdoğan的權力更大幅增加，且其行使有了憲法上的根據與合法性，因而促成競爭性威權主義更強化、並朝向更遠離民主的方向邁進。以致於主要的反對黨在2023年總統和國會議員大選前夕，再次聯合發表聲明反對總統制，並將推動回復到內閣制。在野黨的制度主張清楚地呈現了土耳其反對菁英對於「總統制利於Erdoğan的擴權、不利土耳其民主」的態度。

捌、結論

　　土耳其是全球少數從內閣制轉向總統制，而中間僅短暫停留在半總統制的個案，對於此種制度選擇個案，探究「總統制如何被採行」，本身具現實和理論上的意義。本文更伸展至土耳其總統制和競爭性威權主義形成關係，試圖與憲政體制選擇研究長期以來關於「憲政體制與民主表現」的理論關懷相呼應，提出總統制和競爭性威權主義是相互影響的觀點。

　　研究發現，土耳其憲政體制的發展方向是逐步擴大總統權力的模式，並伴隨著威權主義的發展。總統制的選擇屬於AKP和Erdoğan總統主導的策略選擇，反對黨極力反對這項制度改變，但並無作用。這屬於優勢的政治行動者一方所主導、總統擴權的憲改模式。作為主要的政治行動者，AKP和Erdoğan總統之所以強勢主導和貫徹總統制修憲，需將其放置在當時土耳其威權主義形成過程來理解。申言之，總統制的產生是土耳其在2010年後威權主義發展的產物。如果不是當時威權主義的本質，一國的憲政體制要從其他架構轉型為總統制，因為要廢除總理職位和行政向立法負責的關係，是一件艱難的憲改工程。根據一項全球性的研究指出，在本世紀目前僅有土耳其、查德、安哥拉、肯亞、吉爾吉斯、葛摩轉為總統制（陳宏銘，

2022）。其中只有肯亞和葛摩是黨派妥協性的修憲，其餘爲總統擴權和執政黨強勢主導的憲改，也都屬具有威權主義色彩的國家。

土耳其的政治體制在本世紀初雖有朝更民主的方向發展之可能性，但隨著AKP單一政黨執政的鞏固，以及Erdoğan總統權力的強化，反對黨在選舉中處於不利的競爭環境，國家的民主和自由程度趨於衰退，出現所謂的競爭性威權政體。在關鍵的2018年實施總統制後，政治運作朝向更威權和專制的方向發展。因此，雖然在總統制確立之前，政治體制已出現威權主義跡象，但由半總統制轉向總統制，則明顯強化Erdoğan總統的權力和政治體制的個人主義、贏者全拿以及多數統治的現象。而且，不僅是出現一般總統制行政權的贏者全拿而已，包括國會和司法權力弱化，總統的權力可以伸展到這兩個權力領域。因此，究竟是總統制促成威權主義，還是威權主義帶來總統制的形成？有別於既有觀點，本文發現，土耳其在本世紀的政治發展的兩個重要軸線：一是憲政體制的轉型，從內閣制走向總統制；二是政治體制的轉型，由具有民主形式的監護式體制，走向競爭性威權主義政體，這二者構成相互強化而非單向的關係。

憲政體制雖是競爭性威權主義的發展和深化的關鍵因素，國會議員選舉制度比例性的不足，也增進執政黨權力的集中。包括民粹主義的作用、Erdoğan個人特質等，也扮演重要的作用。近來土耳其陷入經濟困境，與此同時Erdoğan總統在國際上卻相當活躍。某方面來看，土耳其新的總統制帶來總統一人的集中權力，這對土耳其的外交政策產生若干影響，如觀察者認爲，在Erdoğan手中可能變得更加個人化，可能導致爲了國內民粹主義之目的，而操縱外交政策（Kirişci and Toygür, 2019）。[23]

但若不是奠基在總統制的基礎上，非制度因素對威權主義深化的作用，也不免到限制。總統制作爲一項突顯行政權單一領導特質的制

---

[23] 關於土耳其外交政策是否因爲總統制改革後，而走向Erdoğan獨斷的外交政策，另請參考王順文（2023）。

度型態，在基於憲法所提供的權力行使的合法性，這無疑是Erdoğan
強勢領導和威權主義伸展的制度基礎。AKP和Erdoğan很清楚總統制
對其政權的意義，否則大可維持在半總統制上，而非急於在2017年
強推它。反對黨也很清楚這一點，2023年大選正熱時，幾個政黨公
布了一系列擬議的憲法修正案，他們誓言推動將憲政體制修改回內閣
制，以扭轉土耳其威權主義。雖然這項主張隨著Erdoğan再度連任總
統而短期內將難以實現，但這也強化本文的研究觀點，土耳其憲政體
制的選擇，緊密地與Erdoğan的權力地位及該國威權或民主的走向扣
連在一起。

　　最後，比較憲政體制選擇的傳統理論智慧在面對總統制的採行與
民主的關係時，著重於前者對民主的影響的單線關係，只有在論及總
統制被採行的實然現象探討時，才顧及促成制度形成和被選擇的政體
因素，但即使是後者，幾乎非常少直接指出一國威權主義的存在，可
能是總統制易被採行的背景因素。易言之，特定國家採行總統制後所
帶來民主的倒退或政治的不穩定，固然有可能是事實，但制度被採行
時的政體性質（如威權、民主和其程度）以及領導人因素，實已一定
程度影響了後來制度運作效果。雖然政治學界目前關於「憲政體制與
民主關係」的跨國研究顯示，相對於內閣制和半總統制，總統制在民
主的表現上不必然較差，欲對其民主表現下一個普遍式的定論，也很
難做到；即使做得到，也容易失之武斷。惟若一國採用總統制的當下
是威權主義，或是存在政治強人及民粹領袖活躍的社會，那麼從本文
關於土耳其個案來思考，總統制對該國的民主運作，似較難以樂觀以
待。因為，其制度特性利於政治強人權力的伸展、憲政機關衝突和僵
局的化解也相對不易。鑒於臺灣政治學界少有土耳其憲政研究的專題
文獻，以及土耳其憲政發展近來深受國際矚目，本文希冀對此一課題
有些理論上的反思和現實上的探討。

5

「後衝突社會」的政治
制度設計：波士尼亞與
盧安達的權力分享模式
比較

壹、前言

　　對於曾經經歷過嚴重族群衝突的國家，如何維續和平並建立民主體制，是國家建設中一個既重要又困難的課題。二十世紀末至二十一世紀初，隨著全球種族屠殺事件的持續發生，關於「後衝突社會」的和平與民主的追求，既關乎當事國人民的福祉，也涉及國際社會的角色與責任。此外，它還挑戰政治學理論在實務中的應用能力，成為學術研究中的一個重要關懷課題。

　　從較宏觀的角度來看，對於族群割裂嚴重的多元社會，傳統上有三種制度安排：首先是選擇「多數民主」（majoritarian democracy）模式或「權力分享」（power sharing）模型；其次是建立外國保護國；第三是將原有國家劃分為兩個或更多的不同國家。本文主要關注的是第一種面向，即政治制度的設計，其餘兩種安排不在討論範圍內。在第一種面向中，權力分享模型涵蓋了Lijphart的協商式民主（consociational democracy）取向和Horowitz的「向心式途徑」（centripetal approach）（Rothchild and Roeder, 2005a: 6-12）。然而，討論權力分享模式時，主要指的是協商式民主或共識民主。[1]

　　Lijphart於1970年代提出的協商式民主理論，成為應對後衝突國家的一個重要理論資源。至今，在政治學的理論中，很少如同它

---

[1]　所謂「談判式民主」（negotiation democracy）也被視為是權力分享模式的一種（Norris, 2008: 3-4）。根據Rothchild和Roeder（2005a）的觀察，多數民主與權力分享之分別，忽略了另一種選擇，即「權力分割」（power dividing）的方案。其策略蘊含三個要素：公民自由（civil liberties）、複式多數（multiple majorities）與制衡（checks and balances）。「權力分割」方案主張對於經歷內戰的社會，可不必仰賴保護國或被迫走向國家的分裂，而能帶來和平與民主的鞏固。Rothchild與Roeder提到，「權力分割」的策略並非新發明，美國憲法制定時的理念，即是考量到因應簡單多數統治所導致的危險。然而，美國的經驗卻沒有被相關的討論所重視。根據麥迪遜（James Madison）的想法，如果想要限制多數，其方法並非讓少數群體擁有政府的權力，而是藉由賦予政府獨立部門各具不同的多數權力，達到限制政府的權力，擴大個人的自由與權利之目的。在當前，權力分立與制衡的原則多已被憲政民主國家所採用，故「權力分割」方案實不具特殊價值。

一樣在理論上和實踐上，同時對民主的治理取得持續性的影響力（Lemarchand, 2007: 1）。雖然協商式民主理論最初是基於對多元分歧社會的經驗而建立的，並非專門爲種族滅絕後的社會量身設計，但由於針對種族屠殺後政治制度安排的理論仍相對稀少（Binningsbø, 2006: 1），因此它成爲政治工程師和學術研究者最常參考和引用的理論之一。

　　本文的關注焦點並不僅限於一般的多元分歧社會，而是特別針對經歷種族屠殺的案例。在這些後衝突社會中，由於敵對族群之間深刻的仇恨和歷史記憶，這些情緒往往難以消解，使得建立穩定的憲政秩序和適當的政治制度，比其他的多元分歧社會更加艱難。協商式民主理論不僅被應用於多元分歧社會的民主建構，也被視爲後衝突社會憲政設計的重要參考藍圖。然而，其實際成效如何？是否存在其他理論或制度方案能夠與之競爭並同樣有效，而能相提並論？

　　近來相當受到重視的「選舉誘因途徑」（incentives approach），便有與協商式民主相抗衡之姿。其強調合適的選舉制度，可以帶來族群嫌隙緩和的作用。究竟其具體內涵及相關經驗是如何？這些問題，都非常值得關注。在臺灣政治學界及中文學術著作中，相關的討論卻相對較少，這一缺憾構成本文的研究和寫作動機。

　　本文旨在透過對兩個重要案例的深入探討，來填補現有文獻中的不足。這兩個案例分別是波士尼亞與赫塞哥維納（簡稱波士尼亞或波赫）和盧安達。波士尼亞位處巴爾幹半島，其境內居住著三個主要的族群，包括波士尼亞克人（Bosniacs，即穆斯林族、穆族）、塞爾維亞人（Serbs，塞族）以及克羅埃西亞人（Croats，克族）。在1992年至1995年間該國爆發內戰，期間造成約20萬人喪生，尤其在1995年7月，塞爾維亞部隊在波士尼亞東部小鎮的斯瑞布里尼卡（Srebrenica），一舉屠殺了約8,000名男性穆斯林族，幾近滅絕該鎮成年男子，是歐洲自二次大戰以來最嚴重的屠殺行爲。盧安達則位於非洲中部偏東，主要的種族是胡圖族（Hutu）、圖西族（Tutis）兩

個族群。在1994年4月6日至6月30日間，發生了自二次世界大戰以來最慘烈的大屠殺事件，造成了盧安達境內約80至100萬人的喪生，其中絕大多數死亡者爲圖西族人，震驚國際社會。[2]因此，盧安達也是非洲後衝突社會的重要案例。

　　從案例數目的選擇和研究方法來看，關於經歷族群嚴重衝突或內戰的社會之研究，主要有三種型態，分別是個案研究（case study）、兩個案例（two cases）的比較研究，以及少量案例研究（small-N analysis/research）。至於大量案例的研究，除了極少數的統計研究，如Binningsbø（2006）與Hartzell和Hoddie（2005）對協商式民主社會的研究外，相對少見。個案研究在這個領域很尋常，研究者主要針對單一國家的經驗加以探究，有些專書如Noel（2005）與O'Flynn和Russell（2005），即收錄個案作品，這類研究儘管仍可能回應普遍性的命題或理論，但一般而言並不涉及太濃厚的比較視野。關於本文波士尼亞和盧安達的個案探討，儘管個別切入的主題和焦點不一，但亦累積有不少文獻。此外，亦有學者採用少量案例的研究，包括三個國家以上的經驗，較常見是區域國家的探討，如非洲或巴爾幹半島的案例，但遠不及個案研究之多。

　　對於兩個案例的研究，相關的文獻所在多有，此類研究的優點是可以免去個案的有限經驗，又不至於因大量案例而限縮研究變項的深度探討，但此種研究仍須建立在兩個個案可以比較的基礎之上。學術界已有若干著作針對波士尼亞和盧安達進行比較研究，例如Myers、Klak與Koehl（1996）比較兩國關於衝突的新聞報導、Humphrey（2003）對國際介入兩國經驗的研究、Weitsman（2008）對於兩國認同政治與性暴力的研究，以及Staveteig（2011）對種族與結婚和生育率之研究等。然而，現有文獻較缺乏對憲政制度選擇和其效果的比

2　對於死亡人數有好幾種版本，聯合國的統計爲50萬到100萬之間，若干媒體及政治觀察家的估計爲80萬人。不過，根據多項資料顯示，50萬人應爲可信的數字（張台麟，2000：1）。

較研究。

　　進一步來看，本文對此兩個案例的比較基礎，如下所述：首先，這兩個案例均屬第二次世界大戰後迄今所發生最嚴重的種族屠殺和內戰之案件。兩者發生的時間均在1990年代初期，常被相提並論，迄今亦經過二十多年「後衝突」時期的政治變遷。

　　其次，從地域和文化背景來看，兩國國情和環境固然有所不同，但內戰後均有相當程度的協商式民主嘗試。[3]這種不同文化和社會條件下採用相似制度原理，恰提供了可比較其經驗之基礎。再者，兩個社會中主要種族數目及相對人口比例，呈現兩種相異型態，在波士尼亞，涉及三個族群：穆斯林族（穆族）、塞爾維亞族（塞族）以及克羅埃西亞族（克族），其中無一取得過半多數。在盧安達方面，主要的兩個種族——胡圖族與圖西族——的關係，前者在人口上占絕對多數（Njoku, 2005: 86）。爰兩國主要種族數目和相對比例差異甚多，亦可提供比較的線索。

　　換言之，兩個案例除同樣發生嚴重的種族屠殺外，在其他變項如地域、文化，以及族群數目等方面，則存在差異。但兩國同樣採行協商式民主的制度設計，因此可以藉此觀察和評估權力分享模式所達成的效果。若用科學研究的術語來表達，藉由研究對象相異的自變項（地域、文化以及族群數目）之外的相同自變項（協商式民主），探究其與依變項的關係。當然，所謂同樣採行權力分享模式的協商式民主，兩國具體憲政設計並不相同，而其間的差異也是本研究可以觀察的部分。整體而言，本文的比較研究方法乍看之下很接近Przeworski和Tenume（1970）的「最具差異性系統設計」（most different systems design），但細究來看仍有所不同。[4]

3　盧安達甚至在2003年新憲法前言中明確揭櫫國家建立在「同等的權力分享」（equitable power sharing）原則上。

4　最具差異比較主要有一個前提，納入的研究個案，研究者已觀察到了依變項的相同結果，而絕大部分自變項卻都不同，因此試圖透過「異中求同」方法，找出最具關鍵性的一項共同自變項，可以解釋這樣的結果。本文若是循此邏輯，那麼研究問題將會是：為

綜上，本文主要分析兩國內戰後制度設計，說明其實行的成效，比較這些經驗的意涵。本文以下除第壹節前言外，第貳節進行理論和文獻的探討；第參節分析波士尼亞案例；第肆節分析盧安達案例；第伍節就波士尼亞和盧安達經驗進行比較；第陸節則是結論。

貳、理論和文獻的探討

如前所述，關於多元分歧社會之制度安排，雖然存在不同的建議模式和方案，但主要集中在Lijphart的協商式民主模式與Horowitz的向心式途徑兩種方案（Horowitz, 2008），而這兩種途徑乃有別於「多數民主」模式。進一步來看，協商式民主又常以「權力分享」模型稱之（Binningsbø, 2006），而向心式途徑雖然也有被視為權力分享的一種型態，但較常指涉的是「選舉誘因途徑」，即著重在選舉制度的設計之作用。Horowitz（1991: 63）主張選舉制度的設計是「憲政工程」（constitutional engineering）中最強而有力的槓桿（lever），即是這一觀點的代表。在本文所探討的波士尼亞和盧安達的案例中，均涉及前一種理論，即協商式民主的權力分享模式，而後一種透過選舉誘因的權力分享理論，在波士尼亞有局部的嘗試，盧安達則欠缺。

根據Lijphart對協商式民主理論的定義，其包括四個要素：一、比例代表制（proportionality）：給予每一個團體在決策過程中或在行政部門的多黨結構中，都擁有適當程度的代表；二、大聯合

什麼兩國都出現種族屠殺或內戰？或為什麼兩國都採行協商式民主設計？但本論文的比較研究不是這樣的性質，前述問題的答案也都有研究回答了。相對地，在本研究的初始，研究者並不知道兩國採行協商式民主具體內涵，其中之同和異，以及其影響結果，是待觀察和研究的對象，而不是已知的結果。換言之，研究者觀察到同一時期這兩國都採行協商式主義制度（其中又有不同之處），但兩國的背景條件有很多不同，研究者很好奇其結果會如何，並不是已知依變項之結果，再試圖反推尋找解釋因素。

（grand coalition）：確保政府中納入了所有黨派的代表；三、高度
的自治（segmental autonomy）：每一組成單元的高度自治；四、相
互或少數的否決（mutual or minority veto）：在憲法上確保少數能夠
抗衡多數。在上述協商式民主的設計下，所有的族群（組成單元、團
體）均被納入政府當中，且依照族群的人口數或所占選舉結果的比
例，分配政府各主要職位，從而避免在多數決制度之下，少數群體無
法獲得確切保障的問題（Lijphart, 1977）。在大聯合政府之下，由於
沒有了執政黨和在野黨間的區分，因此是一種典型的權力分享的民主
模型。

　　不過，協商式民主所代表的權力分享模式也被批評爲不民主，質
疑者認爲健全的民主需要反對勢力，權力分享的設計未能滿足這個要
求（Jung and Shapiro, 1995: 273），而缺乏反對勢力的政治，並不會
爲民主帶來活力（Andeweg, 2000: 330）。再者，協商式民主假定，
特定居於多數的、優勢的族群，會願意放棄輕易可得的完整權力，而
與少數族群進行合作。但從許多案例來看，優勢族群的政治領袖未必
願意與其他族群共享權力。此外，比例代表制也可能加劇分化，使社
會中各群體間原有的認同分歧更爲嚴重。

　　儘管遭致批評，依據Binningsbø（2006）對1985年至2002年間共
118個社會的實證研究顯示，協商式民主的權力分享制度確實有助於
內戰後和平的維續。Hartzell和Hoddie（2005）對1945年至1998年38
個內戰案例的統計研究，權力分享模式與和平的持續亦有正面的關
係。Horowitz（2008）並指出，許多對協商式制度的試驗並不公平，
因爲其中只有少數協商式的要素被納入設計中，所以難以完整評估該
模式之效應。當然，就本文波士尼亞和盧安達案例情況而言，我們確
實需要更具體的分析其相關經驗，才能論斷。

　　相對地，關於「向心式途徑」，其重心在於選舉制度所產生的
關鍵效果，即適當制度設下的選舉可以扮演著促進民主的作用。[5]誠

5　此種肯定選舉作用的觀點認爲，即使是不完美的選舉，也仍然可爲民主政治奠定根基

然，將選舉制度視爲解決多元分歧社會的一項重要方法，並非向心式途徑所特有，譬如Lijphart（2008: 91）曾提到：「長久以來，或許選舉制度已被承認是形塑政治體系最強而有力的工具。」但協商式民主的一項要素即是選舉制度之「比例代表制」。比例代表制可以促成多黨體系的產生，從而使得所有重要的群體都有適當的代表，這不僅能在議會中形成多黨並存的結果，倘若再配合大聯合政府，則更能達成權力共享的目標（Reilly, 2001: 20-21）。只是相對於協商式民主，向心式途徑對於選舉制度的作用更爲強調。Horowitz（1991: 91）曾明言：「在嚴重分歧的社會，選舉制度是調解及促進和諧的、最強而有力的憲政工程槓桿。」

在選舉制度的具體設計上，向心式途徑認爲重點不在各群體於議會中能多黨並存，而是在於透過選舉制度的效果來促進、鼓勵主要群體之間的合作，打破彼此間的藩籬。向心主義的主要目標是帶來溫和的政治，藉由跨族群的多數之形成，促成由溫和派主政的跨族群政府聯盟（Horowitz, 2008）。透過選舉制度所提供的誘因，使政治人物的態度溫和化、鼓勵向心的政治競爭模式（Horowitz, 2008; Reilly, 2001, 2002），以及藉由選舉競爭中的合作來解決衝突（Rothchild and Roeder, 2005b: 35）。相對於協商式主義透過比例代表制進行「選舉後」各族群在議會的權力分享，向心途徑則是尋求「選舉前」溫和派的跨族群合作（Horowitz, 2014: 5-6）。

Reilly（2002）分析了能夠提供鼓勵族群和諧誘因的兩種主要選舉制度：單一選區下的「選擇投票制」（Alternative Vote System, AV，或譯爲替代式投票制、優序投票制）以及複數選區下的單記可讓渡投票制（Single Transferable Vote, STV），後者STV亦屬比例代表制的某種型態（Bogaards, 2019: 2）。這兩種制度的機制相似，同具「偏好投票」；都設有一個當選的門檻，如無任何候選人得票率超

（Linberg, 2004）。此外，也有學者強調選舉的進行對衝突的解決和除去軍事化的政治，也會有所助益（Lyons, 2002, 2006）。

過此門檻，則剔除得票最少的候選人，並將其選票依據各張選票的第二順位移轉給各候選人，一直到有人得票超過此門檻為止。門檻設置之效果，一方面在於避免候選人的議題立場太過極端，並盡可能溫和或趨中，以吸引跨族群的選民願意把第二（或甚至第三第四）偏好票投給候選人。另一方面，尋求相互合作之政黨，可能比單槍匹馬的政黨選得要好，因為合作的政黨，可要求支持者將第一順位以下的偏好投給友黨，甚至在本黨最不利的區域，要求支持者全力支持友黨。這兩種選制最大的不同，在於AV制的選票移轉門檻一般而言較高，因為它是單一選區制，而且是絕對多數決制的一種，不像STV具有比例代表制特性（吳親恩、李鳳玉，2002）。

　　關於後衝突社會選舉制度的選擇，向心式途徑建議採用「選擇投票制」（AV制），其是「偏好投票制」（preferential voting）的一種型態（Reilly, 2001: 18）。[6]採用此制的以澳洲眾議員選舉，即是最具代表性的例子。[7]在一族群分歧嚴重的社會，如果存在著數量夠多的溫和選區，就可能出現跨族群的投票，那麼這種選制便具有重大的影響。不過，如果選民在第二偏好上仍投自己的族群，那麼此一制度恐怕便要失靈，而無用武之地了（Belloni, 2007: 79）。

　　向心式途徑也引發了熱烈的辯論。論者指出，向心主義忽略一個事實，即某族群會希望它們的特殊性能在制度中被承認，而不是弱化（de Briey, 2005: 5）。抑且，在某些選舉設計中，多數族群只要能獲取少數族群的邊緣選票就可能掌權，而少數者卻不一定能獲得代表權。但Horowitz對此方案似乎仍具相當信心，他認為雖然有以上的困境，但愈來愈多人認為，這些試圖減緩衝突的行為創造了動力，使各界必須去尋找一種可供各族群間進行聯盟的誘因及制度。例如，奈及利亞1978年新選舉制度中，總統大選的勝選者不只必須獲得最高

6　「選擇投票制」在澳洲的實踐尤其著名，也幾乎被等同於「偏好投票制」一詞，請參閱 Reilly（2001: 18）。
7　該國參議員選舉則採STV制。

票，還必須在至少三分之二的州內，獲得至少四分之一的有效票。此外，選擇投票制在澳洲施行了近百年，其選舉結果大都符合向心式途徑的預期（Horowitz, 2008）。

對於前述選舉功能的強調，也引發反對的觀點。Mansfield與Snyder（2005）強烈質疑，過度信賴選舉作用的「選舉主義」（electoralism），會使得民主的鞏固前景更形困難。[8]所謂「選舉的威權主義」（electoral authoritarianism）（Schedler, 2006）也可能出現，表面上是民主的選舉制度，但可能被利用來產生非民主的結果。不過，前述缺失與向心主義不必然有關係。儘管學者持不同的觀點，但在現實上和理論上，不論是強調比例代表制或偏好投票制，選舉制度的因素在「後衝突國家」確實扮演關鍵的作用。

在上述不同理論的引介和討論基礎上，本文以下進一步針對波士尼亞與盧安達這兩個案例的制度經驗加以探索。首先，擬就波士尼亞的經驗加以探討，再分析盧安達的案例。

參、波士尼亞案例

波士尼亞位處巴爾幹半島，在西元一世紀時曾為羅馬帝國領土，後歷經匈牙利王國、鄂圖曼土耳其帝國及奧匈帝國等之統治。第一次世界大戰之後，波士尼亞成為南斯拉夫的一部分，再至二次世界大戰後，則是共產黨統治下南斯拉夫聯邦的六個加盟共和國之一。波士尼亞境內居住著三個主要的族群，包括穆斯林族（穆族）、塞爾維亞族（塞族）以及克羅埃西亞族（克族）。這三個族群又分別信仰不同的宗教，穆族信仰伊斯蘭教，塞族信仰東正教，克族則信仰天主教（參見表5-1）。儘管三個族群語言相通（Keil, 2016: 80），但族群的差異結合宗教信仰的不同，使得波士尼亞族裔之間的界線和分歧相

---

[8] Paris（2004）也提出類似的觀點。

當複雜。波士尼亞官方最近一次公布的人口普查數據，三大族群人口比例如表5-1所示。[9]

表5-1　波士尼亞的人口、族群、語言及宗教

主要族群	宗教信仰	官方語言
穆斯林族（50.1%） 塞爾維亞族（30.8%） 克羅埃西亞族（15.5%） 其餘（2.7%）	伊斯蘭 東正教 天主教	波士尼亞語 塞爾維亞語 克羅埃西亞語

資料來源：Agency for Statistics of Bosnia and Herzegovina (2016).

一、內戰與種族屠殺

　　1980年代末期，南斯拉夫聯邦出現分裂跡象，當斯洛維尼亞和克羅埃西亞在1991年6月宣布脫離南斯拉夫獨立時，波士尼亞即想跟進。由於波國境內之塞族，一心向著南斯拉夫聯邦主幹的塞爾維亞共和國，因而全力反對獨立，盼繼續留在南斯拉夫。然而，由於波士尼亞的另外兩大族群──穆斯林族和克羅埃西亞族──聯合勢力占據主導地位，他們控制了大多數議會席次，1991年10月，這兩大族群先行宣布了波士尼亞的主權獨立。隨後，在1992年2月29日至3月1日，應歐洲共同體（European Communities）的要求，舉行了公民投票。儘管塞族居民缺席投票，但投票率仍達到63.4%，其中有99.4%的投票者支持脫離南斯拉夫聯邦獨立。

　　同年4月7日，歐洲共同體與美國隨即承認波士尼亞的獨立（胡祖慶，2000：100）。塞族為了阻撓獨立，並想占據更多的土地，以便併入塞爾維亞共和國，在1992年6月發動戰爭。自此，不同族裔

---

[9]　最近一次的全國性人口普查是在2013年進行，於2016年出版報告書，其後至2024年止，並未再進行同樣規模的官方調查。

間展開為期三年的激烈內戰，造成約20萬人喪生，並導致440萬人口中的200萬人流離失所，其中伊斯蘭信徒（穆族為主）受害最深。由於內戰殺戮殘酷，聯合國及歐洲共同體皆曾多次介入調停，但都無成效。直至1995年11月經國際調停，交戰各族才在美國俄亥俄州的戴頓鎮（Dayton）簽署和平協定（The 1995 Dayton Peace Accord, DPA，簡稱《戴頓協定》）。

根據《戴頓協定》，有關軍事執行的部分，由北大西洋公約組織（North Atlantic Treaty Organization, NATO，簡稱「北約」）統轄，而民政執行部分，則由聯合國在當地設立的「國際高級代表公署」（Office of the High Representative, OHR）負責。1995年至1996年間，北約曾派遣約6萬人之武裝部隊進入波士尼亞執行維和任務，自2004年12月起改由歐洲聯盟（European Union）維和部隊進駐，而OHR則負責監督《戴頓協定》之執行。自1995年11月簽訂《戴頓協定》以來，至1996年9月協定屆滿一年時，原計畫應至少完成部分主權的轉移，讓波士尼亞在國際機構的監督下透過選舉成立關鍵政府機關，以實現民主自治。然而，實際上，OHR長期掌握著實際權力（謝福助，2006：39）。

二、《戴頓協定》之協商主義設計原則

Horowitz（2008）認為，在各種武裝衝突中，只有通過協商主義的協定才能實現停火。而與許多其他案例相比，波士尼亞的和平協定之所以得以達成，是因為在強大外力的介入下才能成功。根據《戴頓協定》，戰後波士尼亞的制度即是採協商主義設計（Bose, 2006: 216）。

波士尼亞目前的憲政制度是根據1995年憲法設計，體現協商式民主，也是文化多元主義（cultural pluralist）的模式，其精神主要並不在保障個人權利，而是族群的權利（O'Halloran, 2005: 109）。具體而言，波士尼亞除中央政府外，設置兩個政治「實體」

（entities），波士尼亞聯邦（Federation of Bosnia and Herzegovina, FBiH）與塞爾維亞共和邦（The Republic of Srpska, RS），[10]兩者分占約51%、49%的領土（謝福助，2006：43）。波士尼亞聯邦實體採聯邦制，由穆族及克族組成，又稱為「穆克聯邦」，其下另有州（canton）的層級；塞爾維亞共和邦實體，其主要族群是塞族。根據憲法規定，未賦予中央政府的功能和權力，皆屬於兩個「實體」所有，除外交、關稅及貨幣政策外，「實體」擁有大部分功能。國家的相對地位雖高於實體，但實體具有高度自治權，並參與國家權限的實現（Meskic y Pivic, 2011: 606）。整體而言，中央政府權力較弱，「實體」權力較強（Bieber, 2002: 211）。

　　波士尼亞國家層級的政治制度，同時依據「比例原則」（proportionality）和「同等原則」（parity）所架構（Kasapović, 2005: 4）。比例原則反映兩個「實體」的代表權，波士尼亞聯邦與塞爾維亞共和邦的代表權，約二比一，是一特別型態的協商式民主體制，近似不對稱的邦聯（asymmetrical confederation）（Kasapović, 2005: 4）。至於同等原則，則反映族群的平等地位，即不論人口差別，三族裔分配同等數額的政治職位。

三、政府體制的設計

　　波士尼亞的政府體制雖然也設有「總統」（presidency），但傾向是內閣制的精神（Kasapović, 2005: 126）。「總統」職位相當特別，共有三位，分配上係按同等原則，三個族裔都各有一名，每四年舉行選舉。[11]其產生方式乃由兩個實體的人民直接選舉出總統，波士尼亞聯邦選出穆族和克族各一位總統，塞爾維亞共和邦則單獨選出塞

---

[10] 在波士尼亞聯邦，三個族裔的人口比例約如下：穆族70%、克族28%、塞族1%；在塞爾維亞共和邦，三個族裔的人口比例約如下：塞族88%、穆族8%、克族4%。

[11] 關於presidency，或譯為「主席團」，本文則稱總統，以符合中文習慣上的稱謂。無論採哪種翻譯，重點在於有三位成員的特別組成。

族總統一人。在波士尼亞聯邦，穆族和克族候選人列在同一張選票上，分成兩個族裔名單，但選民只能投一票，亦即只能就其中一族裔候選人投下選票，兩個族裔的獲勝者，由名單上各族裔候選人中獲最高票者當選。塞邦的投票，則僅有塞爾維亞族可當候選人，由獲最高票者當選。居住於波士尼亞聯邦的塞族人士，以及居住在塞邦的穆族和克族人士，被排除在該各自實體內競選總統的權力。元首（Chair of the Presidency）則由三位總統輪流擔任，每八個月更替一次（見表5-2）。

表5-2　波士尼亞政治制度

職位（或機關）		產生方式	任期
總統		波士尼亞裔、克羅埃西亞裔、塞爾維亞裔各一名。波士尼亞聯邦選出波士尼亞裔及克羅埃西亞裔總統各一人；塞爾維亞共和邦選出塞爾維亞裔總統一人。元首，由三位總統輪流擔任，任期八個月。	四年
部長會議主席		由總統任命，經眾議院同意。	無
部長		部長會議主席任命部長。	無
國會	代表院	議員共42人，14位由塞爾維亞共和邦選舉產生，28位來自波士尼亞聯邦（穆族、克族各14位），採政黨名單比例代表制選出。	四年
	人民院	議員共15人，三分之一（5人）來自塞族，由塞爾維亞共和邦議會選出，三分之二（5人穆族，5人克族），由波士尼亞聯邦眾議院選出。	四年

資料來源：International Constitutional Law (2017)。

　　波士尼亞的政府體制，被公認可能是世界上最複雜的設計。國家政策制定，另採共識決和特別多數決（qualified majorities），至少必須由每一實體的三分之一以上代表的同意，才能作成決定，此一原則亦反映在總統的否決權設計。相關決策由三位總統成員依共識決作成，如果盡所有力量仍無法達成共識，則政策可由其中兩位作成。其中持反對的一位總統，可在通過後3天內，宣布該政策對其所代表的

群體具有破壞性，接著如果又能在往後的10天內，取得所屬實體議
會該族群代表三分之二的同意，那麼原有政策即不算通過生效。這樣
的設計旨在確保每一族群的權益。此一否決權也遭致批評，因為會使
得重大政策難以形成。

在戰後迄今為止波士尼亞共有八次的總統選舉（見表5-3）。在
2006年之前，穆族總統均屬「民主行動黨」（Party of Democratic
Action, SDA），該黨是一穆族政黨，偏保守派。而2006年的總統
Silajdžić所屬政黨「波赫黨」（Party for Bosnia and Herzegovina,
SBiH），雖亦為穆族黨，偏中間派。在2010年、2014年的選舉中，
民主行動黨的Izetbegović又兩次贏得勝選，同黨Džaferović於2018年
再度當選。但在最近一次選舉中，代表波赫黨的Bećirović則贏下該
次選舉，也是該黨自2006年以來久違地再次獲得總統大位。

表5-3　波士尼亞戰後（1996-2022）總統選舉三大族裔當選人

時間	穆族		克族		塞族	
	總統	政黨	總統	政黨	總統	政黨
1996	Alija Izetbegović	SDA（穆族黨，保守派）	Krešimir Zubak	HDZ（克族黨，族群強硬派）	Momčilo Krajišnik	SDS（塞族黨，保守派）
1998	Alija Izetbegović	SDA（穆族黨，保守派）	Ante Jelavić	HDZ（克族黨，族群強硬派）	Živko Radišić	社會主義政黨
2002	Sulejman Tihić	SDA（穆族黨，保守派）	Dragan Čović	HDZ（克族黨，族群強硬派）	Mirko Šarović	SDS（塞族黨，保守派）
2006	Haris Silajdžić	SDP BiH（穆族黨，中間派）	Željko Komšić	SDP（多族群黨，溫和路線）	Nebojša Radmanović	SNSD（社會民主、分離主義）

（接下表）

時間	穆族		克族		塞族	
	總統	政黨	總統	政黨	總統	政黨
2010	Bakir Izetbegović	SDA（穆族黨，保守派）	Željko Komšić	SDP（多族群黨，溫和路線）	Nebojša Radmanović	SNSD（社會民主、分離主義）
2014	Bakir Izetbegović	SDA（穆族黨，保守派）	Dragan Čović	HDZ（克族黨，族群強硬派）	Mladen Ivanić	PDP（塞族黨，中間偏右）
2018	Šefik Džaferović	SDA（穆族黨，保守派）	Željko Komšić	DF（民主陣線，多民族、社會民主主義政黨）	Milorad Dodik	SNSD（社會民主、分離主義）
2022	Denis Bećirović	SDP BiH（穆族黨，中間派）	Željko Komšić	DF（民主陣線，多民族、社會民主主義政黨）	Željka Cvijanović	SNSD（社會民主、分離主義）

資料來源：作者參考ElectionGuide與Wikipedia等網站自行整理製作。

　　在克族方面，2006年之前的總統均屬「克羅埃西亞民主聯盟」（Croatian Democratic Union of Bosnia and Herzegovina, HDZ），是克族強硬派的政黨。至2006年，則由屬社會民主意識形態陣營的「波赫社會民主黨」（Social Democratic Party of Bosnia and Herzegovina, SDP）的Komšić總統擔任，2010年並連任之。但2014年屬克羅埃西亞民主聯盟的Dragan Čović又重新取得職位。但在2018以及2022年，皆由「民主陣線」（Democratic Front, DF）的Komšić贏下選舉。該政黨創立於2013年，雖在2014年的選舉中敗下陣來，但於後續兩次總統選舉均獲得五成左右的選票。

　　塞族部分，在1996年、2002年均由塞族政黨的「塞爾維亞民主

黨」（Serbian Democratic Party, SDS）人士擔任總統，2006年則由
具社會主義和社會民主立場的政黨的Radmanović擔任總統，2010
年並連任。2014年則由屬於中間偏右政黨的「民主進步黨」（Party
of Democratic Progress, PDP）的Ivanić當選。但在2014年短暫的政
黨輪替後，在2018年的選舉再度由曾於2006年及2010年勝選的「獨
立社會民主人士聯盟」（Alliance of Independent Social Democrats,
SNSD）執政，該黨也於2022年再度取得總統大位。值得注意的是，
2022年的勝選並非是2018年勝選的Dodik的連任，該黨於2022年改推
派Cvijanović角逐總統大位。

　　由上述三大族裔總統所屬黨派背景來看，在2006年時穆族和克
族當選人有緩和族裔色彩之跡象，塞族則多屬分離主義，直至最近一
次2022年穆族和克族當選人較非族裔鮮明的立場。

　　此外，波國政府另設有部長會議（Council of Ministers），主要
按實體的比例原則所構成，來自波士尼亞聯邦的成員不超過三分之
二。至於政府首長為「部長會議主席」，由總統任命。部長會議主席
再任命部長，並組成大聯合政府。

四、國會的設計

　　在國會方面，採取兩院制結構。第一院為眾議院（House of
Representatives）共42人，依「實體」的比例原則所構成，三分之
一（14位）成員由塞爾維亞共和邦選舉產生，三分之二（28位）來
自波士尼亞聯邦，由穆族、克族各分配14位。雖依據族群的同等原
則，但也反映「實體」的利益。議員任期四年，均採政黨名單比例代
表制選出。

　　國會的第二院為人民院（House of People）共15人，由實體和
族群按同等原則所構成，並旨在反映族群利益：三分之一（5人）來
自塞族，由塞爾維亞共和邦議會選出，三分之二（5人穆族，5人克
族）由「聯邦」眾議院選出。人民院與眾議院之兩院主席皆由三族裔

各一位組成擔任，開會法定人數爲二分之一。人民院的主要任務是確保所有法案必須獲得三個族群的一致同意才能通過。這種以族群利益爲基礎的制度設計，雖然旨在保障族群的權益，但也可能加強族群之間的界限，對於促進跨族群的合作未必有利。

　　在此，以眾議院的觀察對象爲例（見表5-4）。從戰後1996年至2022年間的九次選舉結果顯示，聯邦選舉主要由穆群和克族主導，尤其是穆群，其中的保守派政黨SDA一直占據優勢；而克族由也是族群黨的HDZ主導。然而，自2000年以來，屬於溫和派的多族群政黨SDP和中間派的SBiH逐漸獲得了相當的席次。

表5-4　波士尼亞戰後代表院歷次選舉結果（僅列主要政黨）

政黨	政黨屬性	聯邦席次	塞邦席次	總席次
1996年				
民主行動黨（SDA）	穆族黨（保守派）	16	3	19
塞爾維亞民主黨（SDS）	塞族黨（保守派）	0	9	9
克羅埃西亞民主聯盟（HDZ）	克族黨（族群強硬派）	8	0	8
自由和平人民聯盟（PAFP）	中間偏左政黨	0	2	2
1998年				
民主行動黨（SDA）與波赫黨（SBiH）及公民民主黨（GDS）等多黨聯合	三黨聯盟（穆族保守、穆族中間）	17	0	17
克羅埃西亞民主聯盟（HDZ）	克族黨（強硬派—偏右翼）	6	0	6
波赫社會民主黨（SDP）	多族群黨（溫和路線）	4	0	4
塞爾維亞民主黨（SDS）	塞族黨	0	4	4
2000年				
波赫社會民主黨（SDP）	多族群黨（溫和路線）	9	0	9
民主行動黨（SDA）	穆族黨（保守派）	8	0	8

（接下表）

政黨	政黨屬性	聯邦席次	塞邦席次	總席次
塞爾維亞民主黨（SDS）	塞族黨（保守派）	0	6	6
克羅埃西亞民主聯盟（HDZ）	克族黨（強硬派—偏右翼）	5	0	5
波赫黨（SbiH）	穆族黨（中間派）	5	0	5
民主進步黨（PDP）	塞族黨（中間偏右）	0	2	2
2002年				
民主行動黨（SDA）	穆族黨（保守派）	10	0	10
波赫黨（SBiH）	穆族黨（中間派）	6	0	6
克羅埃西亞民主聯盟（HDZ）	克族黨（強硬派—偏右翼）	5	0	5
塞爾維亞民主黨（SDS）	塞族黨（分離主義派）	0	5	5
獨立社會民主人士聯盟（SNSD）	塞族黨（分離主義派）	0	3	3
2006年				
民主行動黨（SDA）	穆族黨（保守派）	8	1	9
波赫黨（SBiH）	穆族黨（中間派）	7	1	8
獨立社會民主人黨（SNSD）	塞族黨（分離主義派）	0	7	7
波赫社會民主黨（SDP）	多族群黨（溫和路線）	5	0	5
克羅埃西亞民主聯盟（HDZ BiH）	克族黨（中右翼）	3	0	3
塞爾維亞民主黨（SDS）	塞族黨（分離主義派）	0	3	3
2010年				
波赫社會民主黨（SDP）	多族群黨（溫和路線）	8	0	8
獨立社會民主人黨（SNSD）	塞族黨（分離主義派）	0	8	8
民主行動黨（SDA）	穆族黨（保守派）	7	0	7
一個更美好的未來波黑赫盟（SBB BiH）	穆族黨（中右翼）	4	0	4
克羅埃西亞民主聯盟（HDZ BiH）	克族黨（中右翼）	3	0	3

（接下表）

政黨	政黨屬性	聯邦席次	塞邦席次	總席次
塞爾維亞民主黨（SDS）	塞族黨（保守派）	0	4	4
2014年				
民主行動黨（SDA）	穆族黨（保守派）	9	1	10
獨立社會民主人黨（SNSD）	塞族黨（分離主義派）	0	6	6
塞爾維亞民主黨（SDS）等聯盟	塞族黨（保守派）	0	5	5
民主陣線（DNS）	社會民主黨（親歐）	5	0	5
波士尼亞美好未來聯盟（SBB BiH）	穆族黨（中右翼）	4	0	4
波士尼亞和黑塞哥維那克羅埃西亞農民黨（HSS BiH）	克族黨（農民黨）	4	0	4
2018年				
民主行動黨（SDA）	穆族黨（保守派）	8	1	9
獨立社會民主人黨（SNSD）	塞族黨（分離主義派）	0	6	6
波赫社會民主黨（SDP）	多族群黨（溫和路線）	5	0	5
克羅埃西亞民主聯盟（HDZ BiH）	克族黨多黨聯盟（保守派）	5	0	5
塞爾維亞民主黨（SDS）等聯盟	塞族黨（保守派）	0	3	3
2022年				
民主行動黨（SDA）	穆族黨（保守派）	8	1	9
獨立社會民主人黨（SNSD）	塞族黨（分離主義派）	0	6	6
波赫社會民主黨（SDP）	多族群黨（溫和路線）	5	0	5
克羅埃西亞民主聯盟（HDZ BiH）	克族黨多黨聯盟（保守派）	4	0	4
塞爾維亞民主黨（SDS）	塞族黨（保守派）	0	2	2

資料來源：作者參考ElectionGuide、Wikipedia等網站自行整理製作。

　　在2000年和2010年，SDP曾多次成為最大的政黨；在2006年，SBiH和SNSD也取得了一定的權力，但這些政黨被視為第二代族群黨，並未完全符合國際社會對於溫和勢力的期望（Manning, 2008: 77）。然而，到2014年，SDA重新取得了顯著的優勢。儘管如此，立場較保守的政黨仍然獲得了多數席次和權力，並在2018年和2022年保持了最多的8個席次。儘管如此，溫和路線的SDP在近兩次選舉中也成功獲得了第二多的5個席次。至於塞族，則未能進入聯邦議會的席位。

　　相比之下，塞邦的情況則完全不同，這裡一直是塞族的主導地區。SDS和第二代族群黨SNSD持續維持著絕對的席次優勢，穆族和克族的政黨難以在此取得席位。

　　除了國家層次採行協商式民主設計外，其中的一個「實體」波士尼亞聯邦，也同樣融入依協商式民主精神設計。譬如聯邦議會的第二院即由同等原則組成，其代表是由州立法機關選舉，依據族群比例產生（波士尼亞聯邦主要族裔是穆族與克族），且必須在每一州確保至少有一位穆族和一位克族，以及一位其他群體的代表。另外，聯邦政府的組成是依據族群比例原則，但為確保克族的利益，因此特別規定必須至少有三分之一的克族，以保障其代表性。

　　此外，兩個實體也分別設置所屬的總統（president），總統和副總統必須來自不同地區，並由國會兩院選舉產生；總理和部長亦必須來自不同地區。在聯邦，有三位國會監察使，一為穆族，一位克族，另一為其他群體；人權法庭三位法官亦然，且如果沒有特別情況，聯邦法庭中穆族和克族的法官人數須相當（Kasapović, 2005: 5）。在塞邦，主要保障塞族利益，故無需特別著重協商式民主的設計。

　　總體而言，這套以協商式民主理論為基礎的制度設計，旨在保證各族群的政治代表性和自治權，並促進各族群的自治。這一協議所建立的政治結構涵蓋了協商式民主的四個經典原則：首先，透過所有主要群體的代表參與政治決策，建立大聯合；其次，透過賦予三個族

群履行憲法規定的部分職責的權利，以實現各部分的自治；再者，透過種族平等代表性實現相稱性；最後，賦予這些團體保護其「切身利益」的否決權（Trlin, 2017: 82; Aras, 2020）。

五、憲政改造的倡議

從上述的政治制度設計來看，《戴頓協定》被認為製造出一個世界上相當複雜的憲政結構，甚至對這個憲政結構是否能帶來穩定的民主，也存在著歧見。除了在協議的簽訂過程中，塞族與穆族的領導人未能有效參與外（Zahar, 2005: 123），對《戴頓協定》設計的憲政結構，也存在許多的批評，例如共識民主阻礙了政策的作成，且缺乏治理效能。此外，協商式民主設計雖利於群體權力的確保，但以個人為主體的權利卻不受保障，因此不符歐洲人權公約的標準。再者，波士尼亞公民並無機會對《戴頓協定》表達明確的支持與否，其結果是主導權操之在內戰中原有族群政黨菁英的手上，協定很難被真正落實（Belloni and Deane, 2005: 224）。

尤有甚者，由於權力主要下放到兩個實體，國家層級的政府權力相對較弱。中央政府的虛弱最顯著地體現在預算上的困境，包括軍事、警察、經濟和財政等方面的整體權力和資源，均弱於兩個實體。最初，全國部長會議由三個族裔代表組成，並輪流擔任主席，每任八個月。然而，儘管OHR在2002年將部長數增加至8位並取消了輪流制，中央政府的權力仍然有限（Belloni and Deane, 2005: 232）。

基於上述的情況，便有了修改憲法的需要。2006年3月，各黨簽署了由美國主導的「美國計畫」（American plan），該計畫包含兩個階段的憲政改造主張，旨在簡化政治結構，以強化中央政府。該計畫主張最後並未被國會接受，但由於內容反映了波士尼亞憲政變遷的重大挑戰，因此仍值得在此加以說明。此一憲改的第一階段，原來涉及中央政府結構的調整，總統職位擬改為一位，另設二位副總統，由議會選舉產生。候選人名單依據族群平衡原則，至少每一個實體有一

位，每一族群最多一位。國會變革方面，第一院由42人增至87人，第二院改由第一院選出，三個族各7人，共21人。在部長會議變革方面，採平衡原則，以共識決爲主，若無法達成共識決，則至少應有每一族群代表的部長之支持始能決定。第二階段較難，涉及「領土與政治」的劃分，所謂「族群原則」（ethnic principle）被「實體原則」（entity principle）所取代，所以政策的主要行政動者是強調領土與政治的實體單位，而非集體的族群共同體單位。該方案最後在2006年4月26日進行國會表決，結果少了兩票而被否決，顯示主要政治菁英並無意削弱原有協商式民主所強調對族群保障的設計。

進一步比較三個族群的憲政主張，穆族作爲最大的族裔，偏好中央集權；塞族本身擁有塞邦實體，因而對現有實體地位加以保障是優先的，故傾向支持原有的憲政架構，並偏好更高度的聯邦化體制；至於克族，則志在追求更高的自主地位，故也偏好更高度的聯邦主義。總之，穆族希望「實體」少一點權力，中央則多一點權力；相對地，塞族則不願意實體讓出權力（Richter, 2008）。此外，許多塞族和克族分別希望能與鄰近的塞爾維亞和克羅埃西亞建立更緊密的關係（Belloni, 2007: 1）。這表明，外部的族裔母國使波士尼亞境內的族群關係變得更加複雜。

國際組織對此也有相關改革建議，譬如2014年國際危機（International Crisis Group）提出了建立三個實體，包含克族自成一個實體的主張。最後，歐盟和外部人士對於菁英未能達成憲改共識加以批評，但憲改程序也並未因此開啓更多參與空間（Cooley and Mujanović, 2015: 62）。在2006年後，雖有若干憲法改革的倡議和嘗試，以確保其符合《歐洲人權公約》的判例，但迄2024年止尚未見有成功的情形。

肆、盧安達案例

　　盧安達位於非洲中部偏東，與蒲隆地、烏干達、坦尚尼亞和剛果接壤。在這一地區，盧安達、蒲隆地和剛果的主要族群均爲胡圖族和圖西族，其中圖西族的人數相對較少（表5-5）。該區域長期受到胡圖族與圖西族之間族群衝突的困擾，這些衝突引發了各國境內持續的內戰。1994年4月6日至6月30日，盧安達爆發了自第二次世界大戰以來最慘烈的大屠殺，事件從開始到結束不過100天，卻造成了境內約80萬至100萬人死亡，其中絕大多數爲圖西族人以及部分溫和的胡圖族人。

表5-5　盧安達的人口、族群、語言及宗教

人口	主要族群	官方語言	宗教信仰
1,210萬	胡圖族（約占85%） 圖西族（約占14%）	基尼亞安達語（Kinyarwanda） 法語 英語	天主教（56.5%） 新教徒（26%）

資料來源：作者參考The World Bank（2014）、胡祖慶（2000）製作。

一、種族滅絕與內戰

　　盧安達和蒲隆地原合而爲一，具有相同的歷史、語言及種族關係，境內胡圖族占約85%，圖西族占約14%，另有吐瓦族（Twa）約占1%。十九世紀時盧安達採行君主政體，由圖西人統治。由於歐洲殖民帝國入侵非洲，盧安達於1890年被德國併吞，納入德屬東非。第一次世界大戰德國戰敗後，國際聯盟將這塊領地委託給比利時管理。第二次世界大戰後，聯合國將其置於託管制度下，並仍由比利時代管。比利時管理策略下，讓人口居於少數的圖西人占盡政治、經濟和社會的優勢，人口多數的胡圖族人受到壓制，兩個族群的歷史仇恨

自此種下。

　　1962年7月1日，比利時同意盧安達、蒲隆地正式分開並獲得獨立，屬於多數族群的胡圖人因此取得政權，改變了過去的處境。自1975年到1991年間，盧安達由胡圖族的Habyarimana總統實行一黨獨大的軍事獨裁統治，由於執政過久，圖西人長期居於弱勢而有被迫害的危機感。從1991年起，隨著民主化的浪潮和面對圖西族叛軍的壓力，盧安達政府也進行修憲，實施多黨政治。1993年8月，總統Habyarimana與圖西族「盧安達愛國陣線」（Rwandan Patriotic Front, RPF）達成《阿魯夏和平協定》（Arusha Agreement），雙方同意在民主制度、權力共治、籌組過渡政府、軍隊整合以及難民遣返與安置等五大原則下加強合作。[12]雙方也承諾立即結合其他黨派，共組一個過渡型的大聯合政府，並預定在1995年舉行總統與國會的全面改選。然而，在1994年1月間，Habyarimana總統宣布將延期選舉，並續任過渡總統，此舉不但遭到其他黨派的批判，也導致盧安達民主化過程的中斷，短暫的協商式民主也告終了（張台麟，2000）。其後，兩個族群間的衝突一直上演，圖西族對政府極度失望與不滿，彼時盧安達一直處於內戰狀態，只是尚未爆發種族屠殺行動。

　　1994年4月6日，Habyarimana總統和蒲隆地總統Ntaryamira兩人共乘飛機，在盧安達首都基加利（Kigali）的上空，被不明人士所發射的火箭砲擊落而身亡。胡圖族認為這起事件是圖西族所為，因此展開血腥報復，引爆內戰。由於圖西族死亡人數驚人，國際社會認定這是胡圖族有計畫、有組織的種族滅絕行為。最後，隨著流亡於烏干達的圖西人武裝部隊「盧安達愛國陣線」的進攻，擊退政府軍，以及國際勢力的介入，內戰才得以結束。

---

12 盧安達愛國陣線成立於1987年，這個組織的主要目的是推翻盧安達當時的胡圖族政府，並結束圖西族人所面臨的壓迫和不公。

二、戰後制度設計

在1994年的種族屠殺發生前，盧安達內部兩大族群之間經歷了長久的宿怨和權力爭奪，一般認為藉由權力分享的方案，可望帶來和平。前述1993年《阿魯夏和平協定》，已採取部分協商式民主的權力分享設計，旨在終止內戰，並達成轉型期的憲法架構和政府。透過權力分享的制度設計，當時分配給親胡圖族的黨派「國家共和運動黨」（Mouvement Républicain National pour Démocratie et le Développement, MRNDD）和親胡圖族的極端團體「共和國防衛聯盟」（Coalition pour la Défense de la République, CDR）各有5席內閣職位，還有其他黨派之不等比例的職位。然而，這項協定最終未能實現，其主要原因包括CDR被排除在外，以及MRNDD和RPF之間的相互不信任。更重要的是，協定制定時的內戰背景也產生關鍵作用，即當時胡圖族對圖西族的RPF充滿了畏懼和焦慮，並對對方的暴行抱有深深的怨恨，這使得談判過程中彌漫著不信任。

根據Lijphart的觀察，菁英合作最可能在國家面臨外部威脅時出現。然而，盧安達面臨的真正威脅並非來自外部，而是RPF對其他所有談判桌上的政黨構成了明顯的威脅。因此，實質性的合作未能實現，最多只能在外部壓力下達成某種形式上的協議。這使得協定被視為另一種持續的內戰，各方都在保留自身的最大力量（Lemarchand, 2006: 4-5）。最終，由於難以創造互信，不僅未能建立民主制度，還導致了後來大屠殺的爆發。

1994年盧安達大屠殺和內戰結束後，RPF取得了政權，並根據1993年《阿魯夏和平協定》組織了新政府。戰後成立的聯合政府由胡圖族的Bizimungu擔任總統（至2000年），他之所以被選為總統，是因為他對胡圖族強硬派的立場表達了強烈批判。副總統由圖西族的RPF領導人Kagame擔任。雖然表面上胡圖族仍能高度參與政府，但普遍認為政府實際上由副總統Kagame的勢力掌控。原總統Habyarimana所屬的執政黨及煽動種族滅絕的胡圖族極端政黨CDR

均被禁止，領導人大部分要麼被逮捕，要麼被迫流亡。由於胡圖族人擔心報復，許多人湧向薩伊（今民主剛果），造成了難民潮。Bizimungu在2000年4月因與Kagame及政府間的衝突而下臺，隨後由Kagame接任總統職位。

　　在憲政制度方面，盧安達採行具有半總統制特徵的設計。總統是國家元首也是政府首長，由人民直接選舉，在2003年之前採絕對多數決制產生，任期五年。2003新憲法下總統選舉改為相對多數決制，任期七年，得連任一次。至2015年憲法新修正，總統任期從七年再縮短回五年（表5-6）。[13]

表5-6　盧安達政府和國會的組成暨產生方式

職位		產生方式	任期
總統		公民直選（絕對多數決制）	七年
總理		由總統任免（與總統、眾議院議長必須隸屬不同政黨）	無任期
部長		由總理提請由總統任命（依據國會席次比例分配，任何政黨不能掌有政府過半席次）	無任期
國會	眾議院	共80席 53席由比例代表制選出 24席女性議員由省議會選出 2席由國家青年會議選出 1席由聯邦殘障人士協會選出	五年
	參議院	共26席 12席由地方議會選出 8席由總統任命 4席由政治團體論壇（半官方，親執政黨）選出 2席由大學選出	八年

資料來源：作者參考The World Bank（2014）、胡祖慶（2000）製作。

---

[13] 這是在強人總統Kagame所主導的頗具爭議的修憲，這將使得他能夠以過渡身分，從2017年執政到2024年，然後接著有機會再參選，若能連任兩個五年任期，可以當總統到2034年。

總統既是國家元首，也擁有許多實權。在總統之外，存在著總理所領導的內閣。憲法第116條規定，「總理由共和國總統選舉、任命和免職」、「其他內閣成員由共和國總統與總理協商後任命」。憲法第130條亦賦予國會可以向內閣整體或個別閣員發動不信任投票，迫使總理或閣員去職。從上述特徵來看，盧安達的體制可歸類為半總統制（Elgie, 2007c: 9）。另，憲法第117條明文規定：「內閣對共和國總統和國會負責。」比較各國憲法，此一設計十分罕見。由於內閣向總統和國會雙向負責，故從憲法設計來看，完美體現Shugrat和Carey（1992）所建構的半總統制次類型「總統議會制」。相對於「總理總統制」，「總統議會制」下的總統，對內閣的任免具有較大的權力。

關於國會，盧安達採取兩院制，分為眾議院（Chamber of Deputies）與參議院（Senate），兩院權力大致相當。眾議院共80席，任期五年，其中53席由比例代表制選出，也是選民可以直接選出的代表。此一比例代表制設定政黨需獲5%以上的得票門檻才可分配議席，以阻絕小黨（Stroh, 2009: 9）。此外，有24席女性議員由省議會選出，2席由國家青年會議選出，1席由聯邦殘障人士協會選出。參議院共26席，任期八年，其中12席由地方議會選出，8席由總統任命，4席由政治團體論壇（半官方，親執政黨）選出，2席由大學選出。另外，憲法規定「建立一個法治國家、多元民主政府、所有盧安達人以及男女平等，這一點應透過婦女在決策機構中占據至少30%職位予以確認」，因此國會中女性代表不得低於30%。[14]

從上述關於政府職位設計以及依據比例代表制產生議員的方式來看，這體現了相當程度的權力分享精神。然而，在參議員方面，總統有權任命8席，另外4席則由政治團體論壇選出，這些團體通常持有半官方、親政府的立場。因此，在26席的參議院中，至少有近12席

---

[14] Burnet（2019）研究指出，盧安達議會中的大多數女性議員是RPF或其聯盟夥伴的正式成員。專門為女性保留的議席上的女性候選人，通常是由RPF透過政治組織論壇提名或至少進行審查的。這表明，議會中的大部分女性議員對RPF保持效忠，而非主要依賴選區選民的支持。此外，Umuhoza（2023）的研究也提供了相關參考。

是由總統可直接掌控的。

　　值得注意的是，2003年盧安達曾進行憲法改革，新憲法草案在公民投票中獲得93%的支持。新憲法的前言強調了國家建立在「多元民主」（pluralistic democracy）與「公平的權力分享」（equitable power sharing）等重要原則之上。新憲法旨在防止特定族群掌控所有政治權力，因此禁止政黨建立在族群、性別、宗教以及地域的屬性之上。另外，政府職位必須依據國會席次比例分配，「任何政黨不能掌有政府過半席次」。且總統、總理與眾議院議長必須隸屬不同政黨，總統的否決案可以被國會以60%的多數予以推翻（Uvin, 2003: 5）。再者，憲法強調人權保障、總統直選的平等及非差別待遇精神、司法的保障及獨立等，藉此建立防止獨裁的機制（Uvin, 2003: 5）。不過，新憲法強調「國家統一」，在有關言論、新聞及結社方面的自由，做出了較多的限制，提供政府濫權的可能，因而也削弱政治多元主義（Uvin, 2003: 5）。例如，憲法第52條禁止政黨在民間進行遊說，將政黨活動限制在政府高層，這顯然有利於現任執政政府，並有助於維護Kagame總統所領導的RPF政權。此外，如前所述，新憲法賦予總統更大的權力：總統不僅可以連任兩屆，每屆七年，還可以任命總理和解散國會。

　　2003年8月和9月，盧安達分別舉行了內戰後首次總統選舉（表5-7）和國會選舉（表5-8）。在總統大選方面，現任總統Kagame在排外和脅迫策略下取得95.1%得票率的壓倒性勝利，使得反對勢力更有反抗RPF的動機和藉口。在國會選舉方面，RPF所領導的聯盟（包括其他四個小黨）在眾議院比例代表制選舉中，囊括73.78%的得票率，在53席選舉的議員中取得絕對多數的40席。兩個反對黨，社會民主黨（The Social Democratic Party, PSD）與自由黨（Liberal Party, PL），分別取得7席與6席，兩黨雖自詡為反對黨，實則在同年的總統選舉時卻是支持Kagame。在這兩場選舉，胡圖族政黨「民主共和運動」（Democratic Republican Movement, MDR），被政府指控散播族群仇恨而遭禁止活動，因此幾乎不存在著真正反對RPF的競

選勢力，歐盟的選舉觀察者便對這次選舉提出嚴厲的批評（Willum and Rasmussen, 2003）。雖然，圖西人過去慘遭大屠殺，國際勢力對其多抱以同情，對圖西族掌權也不以為意，然而對胡圖人而言，卻又會喚起他們過去在殖民時期受到不公平對待的歷史記憶（Njoku, 2005: 93）。

表5-7　戰後盧安達總統選舉概況

2003年			
候選人	所屬政黨	得票數	得票率
Paul Kagame	盧安達愛國陣線	3,544,777	95.1%
Faustin Twagiramungu	無黨	134,865	3.6%
Jean-Népomuscène Nayinzira	無黨	49,634	1.3%
有效票總數		3,729,276	100%
2010年			
Paul Kagame	盧安達愛國陣線	4,638,560	93.08%
Jean Damascene Ntawukuriryayo	社會民主黨	256,488	5.15%
Prosper Higiro	自由黨	68,235	1.37%
Alvera Mukabaramba	進步和諧黨	20,107	0.40%
有效票總數		4,983,390	100%
2017年			
Paul Kagame	盧安達愛國陣線	6,675,472	98.79%
Philippe Mpayimana	無黨	49,031	0.73%
Frank Habineza	盧安達民主綠黨	32,701	0.48%
有效票總數		6,757,204	100%
2024			
Paul Kagame	盧安達愛國陣線	8,822,794	99.18%
Frank Habineza	盧安達民主綠黨	44,479	0.5%
Philippe Mpayimana	無黨	28,466	0.32%
有效票總數		8,895,739	100%

資料來源：作者自行整理自African Election Database、ElectionGuide、Wikipedia等網站。

表5-8　戰後盧安達眾議院選舉概況

2003年			
政黨		得票率	席次
聯盟	盧安達愛國陣線	73.78%	40
	基督教民主黨		
	伊斯蘭民主黨		
	盧安達人民民主聯盟		
	盧安達社會黨		
社會民主黨		12.31%	7
自由黨		10.56%	6
進步和睦黨		2.25%	--
獨立人士		1.13%	--
婦女代表		--	24
青年代表		--	2
殘障代表		--	1
總議席			80
2008年			
政黨		得票率	席次
聯盟	盧安達愛國陣線	78.76%	42
	基督教民主黨		
	伊斯蘭民主黨		
	盧安達人民民主聯盟		
	盧安達社會黨		
社會民主黨		13.12%	7
自由黨		4.5%	4
婦女代表		--	24
青年代表		--	2
殘障代表		--	1
總議席			80

（接下表）

2013年			
政黨		得票率	席次
聯盟	盧安達愛國陣線	76.22%	41
	基督教民主黨		
	伊斯蘭民主黨		
	盧安達社會黨		
	進步和睦黨		
	盧安達人民民主聯盟		
社會民主黨		13.30%	7
自由黨		9.29%	5
婦女代表		--	24
青年代表		--	2
殘障代表		--	1
總議席			80
2018年			
政黨		得票率	席次
聯盟	盧安達愛國陣線	73.95%	40
	中間派民主黨		
	理想民主黨		
	盧安達社會黨		
	進步和睦黨		
	盧安達人民民主聯盟		
社會民主黨		8.80%	5
自由黨		7.20%	4
眞理支持社會黨		4.57%	2
盧安達民主綠黨		4.55%	2
婦女代表		--	24
青年代表		--	2
殘障代表		--	1

（接下表）

總議席		80	
2024年			
政黨		得票率	席次
聯盟	盧安達愛國陣線	68.83%	37
	中間派民主黨		
	繁榮團結黨		
	盧安達社會黨		
	進步和睦黨		
	盧安達人民民主聯盟		
社會民主黨		8.62%	5
自由黨		8.66%	4
理想民主黨		4.61%	2
盧安達民主綠黨		4.56%	2
眞理支持社會黨		4.51%	2
婦女代表		--	24
青年代表		--	2
殘障代表		--	1
總議席			80

資料來源：作者自行整理自African Election Database、ElectionGuide、Wikipedia等網站。

　　從2003年首次大選後迄2024年，盧安達又分別進行三次總統大選和四次國會選舉。在總統選舉方面，2010年8月舉行的戰後第二次大選，Kagame仍獲得高達93%的壓倒性勝利。他所面對的三位挑戰者，皆與Kagame所屬的RPF有所關聯，因此反對者指稱這並非自由民主的選舉。尤其，「民主綠黨」（Democratic Green Party）被禁止參選，副主席在選舉期間被發現遭人殺害，身首異處。[15]

　　在2017年總統選舉，有兩位參選者挑戰Kagame，分別是無黨籍

---

[15] 請參閱BBC NEWS（2010）、嚴震生（2010b）。

的Philippe Mpayimana和民主綠黨的Frank Habineza，但兩位分別只得到0.73%、0.48%的得票率，而Kagame再度以98.79%的壓倒性得票率連任總統。2024年的選舉，重演了跟2017年類似的狀況，意思是連候選人都跟2017年一模一樣，唯一不同的是，三位候選人的得票率有所變化，Kagame變得更高，取得了99.18%的得票率。同時，跟過去幾次選舉一樣，異議人士也遭受司法迫害，無法參選。這對盧安達政治也是一個危險信號，因為Kagame接連以近乎100%的得票率贏得大選，並不表示其受歡迎，而意味著選舉缺乏競爭。

　　在國會選舉方面，2008年舉行戰後的第二次國會選舉。結果由RPF領導的聯盟獲得78.76%的選票，取得絕大部分的42個席次，較前一次選舉更具優勢。兩個反對黨，社會民主黨仍維持7席，自由黨則從原有6席跌落至4席（見表5-8）。這次的選舉是在和平的情況下完成，但與2003年一樣，包括「團結民主陣線」（Unified Democratic Forces）在內的主要反對力量，並未被允許參加選舉（Inter-Parliament Union n.d.）。[16]這導致歐盟選舉觀察團再度批評，這次選舉工作存在著瑕疵，以及缺乏透明度。

　　2013年舉行第三次國會選舉，RPF聯盟仍維持76.22%的高得票率，以及取得41席議員（Freedom House, 2015）。社會民主黨與自由黨的議席，也沒有什麼顯著變化。選舉過程一般而言是和平的，但大部分的投票站皆缺乏反對黨的機構參與，增加了選舉被操控的可能性。事實上，多年來政黨的成立和活動依然受到嚴格限制，RPF依然主導著政治局勢。政府也嘗試透過分化或滲透反對黨來鞏固其權力，例如在2013年成立了盧安達治理委員會（Rwanda Governance Board），旨在登記和審核政黨。2018年的選舉，總統所領導的聯盟再次擁有穩定的席次。

　　作為戰後第五次國會選舉，2024年的選舉有一些顯著的變化。2023年，國會通過了Kagame總統提出的修憲案，主要改變了總統選

---

[16] 主要是由三個在大屠殺之後就流亡於比利時和荷蘭的政黨構成。

舉和國會選舉的舉行時間，決定兩者於同一天進行。因此，2024年7月15日將同時舉行總統選舉和國會選舉。盧安達的民主狀況一向令人擔憂，反對派在總統選舉中難以突圍，國會選舉成爲其爭取影響力的少數途徑之一。然而，由於兩場選舉同步進行，國會選舉被總統選舉的關注度所淹沒，媒體大多集中報導總統選舉的相關新聞。異議人士Umuhoza（2024）認爲，這種選舉安排進一步阻礙了反對派候選人傳達政治理念，也壓抑了相關討論。選舉結果RPF領導的聯盟獲得68.83%的選票，仍取得國會絕對多數的37席。

伍、波士尼亞與盧安達的比較

波士尼亞與盧安達兩國的制度設計均涉及權力分享模式。由於這兩國在協商式民主的實踐上存在不同程度的差異，以下將進一步比較這兩個案例的經驗。首先，將探討協商主義實施的條件；其次，對其實踐中的政治設計進行比較；最後，分析兩國在實踐中族群與政黨的權力分配情況。

一、兩國協商式民主條件之比較

採行協商式民主需要考慮其實施條件，這兩國在這些條件上有何不同？如果協商式民主被認爲是多元分歧社會中值得追求的政治模式，那麼促進其有效實施的條件有哪些？對此，Lijphart（2008）列舉了以下九項條件：（一）不存在絕對多數的族群（或宗教）團體：群體間地位較平等，使得協議較容易達成；（二）族群在各自地域集中居住：能促進聯邦主義下的群體自治；（三）族群團體的規模相當：有利於權力分享的平衡和代表權的平等；（四）相互競爭的族群數量不多：因使得協議較容易達成且不至於複雜化；（五）人口數量少：因政策決定過程比較不會複雜；（六）存在共同的外在威

脅：有利於菁英間的合作確保集體安全；（七）共同的國家忠誠：可降低各競爭族群內部忠誠的強度，促進凝聚力；（八）族群間沒有重大的社經差異：可降低族群間的社經地位不平等；（九）先前妥協容忍傳統：可帶來日後的合作。Lijphart（2008: 5）說明，第一項不存在絕對多數的族群（或宗教）團體、第八項族群間沒有重大的社經差異，是其中最重要的兩項條件。

　　檢視波士尼亞的情況，該國較符合協商式民主的客觀條件，有以下幾項（表5-9）：（一）不存在絕對多數的族群，因為三個族群中沒有任何一個擁有過半的多數；（二）相互競爭的族群數量不多，僅有三個主要族群；（三）人口數量少，全國人口僅約316萬人；（四）族群在各自地域集中居住，群體間（宗教和族群所構成）存在清楚的分歧界線，且進行部分的聯邦制。需要注意的是，雖然最後一項要求大致得到滿足，但1995年《戴頓協定》中確立的領土界線，並不符合許多人對戰前家鄉界線的認知。戰後，許多人無法返回他們原本的家園。

表5-9　波士尼亞與盧安達關於協商式民主有利條件之比較

有利條件	符合情形	
	波士尼亞	盧安達
不存在絕對多數的族群	是	否
族群間沒有重大的社經差異	是	否
相互競爭的族群數量不多	是	是
族群團體的規模相當	是	否
人口數量少	是	是（中等）
存在共同的外在威脅	否	否
共同的國家忠誠	否	否
族群在各自地理集中居住	是	否
先前妥協容忍傳統	否	否

資料來源：作者參考Lijphart（2008）、Kasapović（2005）、Njoku（2005）與Stroh（2009）等文獻觀點完成。

　　此外，對波國而言，未吻合的條件包括有：第一，因族群間並未存在共同的外在威脅。波國雖不乏外在威脅，但卻不曾同時存在三個族群的共同威脅。第二，因族群團體的規模並不相當。克族相對居於弱勢，而戰爭期間的種族清洗並沒有結束，許多村莊還存有少數族群（McMahon and Western Source, 2009: 73）。第三，缺乏共同的國家忠誠，各群體內部具高度的政治凝聚與族群意識，而塞族和克族又存在該族裔的外部母國。不同族群對協商式政府設計，又存在著不同的支持程度，缺乏強而有力的、跨族群的政黨以及公民社會，導致在不同的實體和族群間，缺乏政策和議題的合作。[17]儘管國際社會嘗試建構一個多元族群的共同體，但在大部分的區域中，三個族群間還是壁壘分明。第四，缺乏先前妥協容忍的傳統。過往民主協商與合作的經驗很脆弱，各群體中不論是菁英層次或大眾層次，對大聯合政府和協商式民主，支持程度分歧而薄弱。

　　這些不利條件的影響，實不容低估。該國缺乏共同外在威脅，深化了彼此的界線和分歧，而和平重建機制也沒有成功，相關作為未符合人民需要和期待（Kasapović, 2005; Waller, 2015）。

　　相較於波士尼亞，盧安達符合協商式民主的條件更少（表5-9）。首先，主要相互競爭的僅為兩個族群，少於波士尼亞的三個。其次，該國人口數量雖較波士尼亞為多，約1,200萬，但還不算是龐大。至於其他的條件，則多未具備。例如，由胡圖族約占80%的人口數，是居於絕對多數的族群，致族群間的規模不相當。此外，雖然兩個族群曾共同面對來自烏干達和剛果的威脅，但胡圖族在剛果的反叛團體被視為對政權的威脅，因此兩族之間並不存在共同的外在威脅。此外，儘管這兩大族群具有共同的文化和語言，但他們的歷史中充斥著暴力和軍事衝突，互相不信任，常進行你死我活的「零和遊

17　例如，在國家層次上難以進行共同的國防、警力乃至司法系統的建置，或者也難以建構分享財政及關於電力、水、污水、鐵路、公路與電信等之設施（O'Halloran, 2005: 108-109）。

戲」（zero-sum game）。最終，由於兩族混居於相同地區，缺乏地理上的集中居住，也不利於各自的自治。

比較兩國情形，共同的有利條件在於小國寡民。但波國三個群體間有較清楚的界線，並存在著聯邦制的實踐，境內並沒有像盧安達那樣存在零和遊戲的政治競爭文化。只是波國族群之間關係複雜，其中有兩個族群存在著外部獨立的族裔母國，致境內分離主義意識強烈。例如，2008年2月18日科索沃宣布獨立，脫離塞爾維亞共和國，波士尼亞的塞族人便表達其欲跟進之態度。

在盧安達，儘管僅有兩個主要族群，胡圖族和圖西族之間的人數差異卻相當懸殊。此外，非洲政治文化中存在一種「至死方休」（a fight until death）的競爭觀念，即在競爭中不僅要擊敗對手，還要徹底殲滅對手。爭奪國家權力的過程使得輸家面臨極高風險，無論如何，都必須贏得政權，否則將毫無退路，因此政治競爭變成了一種零和遊戲，輸家被邊緣化。無論是採取軍事獨裁還是選舉手段，贏家通常能夠壟斷政府權力，這使得政治體系變得極為危險（Njoku, 2005: 86）。這可以解釋為什麼1994年會發生種族滅絕事件，因為徹底消滅另一族群被視為解決自身族群危機的終極方法，同時也能避免自己族群可能面臨的滅絕威脅。

確實，盧安達的政治仍主要操之在執政黨手中，尤其是在內戰中當事者一方的RPF。憲法中關於權力分享的民主價值並未得到真正實踐，公民自由和反對黨的權利也未受到保障。RPF掌握了主要的政治與司法部門（Uvin, 2003: 4）。因此，盧安達常被視為權力分享模式或協商主義的失敗案例（Lemarchand, 2007）。儘管如此，仍有學者認為，向協商式民主和聯邦主義的發展依然值得謹慎期待（Njoku, 2005）。

二、協商式民主設計之比較

Lijphart（2008: 5）澄清，上述關於協商式民主的實施條件，並

非必要且充分的條件，即使某國家客觀上具有這些有利的條件，協商式民主也可能遭致失敗。相對地，即使所有的條件都不利於協商式民主，其結果也並不必然就會失敗。換言之，協商式民主的成與敗，仰賴菁英間的跨群體合作，菁英主觀上是否有意願進行合作，是不可忽略的關鍵（Bogaards, 1998: 475-496）。以下，擬歸納與比較兩國菁英合作下協商式民主設計。

（一）國家層次結構的比較

波士尼亞建構兩個實體，波士尼亞聯邦與塞爾維亞共和邦，而根據憲法規定，未賦予中央政府的功能和權力皆屬於實體所有，以確保兩個實體和其所代表的族裔的自主權。在國家層級政治制度依「比例原則」和「同等原則」所架構，比例原則反映兩個「實體」的代表權，波士尼亞聯邦與塞爾維亞共和邦的代表權約二比一。「實體」擁有大部分功能，中央政府權力相對弱化。同等原則係傾向反映族群的平等，即不論人口差別，三族裔分配同等數額的政治職位。且在聯邦層次的政治制度以及聯邦次級的州層次當中，均採協商式民主設計。

相對於波士尼亞強調實體的地位，盧安達採行偏向單一國體制的設計，且相互競爭的族群在各自地理上混居，較無法進行有效的族群自治。且2003年新憲法強調「國家統一」，在政治多元主義和地方自主權方面較無法充分保障。

（二）憲政制度層的比較

除了國家層次的結構設計，一國中央政府體制的設計，攸關政治權力的分配。波士尼亞的政府制度設計，試圖賦予三個族裔擁有較相等的代表權，不僅在國會代表院和人民院議員的分配上，總統職位的分配亦按同等原則，三個族裔都各有一名。中央政府行政和立法關

係採行偏向內閣制的設計。[18]此外，波士尼亞的國家政策制定採共識決和特別多數決，確保每一個實體的代表性，個別總統亦具有否決權。

相對地，盧安達具半總統制精神，內閣既向總統負責，且同時向國會負責，偏向Shugrat和Carey（1992）的「總統議會制」，總統權力甚大。在中央政府各部長職位及國會眾議員名額的分配上，具比例代表制精神，並確保無任何單一政黨擁有過半部長席次。不過，因總統職位之競爭具零和遊戲本質，所以國家機關的權力分享程度不如波士尼亞。只是盧安達未採行政權力更集中於總統的總統制，而實施半總統制，難謂為不當。且該國需要強有力的領導以維續內部和平，中短期內虛位元首內閣制並無實施條件。

（三）選舉制度之比較

在協商式民主或向心式途徑的設計中，選舉制度均扮演相當重要的環節，尤其是在後者更是核心主體。協商式民主以比例代表制為主，至於在向心式途徑中，主要推薦的是「選擇投票制」。波士尼亞和盧安達兩國由於均採行協商式民主設計，前者滲入微弱的向心式特質，盧安達則似未有此嘗試，因此以下的討論集中在比例代表制，至於向心式途徑與相關選制改革的討論則為輔助分析。

在波士尼亞方面，國會眾議院共42席議員，均由政黨名單比例代表制選出。人民院是由兩個實體的議會選出，而非人民直接選舉產生，暫不討論。盧安達眾議員的選舉，80席中有53席是由比例代表制選出。

在波士尼亞，最初採用的是封閉式比例代表制（closed party lists），使得選民只能投票給政黨，而無法表達對個別候選人的偏好。這一設計旨在讓政黨及其領導人擁有更大的控制權，並促進菁英

---

[18] 一般而言，內閣制相較於其他制度，由於較易進行聯合政府，故較具權力分享特性。

之間的合作。然而，實際上卻激勵了基於短期利益的族群標籤、語言和訴求的形成。此外，透過選舉動員，散居的族群逐漸實現各自的整合，自然導致同族信仰者之間的群聚效應加強（余佳璋，2014：78）。

　　為了解決封閉式比例代表制所帶來的弊端，從2000年起，波士尼亞採用了新選制，全面實行開放式名單（open lists）和複數選區（multi-member constituencies, MMCs）。在之前的封閉式名單制下，政黨及其領導人對候選人的提名擁有絕對權力，而新選制則使選民不再僅能選擇政黨，還能表達對個別候選人的偏好，這樣的變革可以減少政黨的主導角色（Belloni, 2007: 80-81）。同時，候選人若想當選，必須採取更為溫和的政見，以吸引選民的第二偏好。

　　盧安達的情況有所不同。在國會眾議院的80席議員中，只有53席是由比例代表制選出，政黨需達5%以上的得票門檻才可被分配議席。其餘的27席，是由女性和其他特定代表擔任。至於參議院共26席，其中包括總統可任命之8席、半官方親政府立場的4席，總統可掌控接近12席之多的人員。2003年進行新憲法改革，規定政府的職位必須依據國會席次比例分配，「任何政黨不能掌有政府過半席次」。此外，總統、總理以及眾議院議長必須隸屬不同政黨，總統的否決案可以被國會以60%的多數再加以推翻等，這些均試圖強化權力分享精神。

　　比例代表制在波士尼亞和盧安達是否能產生正面的效果，均受到了不少質疑（Snyder, 2000; Collier and Sambanis, 2005）。其中，波士尼亞試圖透過向心式途徑（或整合途徑）（Reilly, 2001）的選舉制度，以促進族群間的調和。

　　向心式途徑的選擇投票制在2000年的塞邦選舉中被採用，這是1998年底國際社會針對該國制定的核心策略之一。然而，這一制度在總統選舉中並未能有效促進溫和及跨種族的投票，反而有利於塞族的強硬派（Pepić and Kasapović, 2022: 81）。儘管穆族在塞裔共和邦中為少數群體，理應較有可能將第二偏好投給溫和的塞族候選人，但

結果卻顯示98%的選民仍然只投給本族裔的候選人。實際上，國際力量希望透過新的選制讓他們所支持的溫和候選人Dodik當選，而塞族勢力大多清楚這一背景，因此投票仍然高度集中於自身族裔。

選擇投票制在塞邦並未取得成功，主要有以下兩個原因：首先，族群集中居住於特定地理區域，缺乏跨族群投票的動機，難以培養出溫和的政治人物。儘管國際社會認為新的選制是可行的，一些研究者卻指出，實施的結果顯示，這一制度並未成功（Kasapović, 2005: 17）。其次，這種將重心放在透過選舉制度策略運用的做法，雖然旨在選出國際社會所支持的候選人，但卻缺乏扎根於當地的穩健努力，導致制度的長期價值未能建立（Belloni, 2007: 84）。一些研究者認為，若波士尼亞全國層次的總統也採用這種選舉制度，情況可能將不容樂觀（Belloni, 2004: 340-343）。

另一種並未採用選擇投票制，但仍具向心式意涵的設計，是波士尼亞聯邦內穆族和克族兩位總統的選舉。正如前述，波赫共三位總統，其中塞族總統由塞族實體選出，而穆族和克族兩位總統則由聯邦實體選出，試圖促進兩族之間的跨族投票。然而，穆族作為相對最大的族群，其選民能對穆族和克族候選人同時施加影響。相比之下，克族的選民數量較少，影響力有限。因此，這種模式並未為人口最少的克族社區提供有效保護，進一步加劇了克羅埃西亞人作為最小族群的不滿，並導致其族裔領導人呼籲增加自治權（Pepić and Kasapović, 2022）。但如果克族總統的選舉獨立於穆族，那又何必同處於一個聯邦，且又無法期待有任何的跨族群投票機會，因為選民僅能投一票，因此目前的情況可謂兩難。

上述波士尼亞選舉工程的嘗試顯示，相關決策主要是由國際社會而非本土力量所推動。雖然OHR和歐盟的行動未必稱職，國際社會在波士尼亞的作為也遭到批評，認為其行動相當專橫恣肆（謝福助，2006：46），但自1996年以來，國際社會卻投入了大量心血，旨在建立民主體制，並試圖將選舉作為波國政治轉型的工具。國際社會希望透過多年努力和資金支持，促使波國的溫和與合作力量在選舉

中獲得掌權機會。然而，由於民族主義政黨的主導地位，歐洲安全合作組織（OSCE）被授予安排選舉的權威，並與OHR及一些主要援助者合作，試圖削弱特定政黨的影響力（Manning, 2004）。不過，這些政治嘗試僅能爲溫和的政治力量帶來有限的助力。

此外，國際社會對選舉作爲民主策略的有效性存在分歧。是否能夠透過選舉政治實現正面效果，而非加劇族群分裂，仍然是持續辯論的焦點（Manning, 2004）。波士尼亞要尋求長期穩定，關鍵在於憲政的正當性必須建立在三個族裔的共識之上。如果因外部國際力量的短期指導而匆忙推進，可能會損害新憲法的正當性（Richter, 2008）。

在盧安達，比例代表制的實踐結果卻強化了非民主的目標（Stroh, 2009），向心式途徑也未在該國嘗試實施。這一途徑在單一族群占絕對優勢的地區，或族群各自居住的社會中並不適用，其採用選擇投票制（偏好投票制）難以產生跨族群投票機制。只不過盧安達雖有單一族群人口占絕對優勢，但兩大族群處於混居狀態，因此如採此選制途徑，或可讓胡圖族與圖西族投票支持跨族群的溫和候選人，但這樣的論證尚屬初步，需要有更多的資料佐證。與波士尼亞相比，盧安達的民主也依賴於外部國際社會的力量，但國際社會在監督該國政府權力方面卻未能發揮足夠的作用（Uvin, 2003: 4）。

三、族群與政黨權力分配

波國的協商式主義主要保障的是族群單位，個人公民權無法眞正落實（郭秋慶，2015：126）。Belloni和Deane（2005）指出，儘管設計了三位族裔代表制和複數選區的新選制，以促進多族群在單一政黨中的共存，實際效果卻未如預期。例如，塞族人察覺到這一選制旨在削弱其族群黨時，仍然高度集中地投票給自己的族裔政黨（Belloni, 2004）。整體而言，波士尼亞的選舉依據群體比例在議席上進行反映，雖然主要團體均能獲得代表，但政黨主要領導人的地位

仍然得到了鞏固，並促進了基於族群界線的選舉競爭模式。此外，三位總統的選舉及人民院代表選舉均以族群為單位，排除了個人投票，進一步鞏固了族群的界限。[19]波國固然有不少政黨，但卻都是由單一族群政治團體所組成（Belloni, 2007: 73）。

　　上述觀點均吻合Horowitz（2008）所歸納的對協商主義的一般性質疑，波國憲法法院也認為選舉制度有違國際人權標準，但參與這項選舉設計的人士則辯稱，選制也不能違背憲法以保障族群為基礎的原則（Belloni, 2007: 88; Manning, 2008: 77）。

　　與波士尼亞族群界線分明，以及形成種族中心主義政黨的情形相較，盧安達則是出現單一政黨的過度代表。該國眾議員選舉方式雖然名之為比例代表制，但人口僅占15%的圖西族，享有過度的代表，以2008年至2013年間為例，其占有67.9%的席次。[20]根據2024年最新的眾議院選舉結果，在人民可以直接選舉的53個席次中，RPF聯盟（主要由圖西族主導）獲得了40席，占據70%的優勢。此外，政治上禁止討論個人的種族身分，使得弱勢群體——包括原住民群體吐瓦族——幾乎無法獨立組織和倡導自身的利益（Freedom House, 2024）。

　　盧安達在Kagame總統統治期間，RPF長期占據主導地位，雖然國會選舉過程相對和平，但大多數投票站缺乏反對黨的監督，因此常常被批評為缺乏透明度。近來廣泛的報導指出政府對批評者和異議人士的壓制不斷，有的被監禁，有的不明死亡或失蹤，但政府則否認不當行為的指控。根據自由之家（Freedom House）2024年的全球自由評比，盧安達依舊屬於「不自由」（Not Free），加總政治權利和公民自由兩項得分為23分（滿分100分）。該國問題主要在於缺乏自由和公正的選舉、政治反對派競選的機會、自由媒體和司法獨立（Freedom House, 2024）。如前所述，Kagame在2024年以99.18%的得票率再度當選總統，原因與他的高壓統治和壓制異議有關，但觀察

19　資料請參考Electionguide（2014）。
20　資料請參考Electionguide（2014）。

家指出，另一個原因是他自1994年種族滅絕以來引導東非國家（East African country）實現內部和平的能力（Diallo, 2024）。

陸、結論

本文探討後衝突國家政治制度的設計和實踐經驗，並以波士尼亞與盧安達這兩個案例爲研究對象。關於後衝突社會的政治制度設計，包括憲政制度與選舉制度，既是重要的理論問題，也是政治工程的實務課題。現有理論和解決方案，主要爲Lijphart的協商式民主途徑（權力分享模式）與Horowitz的向心式途徑（選舉誘因途徑），但這兩者並非對立的模式，在實務應用上也非彼此互斥。

波士尼亞與盧安達的經驗均涉及權力分享的制度設計，尤其前者在《戴頓協定》下是典型的協商式民主制度，雖然其經驗被認爲並不完全成功。盧安達大屠殺之前的政治制度雖亦具協商式主義特徵，但並沒有發揮作用，隨之而來的是種族內戰。其後新憲法也有協商主義成分，但不若波士尼亞的程度。至於在向心模式的實踐方面，波士尼亞亦曾在選舉制度上有有所嘗試，但效果並不明顯，且未全國運用。至於盧安達，則似未見相關的嘗試。兩國的民主制度能否深根鞏固，國際因素均扮演重要角色。

上述研究發現的進一步訊息是，兩國所屬的區域與文化背景不同，主要族群數目和相對規模也有明顯差異，其他政治社會因素亦有所差別，但都在後衝突時期採用權力分享精神的政治制度。這顯示，協商式民主的應用對政治工程師時所具有的吸引力，以及其所展現的理論優勢。從這樣的角度來看，本研究挑選的兩個案例的比較研究方法，確實可以提供吾人觀察其實踐之結果。

值得注意的是，兩國在協商式治理的實踐中，近三十年來未再出現以往的嚴重暴力衝突。然而，這樣的協商方式似乎並未顯著促進民主的發展。波士尼亞對於三大族裔權力的同等原則及比例原則的運

用，雖然確保了族群的代表性，卻也無形中鞏固了族群的界限，使得跨族群的合作難以加強。至於盧安達，少數族群之圖西族取得超過其族群人口比例的政治權力，特別是在國會議員和總統職位，而其相對的憲政實踐是政治自由和政黨競爭受到了很大的限制。因此，歷次選舉中，出現RPF單一政黨的過度代表現象。國際社會對圖西族在大屠殺中的遭遇表示同情，因此對其掌握主要權力的情況相對漠視。

　　協商式民主在兩國實踐的相異之處在於，波士尼亞三大族群界限並未被打破，而盧安達的情況則是族群的權力不對等仍存在。儘管兩國協商式在民主層面的成效未如預期，但是否藉由調整或引進更合適的權力分享制度，設計新的選舉制度設計，應是這兩個國家的難題。本文作者認為，波士尼亞由於存在三個族群，較有機會進行向心式主義的跨族群的、交錯的投票嘗試，可以在兩個實體的國會議員制度中納入一定人數的偏好投票制，放寬兩大實體居住地的個人族裔身分投票權，誘發溫和派政治人物和選民在選舉前的跨族群合作。

　　在盧安達部分，該國需要強有力的領導以維續和平，中短期內應無實施虛位元首內閣制的可能，但採行總統制更可能加劇執政者權力的集中，可預期維持半總統制是其選擇。在半總統制下，實踐權力分享的協商式民主，並緩和單一族群取得超過其人口比例的政治權力，是其面對的挑戰。這裡指出「緩和」的意思是，其制度設計原理本就意在給予圖西族特別保障，如果死守比例原則，該族將成為永遠的少數，而且與多數的差距甚大。融入同等原則提升其參與權力乃不可免，但提升至什麼程度既可保障少數群體，又不至反向造成多數群體的不安，是協商主義的挑戰。本書作者認為，再融入向心主義選舉制度的調和，應有嘗試空間，但盧安達的制度設計並非自身能完全自主承擔，國際社會中有權介入的力量也扮演角色。

第三篇

臺灣經驗

6 臺灣難以脫離半總統制

壹、前言：憲政體制與民主表現

　　關於憲政體制（中央政府體制）的討論，易淪為替某種制度辯護或質疑其他制度，實則對一些國家而言，制度設計固然對其民主的表現扮演了關鍵的作用，但在另一些國家，可能是其他的因素，諸如政治領導人、政治文化、政黨體系、選舉制度、經濟發展或社會因素等，更具主導的作用。因此，作者並無意為某種單一制度做辯護，或批評其他制度的缺失，而是鑑於臺灣近來也興起有關新一階段修憲的討論和籌劃，就此提出一項憲政實然面的觀察，供讀者參考指正，即：臺灣在現實上很難脫離半總統制。

　　在討論臺灣個案之前，可以先回到1990年代國際政治學界關於「憲政體制與民主的維續和鞏固」的重要論戰。當時包括Juan Linz（1990, 1994）、Donald Horowitz（1990）、Seymour Lipset（1990）等重量級學者，紛紛捲入其中，並提出深刻的研究觀點。這場論戰源於總統制被質疑是危險和失敗的制度，於是擁護內閣制和為總統制辯護者各執一詞，雖然其中總統制多處於防守的一方，但整體而言論戰並無勝負。反而，其中所涉及研究方法上或推論上的核心問題，也值得關注，包括：樣本的代表性、依變項的釐清、變項的控制、研究對象的觀察時程多久，以及命題是建立在或然率的、還是絕對的宣稱等問題。

　　多年後，半總統制的經驗也廣泛被納入比較，而這個制度又常需劃分次類型，其中或是根據憲法規範屬性加以劃分，或是以實際運作模式來劃分。前者以Shugart和Carey（1992）的次類型最廣受援引，[1]後者以吳玉山（2012）的見解較受重視，則如本書前面所述。

---

[1]　根據他們的觀察，其中總統議會制，由於總統可以正式解職總理的情況下，內閣可能較不穩定，較容易產生治理或憲政危機。且根據Elgie（2011）、Sedelius和Linde（2018）等人的研究，在整體民主表現上，總統議會制國家明顯劣於總理總統制國家，因容易產生擴權總統、少數和分立政府或是總統和國會之間的相互掣肘（蔡榮祥，2018：61-62）。實則，不穩定的總理總統制，亦不乏相關案例。

　　爰此，當前比較憲政體制的類型更加多元，研究所需考慮的層面更為細緻。雖然如此，前述研究方法上或推論上的核心問題，本質上似乎沒有太大變化。亦即，主張某種憲政體制對民主較有利的全稱式命題，似乎還未能提出令人完全信服的答案和可靠的證據。比較能做到的，傾向是建立在一定程度的或然率基礎上的結論。換言之，各種制度都存在著一定數量的成功案例和失敗的經驗，目前為止，要總體式地論斷制度類型的優劣可能還未臻成熟。取而代之的是，在什麼樣的條件下，在什麼樣的社會中，總統制、內閣制或半總統制（暨不同次類型），是一項相對更好運作的制度，而能符合其民主發展的需求。上述討論，或許能有助於以下診斷臺灣憲政體制的定位。

貳、臺灣半總統制的診斷

　　臺灣在1997年的修憲中採行了雙首長制的中央政府體制，也就是此處所講的半總統制。經過了二十四年的運作後，應該很少人會否認現行制度存在些問題。一如研究者的重要觀察，半總統制容易被採用，但運作起來則不容易（Wu, 2007）。不同的論者對於臺灣半總統制問題之所在，可能有不同的判定，但大致不脫以下三種見解：一是半總統制本身不是好的制度；二是問題在於「臺式半總統制」設計，而不在於半總統制類型本身；三是制度（暨憲法）固然重要，但政治人物是否恪遵憲法規範才是關鍵因素。持第一項和第二項觀點者，多主張憲法需要修改，而第三種見解則認為並無修憲（異動憲政體制）的必要。從歷來各方的意見來看，固然有部分人士主張應制憲而非只是修憲，但聲勢較有限。認為半總統制不是好的制度，或至少是不適合臺灣，應改採總統制或內閣制，而主張修憲者，長期以來的聲音一直不小。相對地，主張改善既有臺式半總統制，但仍維持半總統制架構的觀點，亦不容忽視。至於在不修改憲法下來改善憲政運作，應該也有論者持這種觀點，也就是認為與其耗費心力在不易做到

的修憲工程，不如專注於好好「行憲」。

　　上述觀點中，對臺灣憲政體制定位衝擊最大的是第一項，即應脫離半總統制，轉向總統制或內閣制。對於這項主張，作者並無特別支持或反對的意見，但在此可以留意一項研究發現，是關於脫離半總統制的風險性問題。從若干半總統制國家經驗來看，當它脫離半總統制狀態而改採總統制或內閣制時，有可能是處於危險的狀態，因為這樣的轉變，有較高的機率會由民主掉落到非民主處境（Wu, 2018）。雖然這有待進一步的觀察，但此項觀點對於我們評估臺灣憲政體制應否轉向總統制或內閣制，具有重要參考的意義。

　　本文接著聚焦在臺灣難以脫離半總統制這一實然的觀察，亦即近年內要改採純粹內閣制和純粹總統制的機會微乎其微。

參、臺灣很難脫離半總統制

　　臺灣多年來政黨間高度的政治對立，在面對臺灣憲政制度的定位和選擇時，政治行動者很難不考量執政權力競逐的機會結構，以及評估在新制度中所占有的權力位置的利弊處境。因此，即便出現所謂的「憲法時刻」（constitutional moment），主導憲政體制定位者並非能夠在「無知之幕」（veil of ignorance）（John Rawls, 1971）的條件下進行大公無私的設計。[2]托克維爾（Alexis de Tocqueville）讚揚美國聯邦制是「一項政治學上的一大發明」，確實如此，但它是聯邦主義立場和州權主義立場妥協的結果。當時為了化解和安撫大州與小州的利益矛盾，1787年制憲者達成「大妥協」（康乃狄克妥協案，Connecticut Compromise, Great Compromise），決定設立平衡的兩院

2　Rawls（2011）在《正義論》一書中提出被稱為「無知之幕」的思想實驗。在無知之幕後面，人們缺乏關於他們的階級、出身、智力、體力和資質、優勢和劣勢等各種資訊。在無知之幕的掩蓋下，人們會傾向想達到公平的互相分配原則，由此產生的社會應該是一個公平的契約和社會。

制國會。這種妥協並非基於個人或黨派政治權力考量，但同樣反映憲法是各種利益折衝和價值整合兼顧後的結果。由此來看，臺灣要脫離半總統制，除了修憲高門檻這項困難的一般性因素外，至少存在著政治行動者的自利偏好，以及修憲機關立場等兩個層面的特別考驗。

　　從行動者偏好來看，角逐總統職位的政治人物和其所屬政治勢力，就算是表面上主張內閣制，但一方面他們所指涉的體制常常不能稱為內閣制，另一方面他們勢必難以接受其在位和執政時，總統是虛位元首職位；因為，虛位的總統並無治理國家的實權。如此，他們便缺乏強力推動純粹內閣制憲改工程的誘因。退一步講，只要競爭總統職位的一方自認為勝選有望，純粹的內閣制就幾乎難以修憲成功，最多是接受總統權力縮減的半總統制，或天秤上往內閣制靠近一點的半總統制，但這均非真正的內閣制。以此來看，臺灣實施總統制比內閣制更有機會，也更具可行性。不過，總統制修憲案的提出，也勢必引發總統擴權的反對聲浪。除非現任總統是強人總統，或是能夠掌握立法院中修憲所需的絕對優勢票數和政黨實力，如土耳其總統埃爾多安之類的人物，否則純粹的總統制也難成案。在臺灣，總統制最有可能成案的一個時機，或許是現任總統暨當時的執政黨，他們評估下次總統選舉時仍能勝選，且反對黨等勢力同時自忖也有相當勝算的時候。

　　從修憲的機關立場來看，即使政治領導人和主要黨派在選擇總統制上有共識，也不易過得了立法院憲法修正案這一關。因為，在總統制下立法委員將喪失質詢行政官員的權力，他們是否願意繳出習以為常的監督利器。至於選擇內閣制，相對的憲法修正案應該過不了公民複決這一關，因為要說服公民把選舉總統的權力拿掉，恐怕是最困難的事。論者或舉若干歐洲國家總統直選，而仍能實施虛位元首的制度為例，以此說明公民直選總統和內閣制是可以並行無礙。此一立論雖非無據，但時空和因果稍嫌錯置，因這些國家的公民直選總統制度，多是在內閣制的既有歷史經驗上形成，明顯與臺灣的政治發展脈絡和憲政條件格格不入。況且，令人難以想像，在臺灣一場虛位總統

的全國選舉該如何進行？又，如果維持公民直選總統，但總統在憲法上是虛權，這是否合理且可行？因此若臺灣維持直選總統，現實上總統不可能是虛位，如此則政府體制就不宜歸類爲內閣制，最多是具濃厚內閣制精神的半總統制，本質上還是在半總統制架構中。因此，已故半總統制研究重要學者Robert Elgie將公民直選視爲半總統制的一項關鍵條件，且不必再細究憲法上總統的權力有多大，是有其獨到見解的。

肆、結論：政治趨力和價值定位左右憲政體制的選擇

臺灣憲政體制長期的發展，受到不同政治趨力和憲政價值定位的左右。從總統角色爲基準來看，涉及強化總統權力與抑制總統權力這兩種力量的辯護和競逐；從憲政價值的強調來看，涉及應側重治理效能或權力制衡之不同價值的權衡（陳宏銘，2019：286）。半總統制相對於其他制度，傾向是各方政治勢力、不同憲政價值較易達成妥協和均衡的結果。半總統制是新興民主國家最多採用的制度，雖然不好運作，但不表示一定運作得不好，也不代表它是不好的制度。如果臺灣各界和多數國人對憲政體制的定位和選擇能達成共識和交集，欲進行憲法的修改，改採他種制度類型，也未嘗不可。只不過，基於臺灣憲政運作長期的觀察，現實上即使修憲能跨過一般公認非常難以達到的高門檻，在這幾年內應該也不太可能看到脫離半總統制的機會。在此情況下，先維持既有半總統制架構，正視總統在憲法上正式決策機制的欠缺，以及增加立法院對行政院院長人事案的參與（暨決定）權力（僅止於恢復閣揆同意權，尚非周密的配套設計），似是憲改可以努力的部分。[3]

---

[3]　請參閱陳宏銘（2019：282-284）進一步詳細的討論。

7

憲政體制對COVID-19疫情的回應：臺灣半總統制經驗的研究

壹、前言

　　新型冠狀病毒肺炎（COVID-19，嚴重特殊傳染性肺炎）從2020年起在世界各地爆發，臺灣社會也受到很大的衝擊，各國政府的因應能力受到嚴厲的考驗。當國家處在這種特殊時期，政府中行政、立法及司法等主要部門，在不同的程度上都需要回應這個挑戰，也可能需要在既有部門之外，設置特別的應變組織和機制。不同的政府部門和機制所扮演的角色以及彼此的權力關係，隨著不同的憲政體制（或政府體制）型態，可能會呈現不同的態樣。本文嘗試探討的問題是，在傳染病大流行時期，在臺灣特定憲政體制下，政府是如何運作的？又是否更突顯憲政體制中優勢機關的角色和權力？目前政治學界相關研究，多集中在以防疫成效為依變項，而以民主相對於專制或政治穩定程度為自變項之探討，對於本文前揭研究問題，則罕見相關文獻。至於臺灣憲政體制研究領域，也難見到結合新冠疫情議題的探討，顯然憲政體制研究投入在新冠疫情上的參與度非常有限，本文期彌補這方面的不足。

　　當代的憲政體制主要可分為內閣制、總統制及半總統制，這些體制類型雖然架構了疫情時期政府的基本運作型態，但也可能呈現超出承平時期的態樣。譬如，在總統制，總統是行政權中因應疫情的最高決策者，相對的在內閣制，總理和其領導的內閣才是行政權的領導中樞，而非國家元首；在半總統制，總統和總理常分享行政權，且隨著不同的雙元行政領導，可能出現相異的分權和運作模式：如果是總統權力較總理優勢者，那麼在大流行時期，是否前者才是行政權核心？如果是總理權力優勢者，是否總理和內閣才是行政權的重心？再者，政府因應疫情的方式，可能不僅是反映既有憲政體制類型的特性，甚至是突顯了特定機關的角色和權力，因此強化既有的制度特性？由上可知，在新冠大流行時期，關於政府體制如何運作，有其特別的研究價值。基於這樣的研究動機，本文嘗試探討臺灣半總統制運

作的經驗。

　　在臺灣，由於政府處理疫情的權力集中在中央政府，因此本研究的焦點放在這個層次的運作，並以總統、行政院院長、中央流行疫情指揮中心（以下非法規名稱處，簡稱「指揮中心」）暨指揮官以及立法院等部門的運作爲探討對象。至於中央政府與地方政府的關係，以及地方政府層次的觀察，並不在本文探討範圍。

　　進一步的，本文將臺灣憲政體制放在總統權力較總理優勢的半總統制次類型來看待，並且將兩項影響總統、行政院院長和國會權力關係的因素加以考慮：一是在行政部門和立法部門的關係上，處於總統和國會多數相同的一致政府（unified government）下；二是疫情主要期間，總統同時是執政的民主進步黨的黨主席。基於上述，本研究預期臺灣政府的運作會出現以下三種情況：一、在行政機關內部，權力偏向總統和疫情中心指揮官（尤其是由衛福部部長兼任時）；二、在行政權相對於立法權方面，呈現向行政權傾斜狀態；三、總統扮演多重角色，具政策決定權和介入技術督導的情況。基於上述，本研究將描繪和解釋疫情時期憲政體制的運作，以及政府各部門的角色與作爲，並試圖提出一個理論上的假設，即在疫情危機時期，政府的運作並非僅單純地反映其制度特性，而是更突顯其中特定權力機關的角色，致使原有憲政體制類型的特色更爲強化。

　　擬說明的是，關於政府對疫情的處理，包括了疫情防治和經濟振興及紓困等方面，本研究多聚焦在前者。另關於政府防疫成效的評估，亦不在探討範圍。本文兼具臺灣個案研究以及比較研究視野，一方面納入臺灣之前2003年SARS（Severe Acute Respiratory Syndrome，嚴重急性呼吸道症候群）疫情個案，反映縱向時間下兩個案的對照，另一方面引介法國和芬蘭這兩個重要半總統制經驗，與臺灣個案進行橫向跨國比較。本文據此驗證法、芬兩國半總統制在疫情下的次類型特色，惟這僅作補充訊息，並無意將其與臺灣個案進行實證上的全面性比較。

　　本文對臺灣的研究時程，從2020年1月至2022年7月止，涵蓋了

2021年5月起和2022年4月起兩波疫情高峰時期，政府防疫主要作為幾乎都在其中。臺灣政治學界不乏針對疫情的相關研究，但本文與這些研究的焦點不同，應是首篇系統性探討疫情時期臺灣憲政體制運作的專題研究。且既有研究多建立在疫情第一年的經驗，試圖及時提供學術上的觀察，少數或雖超過一年的研究時程，但能涵蓋2022年臺灣第二波疫情高峰關鍵時期者，又同樣少見，這不免美中不足。本研究可能是極少數能涵蓋臺灣完整兩波疫情高峰時期的研究，試圖補充既有憲政體制理論在疫情方面探討的不足。

貳、文獻探討

政治學界關於新冠疫情的研究，廣受重視的是政權型態（regime type），如民主與專制的不同與防疫成效的關係（Bunyavejchewin and Sirichuanjun, 2021; Sebhatu et al., 2020; Frey et al., 2020; Alon et al., 2020；薛健吾，2023；李欣樺，2023）。但也有研究者指出，關鍵恐非在政權型態，而是其他因素，如政治制度的合法性、國家能力、因應SARS的經驗等等（Kleinfeld, 2020）。上述治理因素，也與政府效能層面，[1]以及其獲得人民信任情形有關（Krastev著，劉道捷譯，2020：48）。這些研究可以提供吾人參考，惟從現階段的研究結果來看，政權型態與防疫成效的關係呈現多元狀態，且何種政治型態的政府效能較佳，亦無定論。

雖然隨著「疫情政治學」受到重視，多元的研究議題也漸次形成，但迄今為止，研究者對不同憲政體制下政府回應疫情的方式，則相當罕見。既有關於政權型態或政府效能在回應新冠疫情的研究，雖然提出不少重要的研究發現，但某種程度忽略了憲政體制（總統制、內閣制、半總統制等）因素。以致於有關憲政體制如何因應大流

---

[1]　請參見薛健吾（2022）大樣本的統計研究以及Baris和Pelizzo（2020）的研究。

行的挑戰，比較少見到系統性的研究。在此就有限的文獻和觀察做討論。

系統性跨國研究，較早見於Akirav等人（2021）有關國會與疫情的研究報告，其納入了內閣制、總統制以及半總統制共24個國家的經驗，呈現多面向的研究發現。在內閣制政府中，內閣成員和議員的角色是融合為一，而在總統制中這兩種角色是分離的；研究顯示，內閣制下的議會更能適應疫情帶來的挑戰，其加快了立法進程，但沒有同時大幅增加法案的數量。不過，源於疫情時期政府權力易向行政權傾斜，而內閣制具行政權和立法權融合的性質，議會功能反而容易被削弱。相對地，總統制基於權力分立特性，立法權獨立於行政權之外，疫情時期被削弱的情況較低。此外，Akirav等人也指出，該研究中混合制的個案是罕見的，由此可見半總統制經驗更少受到了解。

另一項關於內閣制的觀察，是印度的個案（Madhavan, 2020）。印度的憲法在制定時採內閣制而捨總統制，係考量內閣制有利於議案的提出、辯論以及對政府的監督和問責。然而，在2020年面對疫情時，印度議會及其委員會曾有長達兩個多月未開會，顯示議會並未採取應有的積極行動，缺乏有效對政府行為的審查。

在既有關於憲政體制與疫情的研究中，Lecours等人（2021）是極少數同時比較總統制和內閣制國家經驗者。該研究比較美國總統制與加拿大、澳洲的內閣制在新冠疫情時的運作，研究發現，美國總統制呈現個性化的政治風格，加以固定的選舉時程，使得政府和政治人物在處理疫情時，易受即將到來的近期選舉因素影響，民粹領袖亦可經由選舉直接取得總統職位。再者，美國聯邦政府與各州政府的互動關係滋生衝突，在第一波大流行期間，美國總統川普對若干民主黨州長進行尖酸的批評，而州長也予以回擊。相對地，在加拿大和澳洲，並沒有這樣的情況，兩國的內閣制產生了總理領導及具凝聚力的政府。雖然這項研究中總統制受限於單一個案經驗，但其指出制度因素和總統個人風格因素的影響作用，仍具參考價值。

同樣屬於總統制，智利和墨西哥皆出現所謂的超級總統制，在

大流行期間總統權力都特別強大（hyper-presidentialism）（Cofre, 2020; Petersen and Somuano, 2021）。智利憲法授權總統頒布緊急狀態命令，可暫停和限制一系列人民自由和權利（個人自由、團聚、工作、結社、隱私和私有財產權等），該命令係可在一定時期內由總統不經議會默許而逕自宣布（進一步擴展則需要議會批准），論者指出，這反映了智利特有的超級總統制。在回應大流行危機時，行政部門首先由衛生部行使相關衛生權力，其後總統啓動了憲法賦予的緊急權力，通過總統令宣布了具有90天日落條款的災難狀態（Cofre, 2020）。至於墨西哥，一項研究顯示，2020年在該國是新冠大流行之年，致超級總統制弱化了政治體系中的制衡和多元性。但超級總統制並不是大流行病的直接結果，因體制原本即有此傾向；不過，公共衛生危機成爲有利的時機，使總統集中權力的做法被合法化（Petersen and Somuano, 2021）。

　　關於半總統制，鑒於其多樣性，可分別檢視其中民主表現較穩定和較不穩定兩組國家。先就前者來看，以法國和芬蘭爲例。兩國個案更進一步的探討，後續在本文中將特別安排。

　　根據Vedaschi和Graziani（2023）對法國的研究指出，對疫情的回應，證實了該國政府制度的傳統特性，即高度集中在總統作爲一個強有力的行動者，但同時總理和衛生部長的角色也予強化，並遠超出平常水準的現象。這是一個政府運作的新特點，將法國行政機構的「兩位首腦」（共和國總統和總理）置於幾乎相同的地位。Burni與Erfort（2020）的觀察則指出，第五共和半總統制的設計理念，體現在危機時的快速決策，而這是內閣制無法比擬的，法國因應大流行危機的表現，展現其半總統制的優越性。申言之，一位具有宣布非常措施權力的總統，與另一位在議會面前爲政府行動辯護的總理，藉由兩者間的相互作用，兼顧了國家領導者的權威與民主的價值。可以說，危機既是「行政的時刻」，也是「總統的時刻」。當Macron總統將當前的大流行定性爲戰爭狀態時，這不是巧合，而是出於法國政治體制內植的特性。相較於法國，芬蘭半總統制屬於總統權力較小的

類型，行政權應變重心在總理內閣。根據緊急權力法，緊急狀態的宣布係在政府和總統合作下進行，政府運用緊急權力，再藉由提出送交議會審查的相關法令來執行，不過其間總統仍有其憲政角色，並非純然虛位元首。

關於較不穩定的新興半總統制民主，可以突尼西亞、斯里蘭卡兩國為例。從一項觀察指出（Grewal, 2021），突尼西亞政府原即是總統權力較總理為強勢的型態，而新冠大流行加劇經濟和政治危機，因此有利於總統Kais Saied權力的攫取，和有助他合法地接管了政府（Grewal, 2021）。同突尼西亞一樣，斯里蘭卡的半總統制近年來廣受關注，研究者指出，新冠疫情帶來的不僅是公共衛生和經濟的挑戰，更是憲政民主危機的警訊。疫情期間總統擴大了權力，行政部門完全主導應對措施，符合總統和執政黨的威權執政意識形態需求，且疫情應對的績效成果更能累積選舉的優勢。政府的危機應對措施獲公眾的廣泛認可，為行政部門積極接管國家提供了動力，但行政權力膨脹也產生了民主倒退的可能性。不過，由於公眾對選舉威權主義（electoral authoritarianism）的容忍是有限的（Fonseka, Ganeshathasan and Welikala, 2021），因此專制運作也不見得能持續太久。

反觀大流行時期臺灣憲政體制運作，學術界幾乎缺乏專題研究，Tan（2020）的論文是最早少數觸及一部分臺灣經驗的文獻。根據該研究，在很大程度上，蔡英文總統和蘇貞昌行政院院長所構成的政治領導層，將疫情應對工作交付予衛生福利部部長和疫情指揮中心，由他們擔任政府前沿以及運作中心，蔡總統本人則扮演臺灣對外形象的角色。由於該論文非針對臺灣個案的專題研究，且限於疫情早期階段，對相關權力部門運作的更進一步探討，非其研究任務。但其指出衛生福利部部長和疫情指揮中心的角色，與本文觀點若合符節。

由上述的討論可知，不同的憲政體制在回應疫情時所呈現的特性有所不同，但其中存在著一項未被挖掘，但又呼之欲出的憲政體制特

性，即疫情時期政府運作不僅反映其憲政體制特性，而是更突顯和強化原有優勢機關的角色。如以半總統制來看，由於存在次類型的差異，總統、總理之雙首長和衛生部長的相對權力，以及疫情時期整體憲政體制運作特性應會更多元而複雜，以臺灣個案而言，其情況如何？這是重要而有待研究的憲政議題。

參、總統優勢的臺灣半總統制

無論採Duverger（1980）或Elgie（1999）對半總統制的定義，中華民國憲政體制均符合此一制度特徵，也廣爲政治學界所認定（陳宏銘，2019）。臺灣半總統制也屬於總統權力相對於行政院院長優勢的型態，在新冠疫情時期，也處於行政和立法多數一致的政府結構，以及總統身兼執政黨黨主席的狀態，從而有利於總統角色或行政權的運作。

一、總統優勢的半總統制

關於半總統制的類型劃分方式，Shugart與Carey（1992）所提出的「總理總統制」與「總統議會制」兩種次類型最爲學界所援引，二者差異在於，前者中總理（內閣）僅對國會而不對總統負責，而後者中總理（內閣）同時對國會和總統負責。臺灣的半總統制多被歸類爲總統議會制，因總統具任命行政院院長權力，且憲政實務上總統也幾乎具有更換行政院院長的自主權。[2]行政院院長除向立法院負責外，實際上向總統負責的程度可能更甚。綜合憲法設計和實際運作，總統居於國政領導中樞地位，故憲政體制可稱爲「總統優勢的半總統制」，這個稱法似較總統議會制更能被理解其制度特徵。

---

[2] 這是從實際運作來判定，但從憲法規範面而言，學者看法不一。

二、一致政府時期的半總統制

總統權力（職權）除由憲法授予外，也受實際政治條件所影響，其中總統所屬政黨是否在國會中取得過半多數，即是一項關鍵因素。在疫情時期，民進黨持續取得立法院過半席次，因此行政和立法關係屬於一致政府，行政部門政策推動所受到立法部門的反對力道相對減弱。

按各國憲法對於國家處於緊急狀態，幾乎都有應變機制規劃，其中國會對緊急法令多具有同意權或事後追認權。行政部門也仰賴國會配合通過各種法案，以作爲具體措施的法律基礎。由於臺灣處於一致政府狀態，行政部門在推動各項因應疫情的政策和法案時，雖然不可能沒有來自立法院的監督和制衡，但強力的否決十分困難。

三、總統兼任黨主席下的半總統制

在總統優勢的半總統制下，總統是否擔任黨主席，對其作爲政黨實質領袖的地位影響不大，但兼任時則可領導政黨機器，例如主持中常會等相關權力機制的運用，亦更有影響國會黨團及黨內公職候選人提名的權力。在本文研究時程中，蔡總統兼任民進黨黨主席，使其在黨權掌握上更爲有利，也進一步強化和鞏固其對執政團隊的領導。

綜上，總統優勢的憲政體制、一致政府及總統身兼黨魁，是分析政府運作不可忽略的相關政治制度和結構的因素。

肆、臺灣半總統制對新冠疫情的回應

關於臺灣半總統制對疫情的因應，以下分爲五個面向討論：一、以特別立法爲因應基礎的法律政策；二、疫情指揮中心和指揮官的特殊權力；三、總統優勢的領導；四、行政院院長角色不易突顯；五、行政權相對於立法權：行政權的優勢。

一、以特別立法為因應基礎的法律政策

　　新冠疫情爆發之初，社會上不乏期待蔡總統能發布緊急命令，惟其並無此規劃。蔡總統認為，在SARS後所訂定的傳染病防治法，以及立法院因應疫情快速反應的特別立法，對於防疫期間政府所需要的授權，已提供足夠的法律基礎。她並表示，當情勢有變化，造成更大的經濟與社會衝擊時，再視需要採取快速修法或者發布緊急命令（溫貴香等人，2020）。

　　由於總統未有發布緊急命令，且立法院亦無制定緊急命令法，臺灣主要運用原有的傳染病防治法，並配合立法院於2020年2月25日三讀通過的嚴重特殊傳染性肺炎防治及紓困振興特別條例（以下簡稱特別條例），作為防疫的主要法律基礎。[3]從表7-1來看，各國所採取的緊急狀態法制不同，其中有8個國家並無宣布憲法上的緊急狀態，但全部均有緊急狀態立法，甚至是創設或援引法律進行緊急狀態處置。臺灣屬於並未依憲法發布緊急狀態（緊急命令），但採取特別立法或緊急立法模式。

表7-1　跨國（例舉）新冠肺炎緊急狀態法制

國家	體制類型	憲法上 緊急狀態發布	緊急狀態 的特別立法
臺灣	半總統制	否	是
法國	半總統制	是	是
芬蘭	半總統制	是	是
奧地利	半總統制	否	是
愛爾蘭	半總統制	否	是
葡萄牙	半總統制	是	是

（接下表）

---

[3] 依照中華民國憲法本文規定，總統發布緊急命令須依據緊急命令法，但增修條文則無此規定。

國家	體制類型	憲法上 緊急狀態發布	緊急狀態 的特別立法
羅馬尼亞	半總統制	是	是
比利時	內閣制	否	是
德國	內閣制	否	是
希臘	內閣制	是	是
以色列	內閣制	是	是
義大利	內閣制	是	是
英國	內閣制	否	是
西班牙	內閣制	是	是
瑞典	內閣制	否	是
瑞士	委員制	是	是
美國	總統制	否	是
賽普勒斯	總統制	是	是

資料來源：Spathi et al. (2021); Chambas and Perroud (2021); Scheinin (2020)。

　　特別條例賦予行政機關（指揮中心）因應措施的法源依據，使其具有高度行政裁量權力，可採取各項疫情管制措施（左宜恩，2021）。因此，以下先就疫情指揮中心暨指揮官的角色加以探討。

二、疫情指揮中心暨指揮官的特殊權力

　　當國家處於大流行的特殊狀態時，通常需要設置特殊的政府應變部門，臺灣在當時即成立了「嚴重特殊傳染性肺炎中央流行疫情指揮中心」。為因應國際多起COVID-19感染案例的發生，國家衛生指揮中心先是在2020年1月20日，針對此新疾病三級開設疫情指揮中心，由疾管署署長擔任指揮官。1月21日臺灣出現第一個境外移入病例，1月23日立刻將指揮中心提升為二級，由衛生福利部（以下簡稱「衛福部」）部長陳時中擔任指揮官。2月27日，指揮中心再提升為一級

開設（如圖7-1），仍由陳時中擔任指揮官，其亦是疫情主要時期的指揮官。疫情兩年後的2022年7月16日，陳時中請辭，由衛福部政務次長王必勝接替。[4]

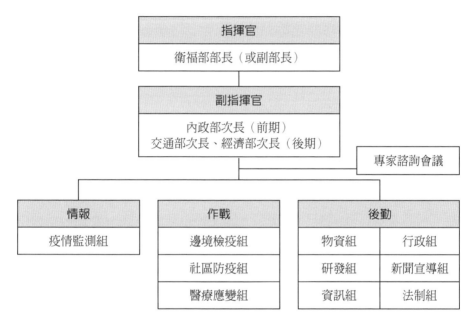

圖7-1　新冠肺炎中央疫情指揮中心一級開設架構

資料來源：作者參考衛生福利部相關圖示自繪。

依照特別條例第7條：「中央流行疫情指揮中心指揮官為防治控制疫情需要，得實施必要之應變處置或措施。」以及相關條文之規定，疫情指揮中心取得緊急強制行政權和裁罰權。[5]

除特別條例外，按中央流行疫情指揮中心實施辦法第4條第1項

---

[4]　副指揮官先由內政部次長陳宗彥擔任（2020.1.23-2022.7.17），其後由交通部次長陳彥伯與經濟部次長陳正祺擔任（2022.7.18-2023.4.27）。

[5]　如第8條第1項規定：「於防疫期間，受隔離或檢疫而有違反隔離或檢疫命令或有違反之虞者，中央流行疫情指揮中心指揮官得指示對其實施錄影、攝影、公布其個人資料或為其他必要之防治控制措施或處置。」

之規定：「本中心指揮官統一指揮、督導及協調各級政府機關、公營事業、後備軍人組織、民間團體執行防疫工作；必要時，得協調國軍支援。」另依傳染病防治法第37條第3項之規定：「第一項地方主管機關應採行之措施，於中央流行疫情指揮中心成立期間，應依指揮官之指示辦理。」第53條至第56條均規定「各級政府機關得依指揮官之指示」，均賦予指揮官在疫情期間的重要行政裁量權力，以及包括對地方政府部門在內各級政府發布指示的權力。

綜合上述，臺灣雖未有緊急命令的發布，但特別條例作為緊急的特別立法，加上原有傳染病防治法等法規，其法律規範的密度和強度實不下於其他國家緊急狀態下的立法，疫情指揮中心指揮官和政府被授予的應變處置權力相當顯著。

此外，在2003年SARS疫情發生時，臺灣尚未建立跨部會整合機制，而這次則從該經驗加以學習，因此得以快速建立。並且，指揮中心的兩位副指揮官分別納入經濟部和交通部兩部次長。再者，當指揮中心提升為一級開設時，陳部長擔任指揮官後，並由衛福部與18個部會，共同就邊境、社區、醫療、物資、研發等面向，擬定防疫作業原則，並落實各項疫情控管機制。[6]

在危機狀態下，外部專家對於政府防疫政策和措施的決定，也扮演重要的角色，如在指揮中心設立專家諮詢會議，該召集人常出席指揮官所主持的記者會，對相關事項予以說明。而且，在總統和行政院所召集的正式或非正式會議中，均常見公共衛生和醫學領域專家的參與。

指揮中心根據法律被賦予應變的特殊權力外，實務上也獲得總統和行政院院長一定程度專業上的信任和尊重。[7]從權責（職權）關係

---

[6] 引自行政院院長蘇貞昌向立法院所做「國籍航空機組員隔離『3+11』決策過程專案報告」（2021年9月17日）。

[7] 根據指揮官陳時中本人的說法，在整個防疫過程中，政府尊重專家的判斷，除蔡英文總統從未對指揮中心下過指導棋外，行政院院長蘇貞昌在經費和部會協調等方面也都力挺，讓指揮中心擁有完整的指揮權（陳時中，2022：258、347）。對於蔡總統在若干防

來看，指揮官在「疫情防治」層面具統一指揮、督導及協調各級政府機關的權力，並非行政院院長的部屬，依法有其獨立職權。但指揮中心是報請行政院同意下成立的，[8]且指揮官仍須出席行政院院長每週所召集的「擴大防疫會議」，其由衛福部部長或副部長兼任，並按需要做報告，會議中可見行政院對指揮中心專業功能的尊重和任務的託付，因此工作上也未完全獨立於行政院（院長）之外。[9]另外，疫情的處理除了「防治」，還包括「經濟振興及紓困」，指揮中心的管轄權不及後者。這意謂在防治事項部分，指揮官專有全國性的統一指揮權，行政院則在經費和政策上予以支持（參見圖7-2）。

　　總統與指揮官在憲政體制內並無領導和被領導的必然關係，但在總統召集國家安全會議時，指揮官可能受邀出席，而受總統所作成的會議裁示與結論的拘束。蔡總統個人也運用非正式的管道（總統府會見、官邸會談及其他方式，參見圖7-2及後文討論）而有聯繫。當這種情形發生時，指揮官雖無憲法上的義務接受總統的指示，但實務上不能排除總統的影響力。

　　由指揮官所主持，於每天下午2點召開的疫情指揮中心記者會，成為中央政府例行的疫情資訊揭露、防疫作為和措施宣達的重要管道。其中尤以陳時中指揮官在媒體和公眾之前露臉機會最多，遠非行政院院長和其他公職人員可以相提並論。加以在2022年4月前，臺灣防疫表現受到國際社會和國內民意的肯定，指揮官暨指揮中心的權威和聲望均維持較高的狀態。但在2022年4月以後，疫情大爆發，政府防疫作為受到在野黨和民間不同意見的批評後，情況則有所不同。

疫措施事項有表達意見之情形，但這是否是下指導棋，論者可能有不同的判斷，本文認為在相關場合，如在民進黨中常會中，有措施指示的情況。

8 　根據中央流行疫情指揮中心實施辦法第2條規定：「中央主管機關依本法第十七條第一項規定，研判國內、外流行疫情嚴重程度，認有必要時，得提具體防疫動員建議，報請行政院同意成立中央流行疫情指揮中心（以下簡稱本中心），並指派指揮官。」

9 　如2022年6月25日蘇院長於會議中表示：「請指揮中心綜合國內外疫情變化及醫療量能等資訊進行掌握及比較，以作為相關防疫政策繼續推動及滾動調整依據。」

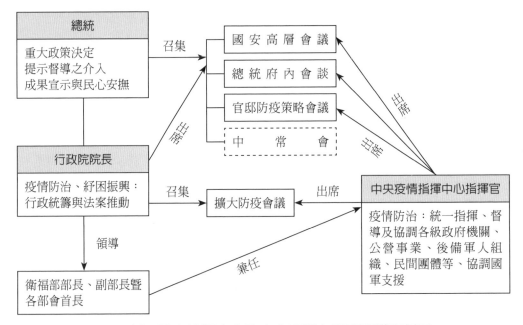

圖7-2　新冠肺炎時期中央政府主要權力機關職權關係圖

三、總統優勢權力的領導

以下分別就總統的政策機制及疫情時的角色加以分析。

（一）總統的政策作成和協調機制

圖7-2呈現了新冠肺炎時期總統、行政院院長、衛福部部長暨指揮中心指揮官的角色和職權關係。雖然總統具有直接任命行政院院長的權力，但形同內閣會議地位的行政院會議係由後者所主持，且憲法並未賦予總統常態性的政策決定機關。按憲法增修條文的規定，總統爲決定國家安全大政方針，得設國家安全會議，但該會議是「諮詢機關」，並非政策制定機關（陳宏銘，2019）。爰此，歷來總統均常

見透過其他管道邀集政府官員和政黨人士進行政策討論。[10]綜觀疫情期間，蔡總統主持或發表關於防疫事務的談話，其場合包括：國安高層會議、總統府召集的會談、總統官邸邀請黨政人士討論、民進黨中常會（表7-2）。

表7-2　蔡英文總統決策機制場合

身分	場合	召開時間
總統	國安高層會議	不定期
	總統府內會談	不定期
黨主席	中常會	定期（每週）
總統與黨主席	總統官邸	不定期

註：本表由作者自製。

　　實務上，歷任總統常以「國安高層會議」名義召開與國家安全有關的會議。在2020年1月21日發現首起COVID-19本土感染病例，次日總統旋即召開會議，一星期後再次召開。接著在3月12日召開第三次的會議，討論落實600億防疫特別預算等重要事宜，這段期間採取較密集召開的方式，後隨疫情緩和，直至2021年農曆過年前的2月9日才又見開會。臺灣疫情在2021年5月中轉趨嚴峻，蔡總統於5月13日再度召開國安高層會議，指示行政院負起統籌指揮，和責成及督導中央機關和地方政府的角色。5月15日在疫情大爆發、確診人數遽增後，政府宣布將臺北都會區提升疫情警戒至第三級。之後，疫情在一段時間內雖然嚴峻，但因控制得宜而逐漸緩和，至回歸清零。再至2022年1月，臺灣境內確診人數又零星出現並增加，在農曆春節前夕，蔡總統循前例又召開國安高層會議。此後在疫情期間，就未再召開。

　　在國安高層會議外，蔡總統也藉由總統官邸邀集非正式會談，

---

[10] 關於歷來我國總統決策機制的詳細探討，請參見陳宏銘（2018）的研究。

或在總統府召集會議。這種會談（或會議）的召開，雖非體制內會議，但具實質政策討論功能。前者如2022年4月6日在官邸召集防疫策略會議，確立「新臺灣模式」具體方案；後者如2022年5月13日在總統府召開防疫會議，蔡總統揭示防疫重要原則（蔡晉宇，2022）。[11]

此外，在2020年1月疫情初，蔡總統並以黨主席身分主持民進黨中常會，對防疫事宜進行具體指示。至2021年5月疫情第一波高峰時，更有多次重要發言，如關於疫苗採購（2021年5月26日）和疫苗施打（2021年6月9日）。至2022年年初，疫情又趨不穩定，她在中常會中就疫苗覆蓋率問題（2022年2月9日）予以說明。同年4月至5月疫情第二波高峰時，她更密集地在會中做出指示。由此可知，當疫情趨向嚴重時，她在中常會下達的指示也愈多（參見表7-3）。

表7-3　蔡英文總統關於防疫的重要發言與指示一覽表

日期	場合	發言與指示重點	角色類型
2020.1.22	國安高層會議	指示行政院及衛福部，啓動跨部會的協調與因應	指示與督導
2020.1.30	國安高層會議	指示行政院研判特別法和特別預算的必要性	指示與督導
2020.3.12	國安高層會議	指示政府須超前部署，強化短期經濟動能	指示與督導
2020.4	TIME雜誌	向國際社會分享臺灣的成功防疫經驗	對外形象表達
2021.1.27	中常會	說明臺灣2003年對抗SARS所學防疫的三關鍵	指示與督導
2021.2.3	中常會	指示防疫善用機遇，打造更多像台積電護國神山	指示與督導

（接下表）

---

[11] 參加會議者包括副總統賴清德、前副總統陳建仁、行政院院長蘇貞昌、國安會秘書長顧立雄、行政院政務委員兼發言人羅秉成、行政院秘書長李孟諺、衛福部部長陳時中、疾管署署長周志浩。

日期	場合	發言與指示重點	角色類型
2021.2.9	國安高層會議	確定疫苗將採取多源頭外購和國內研發雙軌並行	政策定調
2021.5.13	國安高層會議	指示行政院負起統籌指揮政府；疫情和疫苗整備	指示與督導
邁入第一波疫情高峰期			
2021.5.26	中常會	疫苗購買須中央統籌，政府洽購國際最好疫苗	政策定調
2021.5.31	總統府	向國人報告，擁有自己疫苗是國家戰略優先	政策定調
2021.6.2	中常會	疫情嚴峻，執政黨要承擔人民的不安，全力以赴	指示與督導
2021.6.9	中常會	疫苗施打：黨籍地方首長要做表率，地方宣導	指示與督導
2021.7.7	中常會	疫苗接種：希望7月底可以達到二成的接種率	指示與督導
2022.1.5	中常會	第一起Omicron本土確診病例，強化防疫措施	指示與督導
2022.1.22	臉書	疫情再起，請國人不要恐慌；提升疫苗覆蓋率	宣示與安撫
2022.1.28	國安高層會議	指示落實防疫工作，「戒慎而不恐慌」	指示與督導
2022.2.9	中常會	提高第三劑疫苗覆蓋率，尋找兼顧經濟和防疫的臺灣模式。	政策定調
邁入第二波疫情高峰期			
2022.4.6	官邸防疫策略會議	現階段目標「重症求清零、有效管控輕症」。「新臺灣模式」兼顧經濟發展與正常生活	政策定調
2022.4.13	中常會	現階段目標「重症求清零、輕症可控管」，「新臺灣模式」兼顧經濟發展與國民正常生活	政策定調
2022.4.20	中常會	指示快篩劑國外購買數量、價格控制；是執政黨功課，配送銷售系統要準備好	指示與督導
2022.4.27	中常會	強調目前防疫重點，盼民進黨協助向民眾宣導	指示與督導

（接下表）

日期	場合	發言與指示重點	角色類型
2022.5.4	中常會	關於快篩難買，請列席常會的政務委員將意見帶回給行政院研議；能協調更多元購買通路	措施指示與執行督導
2022.5.6	預錄影片	表示在疫情的最後階段，繼續團結戒慎不恐慌，一起克服這波疫情的挑戰	民心安撫
2022.5.11	中常會	指臺灣防疫團隊成績相當好，指示所有黨公職、黨員對防疫團隊最大支持、鼓勵、打氣、協助	成果宣示
2022.5.11	臉書	表達防疫團隊成績相當好	成果宣示
2022.5.13	總統府防疫諮詢會議	就當前疫情各事務進行研商；指示三大防疫原則	指示與督導
2022.5.20	赴桃園市八德區公所	視察與指示強化四項防疫工作；宣布松山機場大客車停車場新增探檢站	指示與督導
2022.5.27	臉書	表示疫苗數量絕對足夠，請家長放心。政府會努力扮演好家長的隊友，一起把孩子顧好	民心安撫
2022.6.3	臉書（影片）	端午談話，疫情最後關鍵時刻，大家繼續努力	指示與督導
2022.6.26	園遊會致詞	出席「用藥安全路 藥師來照護」園遊會，請大家互相提醒，一起提升疫苗覆蓋率，落實防疫	指示與督導

資料來源：本表由作者參考各新聞網站、總統府網站等資料整理而成。

　　蔡總統也常運用「臉書」傳達政府重要防疫訊息，或採取預錄影片方式對國人發表重要談話，試圖安定民心。[12]另其藉由電話和個別人士如與蘇貞昌、陳時中進行討論，且當疫情嚴重時，通話頻率也增加，甚至不時面對面開會（陳建瑜，2021）。上述決策過程不在正式憲政制度內，而是循非正式管道，因此立法院並不一定能知悉決策的過程。

12　根據沈有忠（2022）對蔡總統臉書的探討，也證實有關防疫主題是蔡總統在臉書發文中的重要項目。

（二）疫情下總統的多重角色：重大政策決定、措施指示與執行督導的介入、成果宣示與民心安撫

在體制上，總統具有國防、外交以及兩岸關係等方面的大政方針決定權，但在實務上，總統政策權力遠超出憲法規範。本文進一步探討，疫情時期蔡總統在政府運作中的角色。

在疫情前期，由於防疫表現優異，根據學者Tan（2020）的觀察，蔡總統扮演了國家對外形象的角色。確實，蔡總統曾接受《TIME》雜誌邀請撰寫專文，向國際社會分享臺灣的防疫經驗。隨著前述2021年5月起本土疫情的加劇，蔡總統的角色趨向多元，並且可以看到她在防疫重大政策上的關鍵角色。在此，本研究藉由蒐集蔡總統的發言和決策訊息，整理出共30筆具有代表性的新聞資料（表7-3）。研究顯示其扮演的角色涵蓋以下多種：重大政策決定者、措施指示與執行督導的介入，以及成果的宣傳與民心的安撫等。

1. 重大政策決定

疫苗的採購和接種、「清零」與否或與病毒共存的「新臺灣模式」政策的形成，是相關政策中最具代表性的兩項，也恰好對應2021年與2022年兩波疫情高峰時最受矚目的議題。

(1) 疫苗政策

有關疫苗的採購和接種，是防疫措施中大眾最關切的事項，疫苗是否能充足供應和接種，一度面臨重大挑戰和質疑。在一場國安高層會議（2021年2月9日）中，蔡總統指出：「我們將採取多源頭外購和國內研發之雙軌並行的方式，以確保得到足夠的疫苗。」另於總統府公開表達：「擁有自己可以供應的疫苗，是我們國家戰略的優先項目。」（總統府，2021a）。疫苗供應被蔡總統定位為國家戰略層次問題，顯示其政策權力的行使。

蔡總統亦涉入國外購買疫苗進度的關切，更親自前往指揮中心關心高端和聯亞國產疫苗的進度，盼能加速國內自產疫苗的能量（陳

建瑜，2021）。甚至，2021年5月26日在民進黨中常會中指出：「疫苗的購買，必須由中央統籌，配合中央整體防疫策略……國際上最好的幾支疫苗，包括英國的AZ，美國的莫德納（Moderna），以及德國的BNT，政府都積極接洽採購，也順利訂購到英美的這兩支疫苗。」（謝佳珍，2021）。進一步地，蔡總統和副總統賴清德，並公開施打高端疫苗，藉此強化對國產疫苗的支持。[13]

　　另一項顯示蔡總統才是疫苗政策最終決定者，是由其於2021年6月18日在總統府內與台積電董事長劉德音、鴻海集團創辦人郭台銘會見，就向德國BNT原廠洽購疫苗的相關計畫交換意見，而非由行政院院長蘇貞昌洽談和拍板定案。且會後總統府的正式新聞說明指出：「蔡總統指示行政院相關部會，持續密集與兩家企業進行協商，全力提供協助，務必於最短時間內完成相關授權文件，發函授權台積電及鴻海永齡基金會，各爭取500萬劑原廠疫苗供應。」另外，新聞稿也指出：「後續1,000萬劑疫苗的交貨期程，大家都有高度共識，大家一致認為『越快越好』，也一致認為，必須原廠製造、原廠包裝、直送臺灣，來投入後續大規模疫苗接種計畫。」（總統府，2021b）。上述蔡總統的會見及談話，非僅是禮貌性的、儀式性的元首接待，而是深入到政策的實質討論和具體指示。

　　至於蔡總統對政府和政黨部門表示，關於疫苗覆蓋率的關切及指示，可視為其也涉入行政督導事項。

(2) 新臺灣模式

　　新臺灣模式是因應Omicron變異株大舉入侵臺灣後，政府新階段防疫的最新指導原則，替代原有的「清零政策」。

　　在2022年3月底前，臺灣採取嚴格的「清零政策」，相當程度成功阻止了病毒變異株Alpha與Delta的侵襲。但2022年3月24日開始，大規模、多處的Omicron變異株群聚感染事件發生，政府體認清零

---

[13] 總統和政府的作為，則引來在野黨和輿論質疑，有護航高端疫苗的跡象，成為後續朝野爭執和社會關注焦點。

「已難」達成。雖然確診病例激增，但重症和死亡率卻低，因此清零也「無需」再維持。所謂「新臺灣模式」即是在這種情況下形成，被理解爲「與病毒共存」。後來，第二次的全國疫情大爆發，5月27日單日新增本土確診94,808例，創歷史最高紀錄。在2022年8月21日，臺灣總確診數突破500萬例。

　　當時，外界曾以爲新臺灣模式是行政院院長蘇貞昌率先所提出，其實早在2022年2月9日，蔡總統在民進黨中常會中就曾表示：「今年的第二個目標，是要尋找兼顧經濟與防疫的『臺灣模式』，確保防疫新生活，繼續拚經濟。」（楊文淇，2022）。疫情指揮中心則在2022年3月11日才隨之指出，可能一個月後提出解封策略，逐步走向「經濟防疫新模式」。至2022年4月6日，在總統官邸召集的防疫策略會議中，蔡總統又再度強調，現階段所設定的目標，就是「重症求清零、有效管控輕症」，「就是透過積極防疫、穩健開放的『新臺灣模式』，兼顧國家經濟發展與國民正常生活」。根據媒體報導，前副總統陳建仁不但出席這一場會議，而且對於蔡總統在爲這一政策拍板定案時扮演了關鍵作用（楊舒媚，2022；吳苡榛，2022）。會議同一天，蔡總統也在其臉書中陳述：「在今年初，我就曾經說過，尋找兼顧防疫與經濟的『新臺灣模式』，是今年的重要施政目標之一。」總統府發言人張惇涵於2022年4月5日便指出：「『今年初』蔡總統就曾提到，尋找兼顧防疫與經濟的臺灣模式，是今年重要的施政目標之一。防疫的相關指引，需經由防疫團隊依國內外的疫情發展，衡量臺灣防疫量能後，在專業評估之下研商並發布。」（林坤緯，2022）。由此可知，新臺灣模式以兼顧經濟和防疫爲施政目標，主導者即是蔡總統。

2. 措施指示與執行督導的介入

　　蔡總統在疫情時期的發言，有相當部分是關於防疫措施的指示與對政府執行上的督導。從2020年疫情初始，蔡總統除責成行政院統籌督導中央與地方政府以及跨部會協調外，並請行政院研判特別法和

特別預算的必要性。其後，她並對包括疫苗接種率、覆蓋率、醫療能量提出相關指示，甚至深入到快篩劑價格的細節事務，例如，2022年4月她在中常會中表示：「目前已向國外購買1億劑，希望價格可以控制在100元左右，國家隊同樣要確保價格。」

以下，進一步以快篩劑供給與大型篩檢站建置為例分析蔡總統的角色。

(1) 快篩劑供給措施的指示

新臺灣模式提出後，在野黨人士則批評其背後有防疫專業之外的政治目的，在欠缺事先部署及縝密規劃的情況下，導致疫苗、快篩劑以及病床出現缺乏的情況（郭怜妤，2022）。同時由於確診數的提升，政府防疫團隊也面臨新階段的挑戰，在此情況下，可以看到蔡總統對防疫措施有更多的關切與指示。

根據媒體普遍的報導，由於出現民眾不易購買到快篩劑的情況，蔡總統（主席）於是在民進黨中常會中要求政府，評估另外開設商業機制的可能性，俾民眾能更便利和自由的購買。她並指示列席會議的行政院政務委員黃致達，將會中意見帶回行政院加以研究（顏振凱、黃信維，2022）。此案例顯示，蔡總統不僅對快篩劑的販售和發放措施表達關切，並深入到關於商業機制的具體指示。

(2) 大型篩檢站的設置

另一個案是蔡總統在2022年5月20日宣布，三軍總醫院將在松山機場加開三合一大型篩檢站，提供篩檢、看診、領藥的服務，並視疫情狀況逐漸增加（總統府，2022）。這一屬於行政的、技術性的措施，並非由行政部門或疫情指揮中心下達，而是由總統個人宣布。至於當口罩一罩難求時，除經濟部為此扮演主要的因應部門外，其間蔡總統也指示國防部，每日支援國軍人力協助其中口罩廠較為簡易的工作，則屬總統作為三軍統帥的職權行使（蘇貞昌、謝淑濬，2023：224）。

3. 成果宣示與民心安撫

蔡總統也扮演防疫成果宣達和安撫民心的角色，且隨疫情的嚴峻而愈常見到。例如，她在2022年5月6日以影片表示：「在疫情的最後階段，繼續團結戒慎不恐慌，一起克服這波疫情的挑戰。」2022年5月11日在臉書和民進黨中常會同時表達：「防疫團隊成績也算相當好。」並指示所有黨公職、黨員同志對防疫團隊最大的支持、鼓勵、打氣以及全力協助。又2022年5月27日，因兒童BNT疫苗及死亡率成為民眾焦點，在臉書發文：「疫苗數量絕對足夠，請家長放心」、「政府會努力扮演好家長的隊友，一起把孩子顧好」。

綜合上述，蔡總統在疫情處理上兼具多重角色，超乎憲法上總統的制度性權力，且相較於非疫情時，對政策和行政具體事項的關切和指示，有過之而無不及。

四、行政院院長個人角色不易突顯

在臺灣半總統制下，總統具權力優勢地位，因此即使當時任職行政院院長的蘇貞昌，被認為是蔡總統任內閣揆中行事風格較為強勢、且較具主導性者，但相較於每天召開記者會的疫情指揮中心（指揮官），其角色和機關形象仍不易彰顯。[14]歸納而言，行政院院長角色可從行政統籌與督導、政府法案推動兩方面觀察：

（一）行政統籌與督導

綜觀新冠疫情時期，行政院因應防治與振興及紓困工作上，仍扮演中央政府核心角色。行政院院長實際上被「責成」的職務角色，可以從在2022年5月13日國安高層會議中蔡總統所下達的指示得知：「在疫情因應上，行政院負起統籌指揮的責任，責成及督導中央機關

---

[14] 張峻豪（2018）對臺灣災後重建工作的研究也指出，行政院院長廣泛被認為是總統「執行長」。

和地方政府。」蘇貞昌領導的行政院相關部會，是中央行政機關的主體，他召集有關防疫的會議，包括每日的防疫會議和每週的擴大防疫會議（蘇貞昌、謝淇濬，2023：250）；另也有各項專案會議輔助。

在疫情時間，尤其2021年6月間第一波高峰後，蘇院長常在行政院會召開「擴大防疫會議」和各項專案會議。在擴大防疫會議中，指揮中心陳時中指揮官（也是衛福利部部長）也是會議成員。會議由院長主持，相關部門進行報告，院長再做裁示，例如2021年6月7日，他裁示三級警戒管制再延長兩週，並且由指揮中心和相關部會報告各項有關疫情事項，以及防疫作業執行狀況。2022年2月21日時由於疫情穩定且可控，有關開放各國商務人士來臺投資、商務考察及短期應聘，即是在此會議上由蘇貞昌責令相關部門評估與研議（楊文淇，2022）。在2022年4月16日會議中，由於當時防疫戰略已調整為「重症求清零、輕症有效管控」，為開放讓民眾正常生活，蘇貞昌指示，請指揮中心與相關部會密切注意快篩試劑到貨後的物流狀況和相關事宜（陳家祥，2022）。簡言之，行政院院長較屬於扮演行政上的統籌和督導的角色。

（二）政府法案的推動

為因應COVID-19的衝擊，政府需要提出相關政策，並以法案形式爭取議會的支持。因此，藉由觀察蘇院長的法案推動，可了解其疫情時期的角色和作為。表7-4顯示，在幾項重要法案的立法上，行政院院長扮演積極推動的角色。

首先，在2020年1月21日臺灣出現第一個境外移入病例，在不到一個月的時間，行政院提出特別條例草案，蘇院長率領行政團隊拜會立法院院長及各在野政黨黨團，尋求支持。2月20日行政院會議正式通過特別條例草案。由於蘇貞昌積極拜訪朝野黨團，在朝野政黨具有高度共識下，特別條例等八法案順利併案逕付二讀，並在2020年2月24日由立法院院長游錫堃召集朝野協商，旋即於次日三讀通過法案。

表7-4　行政院院長蘇貞昌的重要法案推動情形

法案名稱	行政院院長的法案推動作為
嚴重特殊傳染性肺炎防治及紓困振興特別條例草案	在立法院新會期開議前，蘇院長率行政團隊拜會立法院院長游錫堃及其他黨團，就特別條例草案尋求支持（2020.2.18）。
	行政院會議通過「特別條例」草案，蘇院長指示衛福部及相關機關積極與立法院朝野各黨團溝通協調，早日完成立法程序（2020.2.20）。
嚴重特殊傳染性肺炎防治及紓困振興特別條例第11條、第19條修正草案	蘇院長請衛福部、主計總處及相關的部會積極與立法院朝野各黨團溝通協調，希望在本會期完成修法程序（2021.5.13）。
紓困特別預算	蘇院長率領行政部門首長召開記者會向國人報告第二階段紓困方案（2020.4.2）。
傳染病防治法第27條條文修正	行政院提出「傳染病防治法第27條條文修正草案」增訂設置基金，將新疫苗導入常規接種，以確保疫苗之財源（2020.3.4）。
公共衛生師法草案	蘇院長請衛福部積極與立法院朝野各黨團及相關團體溝通協調，早日完成立法程序（2020.4.23）。
產業創新條例第10條之1條文修正	蘇院長表示：本案送請立法院審議後，請經濟部積極與立法院朝野黨團溝通協調，早日完成修法程序（2021.11.25）。

資料來源：本表由作者參考新聞網站資料整理而成。

　　其後，特別條例第11條和第19條的修正，蘇院長並請衛福部、主計總處及相關的部會積極與立法院朝野各黨團溝通協調，最終也能如期三讀通過。再從公共衛生師法的立法、傳染病防治法和產業創新條例等部分條文的修正為例，均可見到蘇貞昌督導相關行政部門積極與立法院朝野各黨團的溝通協調（見表7-4）。此外，有關紓困特別預算，也可見到他的推動作為，譬如行政院通過的第二階段紓困方案，總計規模高達1兆500億元，紓困特別預算也需追加1,500億元，為此他率領行政部門首長召開記者會向國人報告。

　　綜上，在疫情時期，行政院院長的角色偏向行政統籌督導，在面

對國會有關法案推動和預算爭取上仍扮演積極領導角色。

五、行政權相對於立法權：行政權的優勢

　　除了特別條例賦予指揮中心指揮官較不受立法院直接監督的特殊應變權力、防疫事務仰賴專家的高度參與，以及總統政策決定過程不受國會直接監督外，本文假定在一致性政府下，行政部門法案及預算推動較易獲得立法院的支持，行政權相對於立法權較處於優勢的地位。以下即就預算和法案兩方面的審查做部分觀察。

　　對行政部門來講，爭取立法院對政府防疫預算的支持，攸關防疫成效的表現。在一致政府下，執政黨委員占國會過半多數，行政權本減少受到立法權的阻撓，且按特別條例第11條第1項規定：「……所需經費上限為新臺幣八千四百億元，得視疫情狀況，分期編列特別預算，送請立法院審議；其預算編製及執行不受預算法第二十三條、第六十二條及第六十三條之限制……。」預算制度亦有特殊權宜設計。在當時，行政院提出600億元特別預算，以處理防疫與民生紓困；其後不敷所需，又提出四次追加預算，總金額達8,400億。根據一項實證研究指出，在第一次提出和第一次追加預算時，立法院在很短時間內即完成審查，且未刪除任何預算。但在之後三次的追加審查時，部分預算被刪減，所費時間也較長（黃秀端、陳宥辰、高韻茹，2022）。雖然立法院並未棄守其預算審查功能，但對行政部門而言，審查程序和結果仍處於相對順利的狀態。

　　在法案審查方面，根據研究顯示，行政部門提出七項應對疫情的法案，均迅速獲得通過，但由於立法院的堅持，一些法案進行了細微修改；並且只有當行政部門在同一立法中提出法案時，立法機關的法案才能通過。這表明，快速應對疫情的必要性，可能增強了行政部門對立法的影響力（Sheng, 2023）。另一項研究也指出，處於危機立法時期，行政部門提出的法案較容易通過，且法案大都為短期應對，並透過放大授權範圍而擴張行政權。例如，2020年3月27日，在

野黨團認爲特別條例第7條空白授權的條款，會造成行政權擴大的疑慮，因而提出修正案，惟最終在二讀階段被否決。其後，在野黨也有多次的相關提案未被委員會排入審查。因此在疫情時期，行政機關的危機法案較容易推動，也導致不對等的行政立法關係，出現行政部門權力突顯的情況（徐永明，2022；吳書緯，2020）。此一研究發現也符合本文認爲危機時期行政權優勢的觀點。

但仍有研究者試圖證明立法機關的影響力猶存，如Huang（2023）對臺灣的研究顯示，「團結一心理論」（即隨著危機升級，國會監督受到限制）預期，議會在國家危機時，傾向自我限縮權力，尤其在最初期時須與政府站在一起，展現共體時艱的大度。不過，臺灣疫情期間立法委員監督行爲的變化性無法從該理論獲得解釋，因爲個別立委共體時艱的程度不一，並取決於選民對立法委員問政角色的期待而定。立法院並非只是扮演橡皮圖章，立法委員既修改了行政部門的提案，也利用這些機會通過了自己的法案（Sheng, 2023）。

上述研究提供吾人一個立法權相對於行政權在「國會運作中」的圖像，即立法院在疫情時期仍扮演重要的監督角色。惟不必進入國會場域接受監督的防疫行政事務，如本文前述揭櫫的，疫情指揮中心取得緊急強制行政權和裁罰權，是立法機關初始的授權，因此第一線的防疫行政管制和行政措施，擁有非常時期的較大自主權，這是專注於立法影響力的國會研究較未能呈現的重要面向。[15]

伍、SARS經驗的參照

2003年3月爆發的SARS（嚴重急性呼吸道症候群），是新冠肺炎出現之前、臺灣在二戰後遇到的最嚴重的傳染病。與新冠疫情時相

---

[15] 至於行政執行可能侵害人民權利，而有司法權的介入，則是另一問題。

同，SARS爆發當時中央政府亦由民進黨執政，不過在立法院中民進黨委員席次並未過半，國民黨加上親民黨「泛藍」陣營席次長時間超過半數。在2002年後民進黨雖然躍居國會第一大黨，但「朝小野大」結構不變，仍是所謂的「分立政府」（divided government，或稱「少數政府」，minority government）時期。相對於新冠肺炎時期的「一致政府」（unified government，或稱「多數政府」，majority government），兩者可略做比較。

2003年3月14日第一例SARS疑似個案出現，3月17日行政院衛生署成立「嚴重急性呼吸道症候群疫情處理因應中心」。疫情由境外移入發展成臺北市立和平醫院院內感染的社區疫情型態，並導致疫情由臺北市擴散至中南部地區。至7月5日，疫情末了，WHO宣布臺灣從SARS感染區除名，此期間共346人染病，81人死亡。SARS疫情雖擴及中南部，但焦點主要在臺北市，與新冠疫情遍及全臺各地，確診與死亡人數之龐大、且持續三年以上的規模大不相同。SARS雖亦涉及疫苗生產問題，但無複雜的採購問題及隔離、實名制措施、快篩劑供貨等挑戰，對民生經濟影響的嚴重性也較低，但其致死率高於新冠肺炎甚多，因此清零政策在當時乃是當然的。以下僅就行政和立法兩權相關角色和互動加以說明：

在行政權部分，分就總統和行政院院長的角色討論。在當時，陳水扁總統並未發布緊急命令，但由於傳染病前所未見，致死率又高，其於2003年5月1日在總統府召開「因應SARS疫情國安高層會議」，會中指出，SARS疫情的發展已非單純的公共衛生問題，而是提升至國家安全的層次（總統府新聞，2003）。緊接著他於一週後在總統府內召開高層工作會議，聽取行政院簡報，並討論如何進一步動員軍警力量協助，並作成裁示。陳總統採取以國家安全層次召集相關會議應對，其中動員軍警力量屬三軍統帥職權，其他關於防疫巡示及談話，亦未超出元首在一般時期的角色。

相較於總統，行政院是中央政府防疫的中樞，其中尤以內政部、國防部及經濟部等部會為主力單位。當時的行政院院長游錫

堃，除參加在總統府召開的各項會議外，全國性防疫重要事項由其統籌指揮。[16]當時行政院面臨的挑戰有二，一從行政和立法的關係來看，為因應SARS防治的需求，行政院提出特別的防治條例草案，尤其在野各黨團也各有版本，如何順利推動法案，也成為分立政府處境下的挑戰。另一是從中央和地方關係來看，行政院和由國民黨馬英九執政的臺北市之間，關於和平醫院封院政策決定的爭議，成為府際間的角力。惟其不屬單純中央政府層次事件，在此不擬細究。

在行政和立法（朝野）的關係上，大體上雖不免延續既有的競爭和對抗，但處於疫情特殊狀態，政黨間的衝突也不至擴大。在野黨的監督和批評多限於防疫措施範疇，此外也有共體時艱的需求，如朝野一致抗議世界衛生組織在中國阻撓下不讓我國加入，以及一致支持防疫特別預算的編列（中時晚報，2003；聯合報，2003）。朝野關係或許從防治特別條例的制定更能觀察出來。2003年4月27日相關草案紛沓而至，各政黨都提出了法案。4月30日開始進行黨團協商，至5月2日三讀通過，整體時間不過一週（中國時報，2003）。[17]

除此之外，較為特殊的是，彼時國親兩黨因高鐵補助案，有意彈劾時任總統陳水扁，但親民黨主席宋楚瑜則強調SARS等事件對臺灣造成的政經影響，呼籲要審慎因應；時任親民黨發言人黃義交也表示，疫情期間在野黨須扮演穩定角色（中華日報，2003）。處於朝小野大的情況下，在野黨雖在防疫細節上積極監督，但大方向出現若干與執政黨衝突降溫的情況。可能緣由是防疫事項攸關人民生命健康等重大福祉，若在此時政黨採對抗態度，可能導致觀感不佳，尤其距離2004年總統大選僅餘一年，任何可能造成的負面影響，都可能延續至總統大選時。不過相關合作與諒解，似乎也僅限於防疫上，在非

---

[16] 譬如為醫療用口罩召開採購協調會。

[17] 儘管一開始在法制上各有想法，但整體而言還是快速達成。例如國、親兩黨要求訂立特別法，民進黨團則主張兩階段修法與立法，先修災害防救法，將「疫災」納入防救範圍，接著另立特別法。

關防疫的法案，不免仍有對立。民進黨立委批評該屆會期法案通過數降低不少、一個財經法案都沒有通過，並將之都歸咎於在野黨的杯葛（民眾日報，2003）。

　　比較SARS和COVID-19時期憲政體制的運作（表7-5），在政府組成上，分屬分立政府與一致政府，前者行政權受到立法權的制衡高於後者。在行政權內部，SARS期間陳總統角色相對較不明顯；COVID-19期間，源於疫情規模和持續時間較長，總統的角色和權力行使遠較前者可見。相對的在行政院院長部分，反而是SARS時其角色不至於被疫情指揮中心所掩蓋，維持較易顯的運作形象；在COVID-19期間，蘇院長的角色一部分被指揮中心指揮官的職權所分享。

表7-5　臺灣在SARS與COVID-19時期政府組成型態與權力機關角色

政府組成型態與權力機關	SARS	COVID-19
行政與立法多數關係	分立政府	一致政府
行政權相對於立法權	弱	強
總統涉入程度	弱	強
行政院院長角色	強	中
特殊部門角色（疫情指揮中心）	中	強

註：本表由作者自製。

　　最後，臺灣現行的衛生醫療體系也是藉助SARS防疫經驗的啟發，如後來修訂傳染病防治法，明定當疫情發生需統籌國內各項資源並整合人力時，衛福部可報請行政院同意成立疫情指揮中心；另設置「國家衛生指揮中心」，建立完整的國家防疫系統等（張四明，2020：17）。另學者歸納包括臺灣在內幾個國家成功控制新冠疫情的關鍵因素，也直指曾面對SARS的危機處理經驗的影響（Kleinfeld,2020；薛健吾，2022）。

陸、跨國經驗：法國、芬蘭與臺灣制度運作的比較

　　法國與芬蘭同採半總統制政府體制，前者是最具代表性的國家，後者則是最早採行半總統制的國家，亦均爲民主表現相對成熟而穩定的國度。雖然兩國常被歸類爲總理總統制，實則法國總統爲第五共和憲政之中心，而非總理。[18]尤其2002年後法國均屬一致政府時期，總統的憲政地位非總理可相提並論，屬總統權力較大的半總統制，與芬蘭行政權重心在總理大異其趣。基於本文的理論觀點，法國既爲雙首長制的原型國家，則疫情時期除總統角色更突顯外，總理的權力是否會加以彰顯？在芬蘭，其半總統制下總統和總理的權力配置上，後者明顯具有較大的實權，因此政府在回應疫情上，是否也更突顯總理主導的特徵？上述問題的釐清具有與臺灣做另一種對照的意義。

　　以下關於兩國在新冠疫情期間政府部門權力配置的分析，僅爲輔助，並無意圖在有限篇幅中做實證上的全面性比較。

一、法國

　　法國是歐洲國家中疫情相對嚴重國家，其經驗有以下特色：一是總統宣稱國家處於戰爭狀態，二是政府創建了第五共和新的制度：「衛生緊急狀態」（the state of health emergency），三是總理具有的特別權力。

　　在2020年3月12日，Macron總統宣布國家處於戰爭狀態，政府立即實施一系列社會限制措施，包括兩日後關閉所有學校和大學以及除基本商店外的所有其他公共場所。很快的Macron繼而宣布從3月17日中午12時起實行限制性全面封鎖政策，並推遲原定於3月22日舉行的第二輪選舉。戰爭狀態的宣布，是第一階段的總統命令，更全面和具

---

[18] 第五共和下，總理經由總統提名任命，即可執行政策，而不需經過國民議會同意的程序，只要國民議會不提出倒閣即可（張台麟，2022）。

具體的因應措施，需立法上進一步的配合。於是法國議會在3月23日通過了「第2020-290號COVID-19流行病緊急應對法」，創設了名為「衛生緊急狀態」的新制度，[19]廣泛授權政府由憲法第38條規定通過二級立法（Chambas and Perroud, 2021）。該特別法並賦予法國總理「通過法令和根據衛生部長的建議，具宣布限制行動自由、企業自由和集會自由的一般措施的權力，並允許繼續徵用所有必要的商品和服務來對抗健康災難」（Euronews, 2020）。在此狀態下，允許政府在2020年7月之前，在沒有任何議會程序的情況下採取特殊措施。與傳統的安全緊急狀態相比，特別法賦予行政部門更多的權力和裁量權，且在幾乎缺乏制衡的情況下得以廣泛地限制人民權利（Basilien-Gainche, 2021）。第一次衛生緊急狀態實施於2020年3月23日至2020年7月9日（France 24, 2020），其後Macron總統再幾次簽署延長法案至2022年7月（Library of Congress, 2021）。

衛生緊急狀態由總統主持的部長會議之法令宣布（即總統令），授權政府採取某些通常屬於議會職權範圍內的緊急措施（Chambas and Perroud, 2021）。[20]相對地，總理的權力也提升。在此之前，衛生部部長是唯一擁有明確法律授權應對健康危機的政府機構，但在新冠大流行的特殊形勢下，總理（而非衛生部部長）才被視為有合法性採取必要措施，例如，授予總理行使根據第2020-260號法令，採取屬例外情況下才可使用的封鎖措施（Platon, 2020）。[21]又，在緊急狀態區域，總理可根據衛生部部長的報告發布監管法令，並在出於保障公共衛生目的下，擁有突發衛生事件下的十項行政權力（Legifrance, 2020）。

---

[19] 創設「衛生緊急狀態」的理念是，COVID-19所引爆之危機前所未見，不但超出了衛生部長的權限和能力範圍，也超出了一般緊急狀態的預設範圍（王必芳，2021）。

[20] 值得留意的是，不同於一般緊急狀態，宣布衛生緊急狀態的決定還必須依據衛生部部長的報告作成，且此決定應附理由、據以作成決定之科學資料必須對外公開（王必芳，2021：23）。

[21] 相對於總理，衛生部部長可以透過合理的命令，規定與衛生系統的組織和運作有關的任何監管措施。

　　整體而言，法律規定並沒有賦予總統採取所有公共衛生措施的權力，但Macron總統還是迅速發布了戰爭狀態和啟動相關因應作為，加強了本已強大的總統權力，反映法國第五共和總統權力的傳統特點。然而總理和衛生部部長（而非整個部長會議）的作用亦同時得到加強，遠超出正常程度，這是一個新特點，它將法國行政機構的「兩位首腦」（共和國總統和總理）置於幾乎相同的地位（Vedaschi and Graziani, 2023）。法國的經驗顯示，危機既是「行政的時刻」，也是「總統的時刻」。

二、芬蘭

　　在芬蘭，憲法第23條設計了緊急權力框架，緊急權力法則為緊急權力提供了與憲法平行的法律來源，賦予內閣政府發布緊急法令的權力；法令由議會審查，議會也可以否決（Scheinin, 2020）。

　　按緊急權力法規定：「當政府與共和國總統合作，宣布有一個國家緊急狀態。」這項規定先提到政府，後論及總統，顯示前者是緊急狀態的發動者（Finish Government, 2020）。在2020年3月16日，芬蘭政府與總統及外交與安全政策部長級委員會首次會晤後決定，新冠大流行符合緊急權力法定義的「高度廣泛傳播的、具有特別嚴重後果的、與大規模災難相當的危險傳染病」及「特別嚴重的事件或對人口生計或國民經濟基礎的威脅，有可能從根本上危及社會的必要功能」（Tengvall-Unadike, 2021）。

　　緊急權力法規定了政府只在無法以常規權力控制局勢時，才能行使該法中所規定的權力。同時，只有在保護民眾所必需的情況下，才能限制個人權利和其日常生活，而政府使用該法中權力的期限，最長為六個月。另緊急權力的應用有四個步驟，除第一個步驟係由內閣政府與總統共同宣布緊急狀態外，其餘和總統無直接關係，而是內閣和議會的角色。譬如第二個步驟，內閣發布法令，由議會事前審查法令是否生效；在特別的緊急情況下，內閣可以發布一項立即

生效的法令，在這種情況下，議會則在事後對其進行審查（Scheinin,
2020）。

　　由上可知，芬蘭政府在因應疫情時，需要在政府和總統合作
下，根據緊急權力法宣布緊急狀態，彰顯以總理為中心的政府角
色。政府藉由提出送交議會審查的相關法令來執行政策，惟當法
令被廢除時，根據它們所通過的決定也將不再有效（Government
Communications Department, 2020）。

　　雖然芬蘭屬於總統權力較弱的總理總統制，行政權應變重心在
總理領導的內閣，但總統仍有其角色形象（Koljonen and Palonen,
2021）。最後，在2021年4月27日，芬蘭政府頒布法令，廢除使用緊
急權力法的權力，並聲明該國目前的局勢不再構成該法第3條規定的
緊急狀態。

三、法國、芬蘭與臺灣制度層面的比較

　　進一步比較疫情時期法國、芬蘭與臺灣的半總統制運作，聚焦在
制度層面，包括法制基礎、總統和總理、衛生部部長及議會監督等角
色，並歸納三國憲政體制因應疫情的特性（參見表7-6）。

　　首先，關於是否宣布緊急狀態，法國和芬蘭均曾發布，而臺灣則
沒有。芬蘭運用原緊急權力法，法國則緊急制定特別法，臺灣雖然有
處理傳染病的相關法律，但制定特別法加以補強。

　　其次，關於總統角色，在法國，Macron總統先宣告戰爭狀態，
其主持的部長會議再透過總統令，宣布進入衛生緊急狀態，總統在此
疫情時期的權力偏強，符合第五共和半總統制特性。在芬蘭，緊急
狀態決定權主要在總理領導的政府，總統則是配合的角色，權力偏
弱，呼應總理權力較大的半總統制特性。至於臺灣，總統未發布緊急
命令，除召開國安高層會議，總統直接運用憲法上的應變權力並不
顯著。但若考量蔡總統為黨政領導最高權力者，行政院院長承其指
示，其權力屬於較強的情況，也呼應總統優勢的半總統制特性。

表7-6　大流行時期半總統制政府權力設計：法國、芬蘭與臺灣比較分析表

法制與政府面向	法國	芬蘭	臺灣
法制背景			
是否宣布緊急狀態	是：衛生緊急狀態	是：緊急狀態	否
應對疫情主要法律	特別法：第2020-290號COVID-19流行病緊急應對法	非特別法：緊急權力法	特別法：特別條例（配合傳染病防治法）
政府部門			
總統權力	強 宣布戰爭狀態 主持部長會議暨發布衛生緊急狀態命令	弱 配合政府（總理內閣）的緊急狀態決定	強 得發布緊急命令 召開國安高層會議 黨政領導權行使
總理權力	強 突發衛生事件下的十項行政權力	強 主要政府領導者	弱 行政上統籌指揮和督導中央與地方政府
衛生部部長權力	強 衛生部部長可以透過合理的命令，規定與衛生系統的組織和運作有關的任何監管措施	強 內閣中的社會事務和衛生部還根據緊急權力法發布了法令	強 兼任疫情中心暨指揮官：為防治控制疫情需要，得實施必要之應變處置或措施
國會監督權力	弱 衛生緊急狀態授權政府採取某些通常屬於議會職權範圍內的緊急措施	強 議會事前審查法令是否生效；在特別的緊急情況下，內閣可發布立即生效的法令（議會事後審查，可下令廢除）	弱 特別條例授權政府在預算編列與執行的特別規定，不受預算法相關規定之限制
憲政體制特性	總統和總理角色強化、總理角色更為增強；雙重行政首長制度特性突顯	突顯總統為核心的政府權力，但總統非完全虛位；總理權力優勢半總統制特性突顯	總統和衛生部長權力增強；總統優勢半總統制特性突顯

註：本表由作者自製。

此外，相對於總統，三國總理（或行政院院長）角色也呈現對應性的差異。法國和芬蘭的總理，在疫情處理上均扮演行政領導的重要角色，後者本是行政權的首腦，前者則有明顯增加的情形。至於臺灣，行政院院長維持非疫情時期狀態的角色，其權力中間偏弱；衛福部部長身兼疫情指揮中心指揮官，擁有處理疫情的特別應變權力，和法國及芬蘭衛生部部長同屬權力偏強的程度。

在國會角色方面，三國國會在制度層面的權力都不強，其中法國相對偏弱，芬蘭屬於中間等級；臺灣的部分，由於處於一致政府，立法權的監督制衡力量偏弱，更深入的討論有待其他專題的探討。

最後，總的來說，疫情時政府的運作不僅是單純地反映一國憲政體制原有特性，而是更突顯其中優勢權力機關的作用。在法國，總統固然仍是憲政核心，但總理的權力更強化，至使「雙首長制」特性更彰顯。在芬蘭，雖然總統並非完全虛位，但總理內閣才是政府主體，總理優勢的半總統制更加鮮明。在臺灣，行政院院長暨其內閣是行政權主體，但總統的領導形象和權力有增無減，衛生部部長也較受公眾所矚目。整體而言，疫情時期更強化原有臺灣總統優勢的半總統制特性。

柒、結論

本文基於一國憲政體制型態會影響COVID-19疫情時政府的運作方式，嘗試探討臺灣半總統制下政府如何因應疫情，並融入跨國比較視野。本研究提出一個憲政體制的理論命題，即當國家面臨重大傳染病的危機時，政府的角色與作為，不僅單純地反映制度原有特性，且更突顯其中特定權力機關的角色，致使原有憲政體制類型更為強化。研究結果顯示，在臺灣總統權力優勢的半總統制下，政府的運作出現以下現象：一、在行政權內部，行政院雖是中央政府防疫主體，但領導形象偏向於總統和中心指揮官（尤其是衛福部部長兼任

時）身上；二、總統扮演多重角色，常有介入政策制定和技術督導的情況；三、在行政權和立法權關係上，權力向前者傾斜，反映危機的時候，即是行政的時刻。以上現象成為臺灣半總統制在新冠疫情下的寫照，值得關心臺灣憲政體制運作者參考。

　　本文也納入2003年SARS疫情的分析，並與COVID-19時期的憲政運作進行比較。在COVID-19期間，總統的角色行使較前者為重；相對地，SARS時行政院院長角色不至於被疫情指揮中心所分霑，維持較強的行政權運作形象。另鑒於跨國經驗的比較意義，本文並嘗試納入法國與芬蘭兩個成熟而穩定的民主半總統制經驗，和臺灣做一參照，構成三種不同型態的比較視野。研究顯示，法國在疫情時期總統仍是核心的權力機關，但總理被賦予的權力也明顯增強，體現第五共和憲政體制下「雙首長制」的基因，反映總統和總理兩強並列的特性。在芬蘭，總理暨其領導的內閣，是疫情危機時政府的主力和重心，總理總統制或總理優勢的半總統制特性更為展現。在臺灣，雖然行政院院長和內閣為行政權主體，但總統的領導形象和衛福部部長角色鮮明，因而反映及強化原有總統優勢的半總統制特性。

　　最後，本文揭櫫一項過去未曾被指出的、隱而未顯的現象，即當國家處於疫情危機時期，憲政體制易出現「強者更強、弱者恆弱」的機關權力特性。因此若是疫情時間拉長，在非民主國家中，國會權力和監督功能恐較易弱化，並同時有較高的可能性增強或鞏固專制政體。相對的在民主政體中，優勢權力機關雖也傾向增強權力，尤其是行政權，但不易危及民主體制；除非，該國憲政根基和民主成熟度本就脆弱。至於不同憲政體制在因應疫情的成效上，是否有所差異，或有優劣之別，並非本文所能解答。這仰賴大量的國家個案，以及相關變項的嚴謹控制和設計，才能有效提出答案。在此之前，試圖指出某種憲政體制有利或不利疫情防治的論斷，似尚未成熟，也言之過早。本研究將焦點放置在憲政體制和政府權力機關運作，是憲政體制研究連結到重大傳染病課題的一項基礎的、而可以確切驗證的研究起點，可以補充既有政治學界和憲政學界相關探討的不足。

參考文獻

壹、中文文獻

Cizre, Ümit（著），林佑柔（譯），2017，〈新的政治參與：土耳其軍方、社會、正義發展黨〉，載於A. T. Kuru、A. Stepan（編），《土耳其化的伊斯蘭》，新北：光現出版，頁237-276。

Diamond, Larry（著），盧靜（譯），2019，《妖風：全球民主危機與反擊之道》，臺北：八旗文化。

Huntington, Samuel P.（著），劉軍寧（譯），1994，《第三波：二十世紀末的民主化浪潮》，臺北：五南圖書。

Kalyvas, Stathis N.（著），林佑柔（譯），2017，〈土耳其模式〉，載於A. T. Kuru、A. Stepan（編），《土耳其化的伊斯蘭》，新北：光現出版，頁349-362。

Krastev, Ivan（著），劉道捷（譯），2020，《後疫情時代的關鍵趨勢：新冠肺炎重塑世界的五大思維》，臺北：三采文化。

Masri, Safwan M.（著），Shoo, Aaron（譯），2020，《突尼西亞：阿拉伯世界的民主曙光》，臺北：時報出版。

Özbudun, Ergun（著），林佑柔（譯），2017，〈土耳其憲法法庭及政治危機〉，載於A. T. Kuru、A. Stepan（編），《土耳其化的伊斯蘭》，新北：光現出版，頁277-305。

一般報導，2003，〈宋楚瑜：提彈劾案須審慎〉，《中華日報》，4月13日，0版。

一般報導，2003，〈防疫救災 朝野紛提想法 國親版排除舉債上限 將有四百四十一億元可運用 民進黨主張兩階段修立法〉，《中國時報》，4月28日，A8版。

一般報導，2003，〈健保超額補償？在野立委批「頭殼壞去」為討好收治SARS醫院 無異殺雞取卵 將加速拖垮健保〉，《民生報》，4月10日，23版。

一般報導，2003，〈國親立委忙夜宴聯誼 立院法案清倉罕見提早休會〉，《民眾日報》，6月7日，5版。

一般報導，2003，〈朝野齊聲：入WHO 20立委難得同陣線 譴責中共「以政治干預疾病防治」〉，《中時晚報》，3月28日，2版。

一般報導，2018，〈斯里蘭卡現「兩個總理」危機中印「龍象之爭」憂慮再起〉，《BBC中文網》，10月31日，https://www.bbc.com/zhongwen/trad/world-46040456，檢索日期：2024年8月9日。

王必芳，2021，〈初探法國COVID-19防疫的法制特點〉，載於李建良（編），《研之得法：中央研究院法律學研究所成立十週年文集》，臺北：中央研究院法律學研

究所，頁503-548。

王浩、王雅麗，2020，〈蒙古國修憲、選舉與新政府組建〉，《參考網》，8月15日，https://www.fx361.com/page/2020/0815/6954223.shtml，檢索日期：2024年9月28日。

王業立，2016，《比較選舉制度》（第七版），臺北：五南圖書。

王業立，2016，《比較選舉制度》，臺北：五南圖書。

王順文，2023，《新古典現實主義與土耳其外交政策：總統制後真的走向埃爾多安獨斷的決定嗎？》，臺北：五南圖書。

左宜恩，2021，〈火線中的國會：比較臺美國會因應COVID-19疫情的具體行動〉，2021年「第十三屆國會學術研討會：變局中的國會角色與動能」國際學術研討會，臺北：東吳大學政治學系。

何宏儒，2023，〈艾爾段提倡伊斯蘭價值觀嚴控媒體 經濟危機無損土耳其強人聲勢〉，《中央社》，5月29日，https://www.cna.com.tw/news/aopl/202305290007.aspx，檢索日期：2024年4月1日。

余佳璋，2014，〈歐盟對波士尼亞與赫塞哥維納安全重建挑戰之檢視〉，《蘭陽學報》13：67-81。

吳玉山，2000，《俄羅斯轉型1992-1999：一個政治經濟學的分析》，臺北：五南圖書。

吳玉山，2012，〈半總統制——全球發展與研究議程〉，載於沈有忠、吳玉山（編），《權力在哪裡？從多個角度看半總統制》，臺北：五南圖書，頁1-28。

吳玉山，2016，〈半總統制與策略性修憲〉，《政治科學論叢》69：1-26。

吳苡榛，2022，〈「重症清零、管控輕症」 陳建仁談新台灣模式〉，《台視新聞網》，4月10日，https://news.ttv.com.tw/news/11104100016700N/amp，檢索日期：2024年8月8日。

吳書緯，2020，〈時力提修法避免防疫特別條例空白授權〉，《自由時報》，3月24日，https://news.ltn.com.tw/news/politics/breakingnews/3110511，檢索日期：2024年8月8日。

李欣樺，2023，〈政體類型對於COVID-19防疫成效的影響〉，《問題與研究》62（3）：43-96。

李竞強，2018，〈試論民主轉型時期突尼斯的政黨制度〉，《阿拉伯研究》5：105-121。

李豔枝，2018，〈土耳其政治發展道路的反思與啟示〉，《西亞非洲》4：61-85。

沈有忠，2013，〈保加利亞「議會化半總統制憲法」的設計與運作〉，《政治科學論叢》58：17-46。

沈有忠，2014，〈原子化社會下的民主化與憲政運作：以羅馬尼亞半總統制為

例〉，《東吳政治學報》32（1）：1-52。

沈有忠，2018，《臺灣與後共國家半總統制的憲政運作》，臺北：翰盧圖書。

沈有忠，2022，〈社群媒體中的半總統制：總統與行政院長的臉書比較〉，2022年「第十三屆半總統制與民主學術研討會：法治國家與憲政體制」線上研討會，線上。

林坤緯，2021，〈清零還共存？總統府：找出「台灣模式」兼顧經濟與防疫〉，《鏡新聞》，4月5日，https://www.mnews.tw/story/20220405nm011，檢索日期：2024年8月8日。

林繼文，2001，〈創設、選擇與演化──制度形成的三個理論模式〉，《政治學報》32：61-94。

胡祖慶，2000，《後冷戰時期的東歐》，臺北：五南圖書。

徐永明，2022，〈疫情立法：危機立法內容與立法權力分析〉，2022年「第十四屆國會國際學術研討會：民主危機下的國會角色」研討會，臺北：東吳大學外雙溪校區。

張台麟，2000，〈一九九四年盧安達種族互殘的緣由與影響〉，《問題與研究》39（9）：35-48。

張台麟，2020，《法國政府與政治》，臺北：五南圖書。

張台麟，2022，〈半總統制下總理的角色與功能：以法國第五共和憲政體制為例〉，2022年「第十三屆半總統制與民主學術研討會：法治國家與憲政體制」線上研討會，線上。

張四明，2020，〈臺灣2020年新冠肺炎防疫大作戰之啟示：政策工具觀點分析〉，《文官制度季刊》12（4）：1-32。

張志雄、陳柏諭，2022，〈連勝文批『病毒共存』是政治考量 蘇揆：不會像中國粗暴封城〉，《公視》，5月1日，https://news.pts.org.tw/article/578789，檢索日期：2024年8月8日。

張沛元，2018，〈土耳其總統擴權，大選提前一年半〉，《自由時報》，4月20日，A14版。

張峻豪，2017，〈法國優勢行政權的成因與影響之研究〉，載於沈有忠、吳玉山（編），《半總統制下的權力三角──總統、國會、內閣》，臺北：五南圖書，頁213-247。

張峻豪，2018，〈制度韌性與台灣半總統制下的災後重建：以九二一地震、莫拉克風災為例〉，《東吳政治學報》36（1）：65-126。

許恒禎，2015，〈捷克與斯洛伐克憲政體制抉擇之比較〉，《中華行政學報》17：101-117。

郭秋慶，2015，〈波士尼亞與赫塞哥維納憲政體制的選擇及其運作──兼論「戴頓

協定」20周年政局的發展〉，《台灣國際研究季刊》11（4）：111-131。

郭秋慶，2016，〈當代土耳其政黨政治與伊斯蘭教之研究〉，《台灣國際研究季刊》12（3）：95-114。

陳宏銘，2007，〈半總統制的形成和演化——臺灣、法國、波蘭與芬蘭的比較研究〉，《臺灣民主季刊》4（4）：27-69。

陳宏銘，2018，〈臺灣半總統制下總統決策機制的困境：一個比較視野的研究〉，《政治學報》65：1-35。

陳宏銘，2019，《半總統制在臺灣：總統權力新視角》，臺北：五南圖書。

陳宏銘，2020，〈亞洲第一個半總統制　斯里蘭卡憲政體制的變遷與挑戰〉，《臺灣民主季刊》17（1）：83-120。

陳宏銘，2021，〈突尼西亞憲政體制的選擇與運作：阿拉伯世界半總統制民主國家的個案研究〉，《行政暨政策學報》73：119-162。

陳宏銘，2022，〈二十一世紀憲政體制的採行和變遷：區域與全球趨勢之探討〉，《東吳政治學報》40（3）：1-64。

陳宏銘，2024，〈土耳其憲政體制的選擇與競爭性威權主義的發展〉，《政治學報》77（3）：79-121。

陳宏銘，2024，〈憲政體制對COVID-19疫情的回應：台灣半總統制經驗的研究〉，《問題與研究》63（3）：109-159。

陳宏銘、梁元棟，2007，〈半總統制的形成和演化——臺灣、法國、波蘭與芬蘭的比較研究〉，《臺灣民主季刊》4（4）：27-70。

陳建瑜，2021，〈疫情關鍵人物：蔡英文面臨執政最大危機，疫苗竟成勝負決戰場〉，《蘋果新聞網》，6月3日，https://tw.appledaily.com/politics/20210603/2YHLOH2O3JAX5GESG6IZHNNF24，檢索日期：2023年6月1日。

陳家祥，2022，〈政院防疫會議下軍令 蘇貞昌：增加快篩劑購買熱點的鋪貨量〉，《ETtoday政治新聞》，4月16日，https://www.ettoday.net/news/20220416/2231079.htm，檢索日期：2024年8月8日。

陳時中，2022，《溫暖的魄力：陳時中的從醫初心》，臺北：天下文化。

陳德成，2016，〈土耳其的多黨制半總統制政體〉，《愛思想》，7月17日，https://www.aisixiang.com/data/100732.html，檢索日期：2022年10月15日。

程曄，2022，〈蔡英文發文「一起把孩照顧好」 一腳踩破家長怒火「直接灌爆貼文」：假關心〉，《中時新聞網》，5月28日，https://www.chinatimes.com/realtimenews/20220528000965-260407，檢索日期：2024年8月8日。

黃秀端，2022，〈COVID-19下國會監督預算功能之探討〉，2022年「第十四屆國會國際學術研討會：民主危機下的國會角色」，臺北：東吳大學外雙溪校區。

黃德福、蘇子喬，2007，〈大法官大法官釋憲對我國憲政體制的形塑〉，《臺灣民

主季刊》4（1）：1-49。

楊文淇，2022，〈政院：防疫規範會逐漸朝向正常生活的方向適當調整〉，《經濟日報》，2月21日，https://money.udn.com/money/story/7307/7122581，檢索日期：2024年8月8日。

楊晨，2019，〈從議會制到總統制：制度轉型與土耳其的政治選擇〉，《阿拉伯世界研究》1：56-69。

楊舒媚，2021，〈清零或共存陷兩難 蔡英文因他關鍵一句話 拍板防疫新台灣模式〉，《新新聞》，4月9日，https://www.storm.mg/article/4279148，檢索日期：2024年8月8日。

楊雅棠，2022，〈選舉考量與病毒共存？蘇貞昌：不會像中國粗暴封城〉，《聯合報》，5月1日，https://health.udn.com/health/story/120950/6279875?from=udn-search_ch1005，檢索日期：2024年8月8日。

溫貴香等人，2020，〈武漢肺炎肆虐全球 總統：緊急命令視實際需求決定〉，《中央社》，3月19日，https://www.cna.com.tw/news/firstnews/202003195006.aspx，檢索日期：2024年8月8日。

葉素萍，2021，〈蔡英文：疫苗須由中央統籌 已購買近3,000萬劑〉，《中央社》，5月26日，https://www.cna.com.tw/news/firstnews/202105260186.aspx，檢索日期：2024年8月8日。

劉藝，2014，《斯里蘭卡——印度洋上的明珠》，香港：香港城市大學出版社。

蔡晉宇，2022，〈蔡總統召集高層防疫諮詢會議裁示三重點〉，《人間福報》，5月13日，https://www.merit-times.com.tw/NewsPage.aspx?unid=785794，檢索日期：2024年8月8日。

蔡榮祥，2013，〈多黨總理總統制民主的政府類型與憲政運作的衝突——以斯洛維尼亞、斯洛伐克、克羅埃西亞、立陶宛為例〉，《東吳政治學報》31（3）：65-116。

蔡榮祥，2018，〈總統國會制權力行使、支持基礎與民主運作〉，《東吳政治學報》36（2）：59-130。

蔡榮祥，2020，《比較憲政工程：半總統制的次類型：總統國會制與總理總統制的憲政運作》，臺北：五南圖書。

盧思綸，2024，〈厄多安執政20多年最大挫敗！土耳其在野黨地方選舉大勝 續守伊斯坦堡〉，《聯合新聞網》，4月1日，https://udn.com/news/story/6809/7869060，檢索日期：2024年8月9日。

總統府，2003a，〈總統召開「因應SARS疫情國安高層會議」〉，5月1日，https://www.president.gov.tw/NEWS/323，檢索日期：2023年10月14日。

總統府，2003b，〈總統召開高層工作會議並作成軍警進一步動員協助控制SARS疫

情之十項裁示〉，5月8日，https://www.president.gov.tw/NEWS/301，檢索日期：
2023年10月14日。

總統府，2021a，〈總統針對防疫工作與疫苗進度發表談話〉，5月31日，https://
www.president.gov.tw/News/26107，檢索日期：2022年6月6日。

總統府，2021b，〈總統府針對總統會見台積電董事長劉德音及鴻海集團創辦人郭
台銘之說明〉，6月18日，https://www.president.gov.tw/News/26114，檢索日期：
2024年9月28日。

總統府，2022，〈總統視察「八德區公所『防疫關懷包快易通』辦理情形」〉，5月
20日，https://www.president.gov.tw/News/26737，檢索日期：2024年9月28日。

薛健吾，2022，〈政府效能與政治穩定：各國2020年COVID-19防疫成效的一個系統
性解釋〉，《行政暨政策學報》75：37-68。

薛健吾，2023，〈重新找回「政治制度」在各國COVID-19防疫表現中的重要性〉，
《問題與研究》62（3）：97-148。

謝福助，2006，〈波士尼亞、科索沃：民主移植實驗場——新國際保護關係〉，
《通識論叢》5：37-58。

轉角國際，2021，〈突尼西亞怎麼了？政變式政爭「阿拉伯之春」唯一民主的危
機〉，《聯合報數位版》，7月27日，https://global.udn.com/global_vision/sto-
ry/8662/5630021，檢索日期：2024年9月28日。

顏振凱、黃信維，2022，〈快篩難買惹民怨！蔡英文中常會怒摺重話：不要只有實
名制〉，《風傳媒》，5月4日，https://www.storm.mg/article/4318354，檢索日期：
2024年8月8日。

羅元祺，2020，〈斯里蘭卡總統大權獨攬，修憲擴權是穩定社會還是開民主倒
車？〉，《關鍵評論》，12月2日，https://www.thenewslens.com/article/143911，
檢索日期：2024年8月8日。

嚴震生，2010a，〈肯亞與辛巴威的半總統制：化解政治危機的權宜安排亦或長期政
治穩定的正確選擇〉，「半總統制與民主」研討會，臺北：臺灣大學。

嚴震生，2010b，〈盧旺達真是非洲的成功故事嗎？〉，《聯合新聞網》，8月26
日，https://city.udn.com/62960/4135575，檢索日期：2024年8月10日。

蘇子喬，2011，〈哪一種半總統制——概念界定爭議之釐清〉，《東吳政治學報》
29（4）：1-72。

蘇子喬，2019，〈制度設計與實際運作：總統兼任黨魁之探討〉，《臺灣民主季
刊》16（3）：1-57。

蘇子喬，2020，〈憲政體制、選舉制度、選舉時程與政府型態——臺灣的個案分
析〉，《臺灣民主季刊》17（1）：45-82。

蘇子喬，2021，〈中華民國憲法：憲政體制的原理與實際〉，臺北：三民書局。

蘇貞昌、謝其濬，2023，《護國四年》，新北：遠足文化。

貳、英文文獻

Abeyratne, Rehan. 2015. "Centralising Authority: Comparing Executive Power in India and Sri Lanka." In Asanga Welikal, eds. *Reforming Sri Lankan Presidentialism: Provenance, Problems and Prospects*: 778-807. Colombo, Sri Lanka: Centre for Policy Alternatives.

Adaman, Fikret and Bengi Akbulut. 2021. "Erdoğan's Three-Pillared Neoliberalism: Authoritarianism, Populism and Developmentalism." *Geoforum* 124: 279-89.

Adar, Sinem and Günter Seufert. 2021. "Turkey's Presidential System after Two and a Half Years: An Overview of Institutions and Politics." *SWP Research Paper*. In https://doi.org/10.18449/2021RP02. Last updated: 24 September 2024.

Agency for Statistics of Bosnia and Herzegovina. 2016. "Cenzus of Population, Households and Dwellings in Bosnia and Herzegovina, 2013 Final Results." In https://web.archive.org/web/20171224103940/http://www.popis2013.ba/popis2013/doc/Popis-2013prvoIzdanje.pdf. Last updated: 24 September 2024.

African Election Database. In http://africanelections.tripod.com/rw.html. Last updated: 24 September 2024.

Akçay, Ümit. 2021. "Authoritarian Consolidation Dynamics in Turkey." *Contemporary Politics* 27 (1): 79-104.

Akirav, Osnat et al. 2021. *Parliaments in the Pandemic I*. RCLS PiP Working Paper No. 1.

Akkoyunlu, K. 2017. "Electoral Integrity in Turkey: From Tutelary Democracy to Competitive Authoritarianism." In Başer Bahar and Ahmet Erdi Öztürk, eds. *Authoritarian Politics in Turkey: Elections, Resistance and the AKP*: 47-63. London, UK: Bloomsbury.

Al Jazeera. 2014. "Tunisia Signs New Constitution into Law." *Al Jazeera News*, January 27. In https://www.aljazeera.com/news/2014/1/27/tunisia-signs-new-constitution-into-law. Last updated: 24 September 2024.

Al Jazeera. 2018. "Tunisia: PM Announces Partial Cabinet Reshuffle." *Al Jazeera News*, November 6. In https://www.aljazeera.com/news/2018/11/6/tunisia-pm-announces-partial-cabinet-reshuffle. Last updated: 24 September 2024.

Al Jazeera. 2020. "Tunisian Parliament Approves Third Government in Less Than A Year." *Al Jazeera News*, September 2. In https://www.aljazeera.com/news/2020/9/2/tunisian-parliament-approves-third-government-in-less-than-a-year. Last updated: 24

September 2024.

Albert, Richard. 2014. "An Unconstitutional Constitutional Amendment in Trinidad & Tobago?" *I·CONnect*, August 14. In https://www.iconnectblog.com/an-unconstitution-al-constitutional-amendment-in-trinidad-tobago/. Last updated: 24 September 2024.

Alcántara Sáez, Manuel, Jean Blondel and Jean-Louis Thiébault, eds. 2018. *Presidents and Democracy in Latin America*. New York: Routledge, Taylor & Francis Group.

Alon, Ilan, Matthew Farrell and Shaomin Li. 2020. "Regime Type and COVID-19 Response." *FIIB Business Review* 9 (3): 152-160.

Alphabetical Index. 2021. *Republic of Tunisia*. In http://pSeptemberhos.adam-carr.net/countries/t/tunisia/. Last updated: 24 September 2024.

Amara, Tarek and Angus McDowall. 2021. "Tunisian Democracy in Turmoil After President Sacks Government." *Ruters*, July 27. In https://www.reuters.com/world/middle-east/tunisian-democracy-crisis-after-president-ousts-government-2021-07-26/. Last updated: 24 September 2024.

Andeweg, Rudy B. 2000. "Consociational Democracy." *Annual Review of Political Science* 3: 509-536.

Anketell, Niran. 2015. "The Executive Presidency and Immunity from Suit: Article 35 as Outlier." In Asanga Welikala, ed. *Reforming Sri Lankan Presidentialism: Provenance, Problems and Prospects*: 260-284. Colombo, Sri Lanka: Centre for Policy Alternatives.

Arslantaş, Düzgün, Şenol Arslantaş and André Kaiser. 2020. "Does the Electoral System Foster a Predominant Party System? Evidence from Turkey." *Swiss Political Science Review* 26 (1): 125-143.

Asala, Kizzi. 2020. "Zambian President's Bid to Amend Constitution Fails?" *Africanews*, October 30. In https://www.africanews.com/2020/10/30/zambia-s-ruling-party-s-con-troversial-bid-to-pass-bill-10-fails/. Last updated: 24 September 2024.

Aytaç, S. Erdem and Ezgi Elçi. 2019. "Populism in Turkey." In Daniel Stockemer, ed. *Populism Around the World: A Comparative Perspective*: 89-108. Cham: Springer International Publishing.

Aytaç, S. Erdem, Ali Çarkoğlu and Kerem Yıldırım. 2017. "Taking Sides: Determinants of Support for a Presidential System in Turkey." *South European Society and Politics* 22 (1): 1-20.

Babacan, Errol et al. 2021. *Regime Change in Turkey: Neoliberal Authoritarianism, Islamism and Hegemony*. Abingdon: Routledge.

Baek, Jinkyung. 2021. "Strengthening the Presidency, Weakening Democracy: A Brief Analysis of the Twentieth Amendment to the Constitution of Sri Lanka". *Verité Re-*

search, March 11. In https://reurl.cc/7dn0Lk. Last updated: 9 August 2024.

Baghdady, Gabriela, 2020. "Turkey's Electoral Authoritarianism." *SIR Journal*. In http://www.sirjournal.org/research/2020/12/28/turkeys-electoral-authoritarianism. Last updated: 25 September 2024.

Baris, Omer F. and Riccardo Pelizzo. 2020. "Research Note: Governance Indicators Explain Discrepancies in COVID-19 Data." *World Affairs* 183 (3): 216-234.

Basilien-Gainche, Marie-Laure. 2021. "French Response to COVID-19 Crisis: Rolling into the Deep." *Verfassungsblog on Matters Constitutional*, March 18. In https://verfassungsblog.de/french-response-to-covid-19-crisis-rolling-into-the-deep/. Last updated: 25 September 2024.

Batista, Ian Rebouças, Amanda Domingos and Rodrigo Lins. 2020. "Sorry It Took Me So Long: Latin America and Rapid Governments' Response to COVID-19." *Ciências Sociais Unisinos* 56 (2): 116-130.

Baykan, Toygar Sinan. 2018. *The Justice and Development Party in Turkey: Populism, Personalism, Organization*. Cambridge: Cambridge University Press.

BBC News. 2010. "Vote Counting Begins in Rwanda's Presidential Election." *BBC News*, August 9. In https://www.bbc.com/news/world-africa-10908087?print=true. Last updated: 25 September 2024.

BBC News. 2019. "Tunisia Election: Kais Saied to Become President." *BBC News*, October 14. In https://www.bbc.com/news/world-africa-50032460. Last updated: 25 September 2024.

Belloni, Roberto and Shelley Deane. 2005. "From Belfast to Bosnia: Piecemeal Peacemaking and the Role of Institutional Learning." *Civil Wars* 7 (3): 219-243.

Belloni, Roberto. 2004. "Peacebuilding and Consociational Electoral Engineering in Bosnia and Herzegovina." *International Peacekeeping* 11 (2): 334-353.

Belloni, Roberto. 2007. *State Building and International Intervention in Bosnia*. New York: Routledge.

Berardi, Cecilia. 2019. *Islamic Constitutionalism and Forms of Government of Tunisia, Morocco and Jordan*. Master Thesis in Comparative Public Law, Luiss Guido Carli University.

Bermeo, Nancy. 2016. "On Democratic Backsliding." *Journal of Democracy* 27 (1): 5-19.

Bieber, Florian. 2002. "Bosnia-Herzegovina: Developments towards a More Integrated State?" *Journal of Muslim Minority Affairs* 1: 205-218.

Binningsbø, Helga Malmin. 2006. "Consociational Democracy and Postconflict Peace. Will Power-Sharing Institutions Increase the Probability of Lasting Peace after Civil

War?" Paper presented at *the Annual Meeting of the International Studies Association, March 22, 2006*. San Diego: Town & Country Resort and Convention Center. In https://reurl.cc/rvo97O. Last updated: 25 September 2024.

Blair, Laurence. 2017. "Paraguay's Re-Election Crisis Is Over – For Now." *World Politics Review*, May 2. In https://www.worldpoliticsreview.com/paraguay-s-re-election-crisis-is-over-for-now/. Last updated: 25 September 2024.

Bogaards, Matthijs. 1998. "The Favourable Factors for Consociational Democracy: A Review." *European Journal of Political Research* 33: 475-496.

Boggards, Matthijs. 2019. "Consociationalism and Centripetalism: Friends or Foes?" *Swiss Political Science Review* 25: 4. In https://onlinelibrary.wiley.com/doi/abs/10.1111/spsr.12371. Last updated: 25 September 2024.

Bose, Sumantra. 2006. "The Bosnian State a Decade After Dayton." In David Chandler, ed. *Peace without Politics? Ten Years of International State-Building in Bosnia*: 16-29. London and New York: Routledge.

Brumberg, Daniel. 2021. "Risky Business: Kais *Saied* Regional Alliances." *Arab Center Washington DC*, August 20. In https://arabcenterdc.org/resource/risky-business-kais-saieds-regional-alliances/. Last updated: 25 September 2024.

Bunce, Valerie. 1997. "Presidents and the Transition in Eastern Europe." In Kurt von Mettenheim, ed. *Presidential Institutions and Democratic Politics*: 161-176. Baltimore and London: The Johns Hopkins University Press.

Bunyavejchewin, Poowin and Ketsarin Sirichuanjunb. 2021. "How Regime Type and Governance Quality Affect Policy Responses to COVID-19: A Preliminary Analysis" *Heliyon* 7 (2): e06349. In https://www.ncbi.nlm.nih.gov/pmc/articles/PMC7898984/. Last updated: 25 September 2024.

Burnet, Jennie E. 2019. "Women's Political Representation in Rwanda." *Anthropology Faculty Publications* 15. In https://scholarworks.gsu.edu/anthro_facpub/15. Last updated: 25 September 2024.

Burni, Aline and Benedikt Erfort. 2020. "The French Response to The Corona Crisis: Semi-Presidentialism Par Excellence." *PEX: Executives, Presidents and Cabinet Politics*, May 7. In https://pex-network.com/2020/05/07/the-french-response-to-the-corona-crisis-semi-presidentialism-par-excellence/. Last updated: 25 September 2024.

Çalışkan, Koray. 2018. "Toward a New Political Regime in Turkey: From Competitive toward Full Authoritarianism." *New Perspectives on Turkey* 58: 5-33.

Camarasa, Alicia Pastor Y. 2018. "The Challenges of Semi-Presidentialism in Tunisia." *Constitution Making & Constitutional Change*. In https://constitutional-change.com/

the-challenges-of-semi-presidentialism-in-tunisia/. Last updated: 25 September 2024.

Cárdenas, Mauricio and Enrique Sanz Posse. 2024. "A New Vintage of Populism in Latin America." *Center for Global Development Working paper 683.* In https://www.cgdev. org/sites/default/files/new-vintage-populism-latin-america-perils-new-paradigm.pdf. Last updated: 26 March 2024.

Carey, John M., Tarek Masoud and Andrew Reynolds. 2016. "Institutions as Causes and Effects: North African Electoral Systems During the Arab Spring." *HKS Faculty Research Working Paper Series*, RWP16-042. In https://www.hks.harvard.edu/publi-cations/institutions-causes-and-effects-north-african-electoral-systems-during-arab-spring. Last updated: 25 September 2024.

Carey, John M. 2013. *Electoral Formula and the Tunisian Constituent Assembly.* In http://sites.dartmouth.edu/jcarey/files/2013/02/Tunisia-Electoral-Formula-Carey-May-2013-reduced.pdf. Last updated: 25 September 2024.

Castaldo, Antonino. 2018. "Populism and Competitive Authoritarianism in Turkey." *Southeast European and Black Sea Studies* 18 (4): 467-487.

Center for Systemic Peace. 2023. "INSCR Data Page." *Center for Systemic Peace.* In https://www.systemicpeace.org/inscrdata.html. Last updated: 25 September 2024.

Center for Systemic Peace. 2022. "Polity5: Regime Authority Characteristics and Transi-tions Datasets." *Center for Systemic Peace.* In https://www.systemicpeace.org/inscrda-ta.html. Last updated: 25 September 2024.

Chambas, Estelle and Thomas Perroud. 2021. "France: Legal Response to Covid-19." *Ox-ford Constitutional Law*, April. In https://oxcon.ouplaw.com/view/10.1093/law-occ19/law-occ19-e9. Last updated: 25 September 2024.

Chirciu, Dmitri. 2021. "Armenia May Shift to Semi-Presidential System: Premier." *An-adolu Agency* 3, February 3. In https://www.aa.com.tr/en/world/armenia-may-shift-to-semi-presidential-system-premier/2161290. Last updated: 25 September 2024.

Choudhry, Sujit and Richard Stacey. 2013. "Semi-Presidentialism as a Form of Govern-ment: Lessons for Tunisia." *International IDEA & The Center for Constitutional Tran-sitions at NYU Law Working Papers: Consolidating the Arab Spring – Constitutional Transition in Egypt and Tunisia (with R. Stacey).* In https://ssrn.com/abstract=3025975. Last updated: 25 September 2024.

Choudhry, Sujit and Richard Stacey. 2014. "Semi-Presidentialism as Power Sharing: Constitutional Reform After the Arab Spring." *International IDEA & The Center for Constitutional Transitions at NYU Law.* In https://www.idea.int/sites/default/files/pub-lications/semi-presidentialism-as-power-sharing-constitutional-reform-after-the-arab-spring.pdf. Last updated: 25 September 2024.

Cilliler, Yavuz. 2021. "Revisiting the Authoritarian Pattern in Turkey: Transition to Presidential System." *Southeast European and Black Sea Studies* 21 (4): 531-547.

Civil Georgia. 2017. "Political Ratings and Public Attitudes in IRI-commissioned Poll." *Civil Georgia*, April 5. In http://www.civil.ge/eng/article.php?id=29995. Last updated: 25 September 2024.

Cofre, Leonardo. 2020. "Chile and COVID-19: A Constitutional Authoritarian Temptation." *Verfassungsblog: On Matters Constitutional*, May 19. In https://verfassungsblog.de/chile-and-covid-19-a-constitutional-authoritarian-temptation/. Last updated: 6 June 2023.

Collier, Paul and Nicholas Sambanis, eds. 2005. *Understanding Civil War: Evidence and Analysis. Vol. 1*. Washington, D.C: World Bank.

Colombo Telegraph. 2017. "New Constitution: Interim Report of The Steering Committee." *Colombo Telegraph*, September 21. In https://www.colombotelegraph.com/index.php/new-constitution-interim-report-of-the-steering-committee-full-texts-in-three-languages/. Last updated: 25 September 2024.

Cook, Steven A. 2007. *Ruling but Not Governing: The Military and Political Development in Egypt, Algeria and Turkey*. Baltimore: Johns Hopkins University Press.

Cooley, Laurence and Jasmin Mujanović. 2015. "Changing the Rules of the Game: Comparing FIFA/UEFA and EU Attempts to Promote Reform of Power-Sharing Institutions in Bosnia-Herzegovina." *Global Society* 29 (1): 42-63.

Coomaraswamy, Radhika. 2015. "Bonapartism and the Anglo-American. Constitutional Tradition in Sri Lanka: Reassessing the 1978 Constitution." In Asanga Welikala, ed. *Constitutional Reforms in Sri Lanka*: 931-951. Colombo, Sri Lanka: Centre for Policy Alternatives. Last updated: 25 September 2024.

Crawford, Beverly and Arend Lijphart. 1995. "Explaining Political and Economic Change in Post-Communist Eastern Europe: Old Legacies, New Institutions, Hegemonic Norms and International Pressures." *Comparative Political Studies* 28 (2): 171-199.

Daily Sabah. 2022. "Presidential System Allows Turkey to Take Fast Action in Crises." *Daily Sabah*, April 18. In https://www.dailysabah.com/politics/diplomacy/presidential-system-allows-turkey-to-take-fast-action-in-crises. Last updated: 7 October 2023.

Dalaman, Cem. 2015. "Alman Basınından Türk Siyasetine Karamsar Bakış." *VOA Türkçe*, August 15. In https://www.voaturkce.com/a/alman-basinindan-turk-basinina-karamsar-bakis/2918491.html. Last updated: 26 March 2024.

de Briey, Laurent. 2005. "Centripetalism in Consociational Democracy: The Multiple

Proportional Vote." *Université catholique de Louvain*. In http://www.academia. edu/6406901/Centripetalism_in_Consociational_Democracy_The_Multiple_Proportional_Vote. Last updated: 25 September 2024.

Diallo, Mariama. 2024. "Kagame wins Rwanda's Presidential Elections in Landslide." *Voanews*. In https://www.voanews.com/a/kagame-wins-rwanda-s-presidential-elections-in-landslide/7699784.html. Last updated: 25 September 2024.

Diamond, Larry. 2002. "Elections Without Democracy: Thinking About Hybrid Regimes." *Journal of Democracy* 13 (2): 21-35.

Duverger, Maurice. 1980. "A New Political System Model: Semi-Presidential Government." *European Journal of Political Research* 8 (2): 165-187.

Easter, Gerald M. 1997. "Preference for Presidentialism: Postcommunist Regime Change in Russia and the NIS." *World Politics* 49 (2): 184-211.

Eckstein, Harry. 1975. "Case Study and Theory in Political Science." In Fred I. Greenstein and Nelson W. Polsby, eds. *Handbook of Political Science*: 79-137. Reading, MA: Addison-Wesley.

Editorial. 2022. "Term Limits for PMs." *Newsday*, March 23. In https://newsday. co.tt/2022/03/23/term-limits-for-pms/. Last updated: 25 September 2024.

Editorial. 2017. "Hopes and Fears: on Sri Lanka's Constitutional Reform." *The Hindu*, September 23. In http://www.thehindu.com/opinion/editorial/hopes-and-fears/article19737702.ece. Last updated: 25 September 2024.

Edrisinha, Rohan. 2015. "Constitutionalism and Sri Lanka's Gaullist Presidential System." In Asanga Welikala, ed. *Reforming Sri Lankan Presidentialism: Provenance, Problems and Prospects*: 931-951. Colombo, Sri Lanka: Centre for Policy Alternatives.

Elçi, Ezgi. 2019. "The Rise of Populism in Turkey: A Content Analysis." *Southeast European and Black Sea Studies* 19 (3): 387-408.

Election Commission. 2020. "Previous Election Results." *Election Commission of Sri Lanka*. In https://elections.gov.lk/indexEn.html. Last updated: 25 September 2024.

ElectionGuide. 2014. In https://www.electionguide.org/countries/. Last updated: 25 September 2024.

Elgie, Robert and Sophia Moestrup. 2008. *Semi-Presidentialism in Central and Eastern Europe*. Manchester: Manchester University Press.

Elgie, Robert, ed. 1999. *Semi-Presidentialism in Europe*. Oxford: Oxford University Press.

Elgie, Robert. 2003. "Semi-Presidentialism: Concepts, Consequences and Contesting Explanations." *Paper Presentation at the Conference on Semi-Presidentialism and Na-*

scent Democracies, October 24-25. Institute of Political Science at Academia Sinica, Taipei.

Elgie, Robert. 2007a. "Varieties of Semi-Presidentialism and their Impact on Nascent Democracies." *Taiwan Journal of Democracy* 3 (2): 53-71.

Elgie, Robert. 2007b. "The Newest Semi-Presidential Country – Turkey." *The Semi-Presidential One*, December 26. In http://www.semipresidentialism.com/the-newest-semi-presidential-country-turkey/. Last updated: 25 September 2024.

Elgie, Robert. 2007c. "Up-to-date List of Semi-Presidential Countries with Dates." *The Semi-Presidential One*, December 30. In http://www.semipresidentialism.com/up-to-date-list-of-semi-presidential-countries-with-dates/. Last updated: 25 September 2024.

Elgie, Robert. 2008. "SP in Disputed Areas and Other Territories (4) – Anjouan." *The Semi-Presidential One*, June 30. In http://www.semipresidentialism.com/sp-in-disputed-areas-and-other-territories-4-anjouan/. Last updated: 25 September 2024.

Elgie, Robert. 2008. "Why Is Sri Lanka Sometimes Not Classed as Semi-Presidential?" *The Semi-Presidential One,* July 18. In http://www.semipresidentialism.com/why-is-sri-lanka-sometimes-not-classed-as-semi-presidential/. Last updated: 25 September 2024.

Elgie, Robert. 2009. "Duverger, Semi-Presidentialism and the Supposed French Archetype." *West European Politics* 32 (2): 248-267.

Elgie, Robert. 2011. "List of Presidential, Parliamentary and Other Countries." *The Semi-Presidential One*, September 23. In http://www.semipresidentialism.com/up-to-date-list-of-semi-presidential-countries-with-dates/. Last updated: 25 September 2024.

Elgie, Robert. 2011. *Semi-Presidentialism: Sub-Types and Democratic Performance.* Oxford: Oxford University Press.

Elgie, Robert. 2019. "List of President-parliamentary and Premier-presidential Countries with Dates." *The Semi-Presidential One*, August 18. In http://www.semipresidentialism.com/list-of-president-parliamentary-and-premier-presidential-countries-with-dates/. Last updated: 25 September 2024.

Engesser, Sven, Nicole Ernst, Frank Esser and Florin Büchel. 2017. "Populism and Social Media: How Politicians Spread a Fragmented Ideology." *Information, Communication & Society* 20 (8): 1109-1126.

Erdoğan, Ayfer. 2020. "Electoral and Constitutional Transitions: Tunisia and Egypt." *Middle East Policy* 27 (2): 53-68.

Esen, Berk and Sebnem Gumuscu. 2016. "Rising Competitive Authoritarianism in Turkey." *Third World Quarterly* 37 (9): 1581-1606.

Esen, Berk and Sebnem Gumuscu. 2017. "Turkey: How the Coup Failed." *Journal of Democracy* 28 (1): 59-73.

Esen, Berk and Sebnem Gumuscu. 2018. "The Perils of 'Turkish Presidentialism.'" *Review of Middle East Studies* 52 (1): 43-53.

Etv Bharat. 2022. "22nd Amendment to Constitution Falls Short of Public Protest Demands: Lanka's Lawyers' Body" *Etv Bharat*, October 27. In https://www.etvbharat.com/english/international/top-news/22nd-amendment-to-constitution-falls-short-of-public-protest-demands-lankas-lawyers-body/na20221027173230972972629. Last updated: 9 August 2024.

Euronews. 2020. "French Parliament Declares 'State of Health Emergency'." *Euronews*, March 22. In https://www.euronews.com/my-europe/2020/03/21/french-parliament-declares-state-of-sanitary-emergency. Last updated: 12 May 2023.

Finish Government. 2020. "Government in Cooperation with the President of the Republic, Declares A State of Emergency in Finland over Coronavirus Outbreak." *Finish Government*, March 16. In https://valtioneuvosto.fi/en/-/10616/hallitus-totesi-suomen-olevan-poikkeusoloissa-koronavirustilanteen-vuoksi. Last updated: 25 September 2024.

Foa, Roberto Stefan. 2021. "Why Strongmen Win in Weak States." *Journal of Democracy* 32 (1): 52-65.

Fonseka, Bhavani, Luwie Ganeshathasan and Asanga Welikala. 2021. "Sri Lanka: Pandemic-Catalyzed Democratic Backsliding." In Victor V. Ramraj, ed. *Covid-19 in Asia*: 349-362. New York: Oxford University Press.

France 24. 2020. "French Parliament Declares Health Emergency to Combat Pandemic." *France 24*, March 22. In https://www.france24.com/en/20200322-french-parliament-declares-health-emergency-to-combat-pandemic. Last updated: 6 June 2023.

Frantz, Erica andrea Kendall-Taylor and JoSeptemberh Wright. 2021. "Personalism in Democracies: A New Index Luminate Report." *WPMUCDN*. In https://bpb-us-e1.wp-mucdn.com/sites.psu.edu/dist/b/13577/files/2021/06/Luminate1.pdf. Last updated: 24 June 2024.

Freedom House. 2024. In https://freedomhouse.org/. Last updated: 25 September 2024.

Frey, Carl Benedikt, Chinchih Chen and Giorgio Presidente. 2020. "Democracy, Culture and Contagion: Political Regimes and Countries Responsiveness to Covid-19." *Oxford Martin School*. In https://www.oxfordmartin.ox.ac.uk/publications/democracy-culture-and-contagion-political-regimes-and-countries-responsiveness-to-covid-19. Last updated: 9 August 2024.

Fumagalli, Matteo. 2016. "Semi-Presidentialism in Kyrgyzstan." In Robert Elgie and So-phia Moestrup, eds. *Semi-Presidentialism in the Caucasus and Central Asia*: 173-205. London: Palgrave Macmillan.

Galyan, Artak. 2016. "The Nineteenth Amendment in Comparative Context: Classify-ing the New Regime-type." In Asanga Welikala, ed. *The Nineteenth Amendment to the Constitution: Content and Context*: 237-258. Colombo, Sri Lanka: Centre for Policy Alternatives.

Gandhi, Jennifer and Ellen Lust-Okar. 2009. "Elections Under Authoritarianism." *Annual Review of Political Science* 12 (1): 403-422.

Geddes, Barbara. 1996. "Institution of New Democratic Institutions in Eastern Europe and Latin American." In Arend Lijphart and Carlos H. Waisman, eds. *Institutional De-sign in New Democracies: Eastern Europe and Latin American*: 22-48. Boulder: West-view Press.

Giovannelli, Adriano. 2002. *Semi-Presidentialism: An Emerging Pan-European Model*. Falmer: Sussex European Institute.

Görener, Aylin Ş. and Meltem Ş. Ucal. 2011. "The Personality and Leadership Style of Recep Tayyip Erdoğan: Implications for Turkish Foreign Policy." *Turkish Studies* 12 (3): 357-381.

Grewal, Sharan. 2021. "How COVID-19 Helped Legitimate the Tunisian President's Power Grab." *MEDC: Middle East Democracy Center*, August 23. In https://mideastdc. org/publication/how-covid-19-helped-legitimate-the-tunisian-presidents-power-grab/. Last updated: 6 June 2023.

Hamann, Jasper. 2020. "Tunisia: Parliament Approves Hichem Mechichi's Technocrat Government." *Morocco World News*, September 2. In https://www.moroccoworldnews. com/2020/09/317124/tunisia-parliament-approves-hichem-mechichis-technocrat-gov-ernment. Last updated: 25 September 2024.

Hameed, Reeza. 2015. "Parliament in a Presidential System." In Asanga Welikala, ed. *Reforming Sri Lankan Presidentialism: Provenance, Problems and Prospects*: 55-117. Colombo, Sri Lanka: Centre for Policy Alternatives.

Haria, Siddhartha. 2010. "Kenya's New Constrained Presidentialism." *Opendemocracy*,, August 23. In https://www.opendemocracy.net/en/kenyas-new-constrained-presiden-tialism/. Last updated: 25 September 2024.

Hartzell, Caroline and Mathew Hoddie. 2005. "Power Sharing in Peace Settlements: Ini-tiating the Transition from Civil War." In Donald Rothschild and Philip G. Roeder, eds. *Sustainable Peace: Power and Democracy after Civil Wars*: 86-103. Ithaca: Cornell

University.

Hearst, David. 2016. "Rached Ghannouchi Q&A: Thoughts on democratic Islam." *Middle Easy Eye*, June 13. In http://www.middleeasteye.net/news/rached-ghannouchi-interview-2016275498. Last updated: 25 September 2024.

Hedoui, Khaled. 2021. "Tunisian President Rejects Constitutional Court Law Amendments." *The Arab Weekly*, May 4. In https://thearabweekly.com/tunisian-president-rejects-constitutional-court-law-amendments. Last updated: 25 September 2024.

Hellwig, Timothy and David Samuels .2008. "Electoral Accountability and the Variety of Democratic Regimes." *British Journal of Political Science* 38 (1): 65-90.

Horowitz, Donald L. 1990. "Presidents vs. Parliaments: Comparing Democratic Systems." *Journal of Democracy* 1 (4): 73-79.

Horowitz, Donald. 1991. *A Democratic South Africa? Constitutional Engineering in a Divided Society*. Berkeley: University of California Press.

Horowitz, Donald. 2008. "Conciliatory Institutions and Constitutional Process in Post Conflict States." *William and Mary Law Review* 49: 1213-1248.

Horowitz, Donald. 2014. "Ethnic Power Sharing: Three Big Problems." *Journal of Democracy* 25 (2): 5-20.

Huang, Isaac S. H. 2023. "Constituency Influence and Parliamentary Oversight Under Covid-19 Pandemic Experience from Taiwan." *Taiwan Journal of Democracy* 19 (1): 73-97.

Huber, D. and Pisciotta, B. 2022. "From Democracy to Hybrid Regime. Democratic Backsliding and Populism in Hungary and Tunisia." *Contemporary Politics* 29 (3): 357-378.

Hudson, Alexander. 2018. "Will Iceland Get a New Constitution? A New Revision Process Is Taking Shape." *I·CONnect*, October 23. In https://www.iconnectblog.com/will-iceland-get-a-new-constitution-a-new-revision-process-is-taking-shape/. Last updated: 25 September 2024.

Humphrey, Michael. 2003. "International Intervention, Justice and National Reconciliation: the Role of the ICTY and ICTR in Bosnia and Rwanda." *Journal of Human Rights* 2 (4): 495-505.

Huntington, Samuel P. 1991. *The Third Wave: Democratization in the Late Twentieth Century*. Norman, OK: University of Oklahoma Press.

IndexMundi. 2017. In http://www.indexmundi.com/rwanda/#Government. Last updated: 25 September 2024.

International Constitutional Law. 2017. In http://www.servat.unibe.ch/icl/. Last updated:

25 September 2024.

Jawad, Rana. 2021. "Tunisia's PM Sacked After Violent Covid Protests: Acute Power Struggle." *BBC News*, July 26. In https://www.bbc.com/news/world-africa-57958555. Last updated: 25 September 2024.

Jayatilleka, Dayan. 2017. "The Executive Presidency: Who Wants It Abolished and Why?" *Colombo Celegraph*, April 28. In https://www.colombotelegraph.com/index.php/the-executive-presidency-who-wants-it-abolished-why/. Last updated: 25 September 2024.

Jenkins, Gareth, 2009. "The Politics of Personality: Erdoğan's Irascible Authoritarianism." *Turkey Analyst*, February 13. In https://www.turkeyanalyst.org/publications/turkey-analyst-articles/item/154-the-politics-of-personality-erdogans-irascible-authoritarianism.html. Last updated: 26 June 2024.

Jung, Courtney and Ian Shapiro. 1995. "South Africa's Negotiated Transition: Democracy, Opposition and the New Constitutional Order." *Politics and Society* 23 (3): 269-308.

Kantor, Harry. 1992. "Efforts Made by Various Latin American Countries to Limit the Power of the President." In Arend Lijphart, ed. *Parliamentary Versus Presidential Government*: 101-110. New York: Oxford University Press.

Karam, Souhail and Jihen Laghmari. 2021. "Pressure Mounts on Tunisia's President to Reveal Crisis Exit." *Bloomberg*, August 6. In https://www.bloomberg.com/news/articles/2021-08-06/pressure-mounts-on-tunisia-s-president-to-reveal-crisis-exit. Last updated: 9 August 2024.

Kasapović, Mirjana. 2005. "Bosnia and Herzegovina: Consociational or Liberal Democracy?" *Politićka Misao* 5: 3-30.

Kavaler, Tara. 2021. "Stalemate Between Tunisia's Prime Minister, President Continues with No End in Sight." *The Jerusalem Post*, February 28. In https://www.jpost.com/middle-east/stalemate-between-tunisias-pm-president-continues-with-no-end-in-sight-660477. Last updated: 25 September 2024.

Keil, Soeren. 2016. "Religious Pluralism and Multinational Federalism in Bosnia and Herzegovina." In Requejo Ferran and Klaus-Jürgen Nagel, eds. *Politics of Religion and Nationalism*: 80-92. London: Routledge.

Kirişci, Kemal and Amanda Sloat. 2019. "The Rise and Fall of Liberal Democracy in Turkey: Implications for the West." *Brookings*, February. In https://www.brookings.edu/wp-content/uploads/2019/02/FP_20190226_turkey_kirisci_sloat.pdf. Last updated: 25 September 2024.

Kirişci, Kemal and Ilke Toygür. 2019. "Turkey's New Presidential System and a Changing West: Implications for Turkish Foreign Policy and Turkish-West Relations." *Brookings*, January. In https://www.brookings.edu/wp-content/uploads/2019/01/20190111_turkey_presidential_system.pdf. Last updated: 22 October 2023.

Kleinfeld, Rachel. 2020. "Do Authoritarian or Democratic Countries Handle Pandemics Better?" *Carnegie Endowment for Internation Peace*, March 31. In https://carnegieendowment.org/posts/2020/03/do-authoritarian-or-democratic-countries-handle-pandemics-better?lang=en. Last updated: 9 August 2024.

Kopstein, Jeffrey S. and David A. Reilly. 2000. "Geographic Diffusion and the Transformation of the Postcommunist World." *World Politics* 53 (1):1-37.

Kössler, Karl. 2018. "Streamlining Austria's federation: Comprehensive Reform After Nearly A Century?" *Constitutionnet*, November 21. In https://constitutionnet.org/news/streamlining-austrias-federation-comprehensive-reform-after-nearly-century. Last updated: 25 September 2024.

Lecours andré, Daniel Béland, Alan Fenna, Tracy Beck Fenwick, Mireille Paquet, Philip Rocco and Alex Waddan. 2021. "Explaining Intergovernmental Conflict in the COVID-19 Crisis: The United States, Canada and Australia." *Publius: The Journal of Federalism* 51 (4): 513-536.

Legifrance. 2020. "LOI n° 2020-290 du 23 mars 2020 d'urgence pour faire face à l'épidémie de covid-19 (1)." *Legifrance*. In https://www.legifrance.gouv.fr/jorf/id/JORFTEXT000041746313/. Last updated: 6 June 2023.

Lemarchand, René. 2007. "Consociationalism and Power Sharing in Africa: Rwanda, Burundi and the Democratic Republic of the Congo." *African Affairs* 106 (422): 1-20.

Letaief, Mustapha Ben. 2012. "The Rule of Law in Tunisia: Prospects and Challenges." *The Knowledge Platform Security & Rule of Law (the Platform)*, January 11. In https://www.hiil.org/wp-content/uploads/2018/09/Rule-of-Law-Quick-Scan-Tunisia.pdf. Last updated: 25 September 2024.

Levitsky, Steven and Lucan A. Way. 2002. "Elections Without Democracy: The Rise of Competitive Authoritarianism." *Journal of Democracy* 13 (2): 51-65.

Levitsky, Steven and Lucan A. Way. 2010. *Competitive Authoritarianism: Hybrid Regimes after the Cold War*. New York: Cambridge University Press.

Library of Congress. 2021. "France: Law Adopted Extending Ability to Declare State of Health Emergency Until July 2022." *Library of Congress*, December 7. In https://www.loc.gov/item/global-legal-monitor/2021-12-07/france-law-adopted-extending-ability-to-declare-state-of-health-emergency-until-july-2022/. Last updated: 12 May 2023.

Lijphart, Arend. 1992. *Parliamentary Versus Presidential Government*. Oxford: Oxford University Press.

Lijphart, Arend. 1977. *Democracy in Plural Societies: A Comparative Exploration*. New Haven: Yale University Press.

Lijphart, Arend. 1984. *Democracies: Patterns of Majoritarian and Consensus Government in Twenty-One Countries*. New Haven, CT: Yale University Press.

Lijphart, Arend. 1984. *Democracies: Patterns of Majoritarian and Consensus Government in Twenty-One Countries*. New Haven, CT: Yale University Press.

Lijphart, Arend. 1994. "Presidentialism and Majoritarian Democracy: Theoretical Observations." In Juan J. Linz and Arturo Valenzuela, eds. *The Failure of Presidential Democracy: Comparative Perspectives*: 91-105. Baltimore, MD: Johns Hopkins University.

Lijphart, Arend. 2008. *Thinking About Democracy: Power Sharing and Majority Rule in Theory and Practice*. London: Routledge.

Lindberg, Staffan. 2004. "The Democratic Qualities of Competitive Elections: Participation, Competition and Legitimacy in Africa." *Journal of Commonwealth and Comparative Politics* 42 (1): 61-105.

Linz, Juan J. 1990. "The Perils of Presidentialism." *Journal of Democracy* 1 (4): 51-69.

Linz, Juan J. 1994. "Presidential or Parliamentary Democracy: Does It Make a Difference?" In Juan J. Linz and Arturo Valenzuela, eds. *The Failure of Presidential Democracy: Comparative Perspectives*: 3-87. Baltimore, MD: Jones Hopkins University Press.

Lipset, Symour M. 1990. "Presidents vs. Parliaments: The Centrality of Political Culture." *Journal of Democracy* 1 (4): 80-83.

Lyons, Terrence. 2002. "The Role of Post-Settlement Elections." In Stephen John Stedman, Donald Rothchild and Elizabeth M. Cousens, eds. *Ending Civil Wars*: 215-236. Boulder, CO: Lynne Rienner.

Lyons, Terrence. 2006. *Demilitarizing Politics: Elections on the Uncertain Road to Peace*. Boulder, CO: Lynne Rienner.

Madeira, J. Paulo. 2015. "The Semi-Presidential System of Cape Verde: The Relationship Between the Executive and the Legislative Powers." *Brasilia* 13 (2): 83-92.

Madhavan, M. R. 2020. "India's Parliament is missing in action." *The Hindu*, June 4. In https://www.thehindu.com/opinion/op-ed/indias-parliament-is-missing-in-action/article31742536.ece. Last updated: 6 June 2023.

Manning, Carrie. 2004. "Elections and Political Change in Post-War Bosnia and Herzegovina." *Democratization* 11 (2): 60-86.

Manning, Carrie. 2008. *The Making of Democrats: Elections and Party Development in Postwar Bosnia, El Salvador and Mozambique.* New York: Palgrave Macmillan.

Mansfield, Edward D. and Jack Snyder. 2005. "Prone to Violence: The Paradox of the Democratic Peace." *National Interest*: 39-45.

Marks, Monica. 2014. "Convince, Coerce, or Compromise? Ennahda's Approach to Tunisia's Constitution." *Brookings Doha Center Analysis Paper*, Number 10. In https://www.brookings.edu/wp-content/uploads/2016/06/Ennahda-Approach-Tunisia-Constitution-English.pdf. Last updated: 25 September 2024.

Matsuzato, Kimitaka. 2005. "Semipresidentialism in Ukraine: Institutionalist Centrism in Rampant Clan Politics." *Demokratizatsiya* 13 (1): 45-58.

McMahon, Patrice C. and Jon Western. 2009. "The Death of Dayton: How to Stop Bosnia from Falling Apart." *Foreign Affairs* 88 (5): 69-83.

Mekki, Nidhal. 2018. "The Political Crisis in Tunisia: Is It A Consequence of the Semi-Presidential Arrangement?" *Constitution Net*, December 7. In https://constitutionnet.org/news/political-crisis-tunisia-it-consequence-semi-presidential-arrangement. Last updated: 25 September 2024.

Mersch, Sarah. 2014. "Tunisia's Compromise Constitution." *Carnegie Endowment for International Peace*, January 21. In https://carnegieendowment.org/sada/2014/01/tunisias-compromise-constitution?lang=en&center=middle-east. Last updated: 25 September 2024.

Middle East Monitor. 2021. "Tunisia: Ghannouchi Says President Cannot Refuse MP Appointments." *Middle East Monitor*, February 1. In https://www.middleeastmonitor.com/20210201-tunisia-ghannouchi-says-president-cannot-refuse-mp-appointments/. Last updated: 25 September 2024.

Miş, Nebi, Mehmet Zahid Sobacı and Özer Köseoğlu. 2018. "Reforming the Policymaking Process in Turkey's New Presidential System." *Insight Turkey* 20 (4): 183-210.

Miwa, Hiroki .2013. "Strong President and Vulnerable Political System in Sri Lanka." In Yoko Kasuya, ed. *Presidents, Assemblies and Policy-making in Asia*: 134-55. Basingstoke: Palgrave Macmillan.

Moestrup, Sophia. 2018. "Chad Changes Constitution – From Semi-Presidentialism to a Presidential System." *Presidential Power*, April 30. In https://presidential-power.net/?p=8065. Last updated: 8 March 2022.

Myers, Garth, Thomas Klak and Timothy Koehl. 1996. "The Inscription of Difference: News Coverage of the Conflicts in Rwanda and Bosnia." *Political Geography* 15 (1):

21-46.

Nabaneh, Satang. 2020. "Why the Gambia's Quest for a New Constitution Came Unstuck – and What Next." *The Conversation,* October 6. In https://theconversation.com/why-the-gambias-quest-for-a-new-constitution-came-unstuck-and-what-next-147118. Last updated: 25 September 2024.

Nakashidze, Malkhaz. 2017. "Georgia – Constitutional Reform: From Semi-Presidentialism to Parliamentarism Leave a Reply." *Caspian*, October 3. In http://caspianet.eu/2017/10/03/georgia-constitutional-reform-semi-presidentialism-parliamentarism-leave-reply/. Last updated: 25 September 2024.

National Democratic Institute. 2014. *Final Report on the 2014 Legislative and Presidential Elections in Tunisia.* In https://www.ndi.org/sites/default/files/Tunisia%20Election%20Report%202014_EN_SOFT%20(1).pdf. Last updated: 25 September 2024.

Niang, Amadou. 2020. "Guinea-Bissau's Political Paralysis: Potential and Risks of Constitutional Reform Process." *Constitutionnet*, July 14. In https://constitutionnet.org/news/guinea-bissaus-political-paralysis-potential-and-risks-constitutional-reform-process. Last updated: 25 September 2024.

Noel, Sid, ed. 2005. *From Power Sharing to Democracy: Post-Conflict Institutions in Ethnically Divided Societies.* London: McGill-Queens University Press.

Norris, Pippa. 2008. *Driving Democracy: Do Power-Sharing Institutions Work?* Cambridge: Cambridge University Press.

O'Flynn, Ian and David Russell. 2005. *Power Sharing: New Challenges for Divided Societies.* London: Pluto Press.

O'Halloran, Patrick J. 2005. "Post-conflict Reconstruction: Constitutional and Transitional Power-sharing Arrangements in Bosnia and Kosovo." In Sid Noel, ed. *From Power Sharing to Democracy: Post-conflict Institutions in Ethnically Divided Societies*: 104-139. Montreal: McGill-Queen's University Press.

Örmeci, Ozan. 2014. "Turkey towards Competitive Authoritarianism?" *Politika Akademisi*, August 6. In https://politikaakademisi.org/2014/08/06/turkey-towards-competitive-authoritarianism/. Last updated: 24 June 2024.

Ostiguy, Pierre. 2009. "The High-Low Political Divide: Rethinking Populism and Anti-Populism." *The Committee on Concepts and Methods.* In https://www.concepts-methods.org/Files/WorkingPaper/PC%2035%20Ostiguy.pdf. Last updated: 26 June 2024.

Ouanes, Yosra. 2020. "New Coalition Government Sworn In." *World Middle East*, February 27. In https://www.aa.com.tr/en/middle-east/new-tunisian-government-sworn-in/1747077. Last updated: 26 September 2024.

Özbudun, Ergun. 2013. "Presidentialism vs. Parliamentarism in Turkey." In S. Aydın-Düzgit et al., eds. *Global Turkey in Europe: Political, Economic and Foreign Policy Dimensions of Turkey's Evolving Relationship with the EU*: 165-170. Roma, Italy: Istituto Affari Internazionali.

Özbudun, Ergun. 2015. "Turkey's Judiciary and the Drift Toward Competitive Authoritarianism." *The International Spectator* 50 (2): 42-55.

Öztürk, Sevinç and Thomas Reilly. 2024. "Assessing Centralization: On Turkey's Rising Personalist Regime." *Southeast European and Black Sea Studies* 24 (1): 167-185.

Paris, Ronald. 2004. *At War's End: Building Peace After Civil Conflict*. Cambridge: Cambridge University Press.

Pastor y Camarasa, Alicia. 2018. "The Challenges of Semi-Presidentialism in Tunisia." *Constitution Making & Constitutional Change*, December 11. In https://constitutional-change.com/the-challenges-of-semi-presidentialism-in-tunisia/. Last updated: 26 September 2024.

Perera, Jehan. 2018. "Abolition of Executive Presidency Has Become Viable." *Colombo Telegraph*. In https://www.colombotelegraph.com/index.php/abolition-of-executive-presidency-has-become-viable/. Last updated: 26 September 2024.

Petersen, German and Fernanda Somuano. 2021. "Mexican De-democratization? Pandemic, Hyper-presidentialism and Attempts to Rebuild A Dominant Party System." *Revista de Ciencia Política* 41 (2): 353-376.

Petr, Kopecký. 2001. "The Czech Republic: From the Burden of the Old Federal Constitutional Horse Trading among Political Parties." In Jan Zeilonka, ed. *Democratic Consolidation in Eastern Europe*: 319-346. Oxford: Oxford University Press.

Pickard, Duncan. 2013. *Electoral Politics Under Tunisia's New Constitution. Atlantic Council*, July 11. In https://www.atlanticcouncil.org/in-depth-research-reports/issue-brief/electoral-politics-under-tunisias-new-constitution/. Last updated: 26 September 2024.

Pickard, Duncan. 2014. "Al-Nahda: Moderation and Compromise in Tunisia's Constitutional Bargain." In Justin Frosini and Francesco Biagi, eds. *Political and Constitutional Transitions in North Africa: Actors and Factors*: 4-32. London: Routledge.

Platon, Sébastien. 2020. "Reinventing the Wheel … and Rolling over Fundamental Freedoms? The Covid-19 Epidemic in France and the 'State of Health Emergency'." *The Theory and Practice of Legislation* 8 (3): 293-309.

Plier, Austin. 2015. "Sri Lanka Presidential Election Demonstrates Value and Ease of Rankin." *Fair Vote*, January 9. In https://fairvote.org/sri_lanka_presidential_election_

demonstrates_value_and_ease_of_ranking_candidates/. Last updated: 9 August 2024.

Plümper, Thomas and Eric Neumayer. 2010. "The Level of Democracy during Interregnum Periods: Recoding the Polity2 Score." *Political Analysis* 18 (2): 206-226.

Powell, G. Bingham Jr. 1992. "Contemporary Democracies: Participation, Stability and Violence." In Arend Lijphart, ed. *Parliamentary Versus Presidential Government*: 223-235. Oxford: Oxford University Press.

Przeworski, Adam and Tenue Henry. 1970. *The Logic of Comparative Social Inquiry*. New York: John Wiley.

Przeworski, Adam. 1988. "Democracy as a Contingent Outcome of Conflict." In Jon Elster and Rune Slagstad, eds. *Constitutionalism and Democracy*: 59-80. Cambridge, UK: Cambridge University Press.

Rainsford, Sarah. 2007. "Turkey Court Rules Reforms Valid." *BBC News*, July 5. In http://news.bbc.co.uk/2/hi/europe/6275684.stm. Last updated: 7 October 2023.

Ramachandran, Sudha. 2020. "Sri Lanka's Democracy on the Edge." *The Diplomat*, September 26. In https://thediplomat.com/2020/09/sri-lankas-democracy-on-the-edge/. Lasted updated: 9 August 2024.

Rawls, John. 1971. *A Theory of Justice*. Cambridge, MA: Harvard University Press.

Reilly, Benjamin. 2001. *Democracy in Divided Societies: Electoral Engineering for Conflict Management*. New York: Cambridge University Press.

Reilly, Benjamin. 2002. "Electoral Systems for Divided Societies." *Journal of Democracy* 13 (2): 156-170.

Reuters. 2016. "Moldovan Top Court Rules for Direct Elections to Choose President." *Reuters*, March 4. In https://www.reuters.com/article/us-moldova-constitution-president-idUSKCN0W61W5. Last updated: 15 April 2022.

Reuters. 2019. "Moderate Islamist Ennahda Backs Saied in Tunisia's Presidential Runoff." *Reuters*, September 20. In https://www.reuters.com/article/us-tunisia-election-islamists-idUSKBN1W42VR. Last updated: 21 August 2021.

Reuters. 2021. "Tunisia's Ennahda Criticises President as Political Crisis Deepens." *Reuters*, April 20. In https://www.reuters.com/world/africa/tunisias-ennahda-criticises-president-political-crisis-deepens-2021-04-20/. Last updated: 4 June 2021.

Richter, Solveig. 2008. "The End of an Odyssey in Bosnia and Herzegovina." *SWP Comment 2008/C 19*. In http://www.swp-berlin.org/common/get_document.php?asset_id=5181. Last updated: 20 July 2017.

Ridge, H. M. 2022. "Dismantling New Democracies: The Case of Tunisia." *Democratization* 29 (8): 1539-1556.

Roper, Steven D. 2002. "Are All Semipresidential Regimes the Same? A Comparison of Premier-Presidential Regimes." *Comparative Politics* 34 (3): 253-272.

Roper, Steven D. 2008. "From Semi-Presidentialism to Parliamentarism: Regime Change and　Presidential Power in Moldova." *Europe-Asia Studies* 60 (1): 113-126.

Rothchild, Donald and Philip G. Roeder. 2005a. "Dilemmas of State-Building in Divided Societies." In Philip G. Roeder and Donald Rothchild, eds. *Sustainable Peace: Power and Democracy After Civil Wars*: 1-25. Ithaca, NY: Cornell University Press.

Rothchild, Donald and Philip G. Roeder. 2005b. "Power Sharing as an Impediment to Peace and Democracy." In Philip G. Roeder and Donald Rothchild, eds. *Sustainable Peace: Power and Democracy After Civil Wars*: 29-50. Ithaca, NY: Cornell University Press.

Sadiki, Larbi and Youcef Bouandel. 2016. "The Post Arab Spring Reform: The Maghreb at a Cross Roads." *Domes (Milwaukee, Wis.)* 25 (1): 109-131.

Samuels, David. 2007. "Septemberaration of Powers." In Carles Boix and Susan Stokes, eds. *The Oxford Handbook of Comparative Politics*: 703-726. Oxford: Oxford University Press.

Sanches, Edalina Rodrigues. 2020. "Transitions to Democracy, Institutional Choices and Party System Stability: Lessons from Small African Islands." *Journal of Contemporary African Studies* 38 (2): 186-204.

Sanderson, Sertan. 2015. "Turkish Election System World's 'Most Unfair'." *Deutsche Welle*, April 6. In https://learngerman.dw.com/en/turkeys-election-system-the-most-unfair-in-the-world/a-18496416. Last updated: 23 October 2023.

Sartori, Giovanni. 1997. *Comparative Constitutional Engineering: An Inquiry into Structures, Incentives and Outcomes*, 2nd ed. Basingstoke: Palgrave Macmillan.

Schedler andreas. 2002. "Elections Without Democracy: The Menu of Manipulation." *Journal of Democracy* 13 (2): 36-50.

Scheinin, Martin. 2020. "The COVID-19 Emergency in Finland: Best Practice and Problems." *Verfassungsblog on Matters Constitutional*, April 16. In https://verfassungsblog.de/the-covid-19-emergency-in-finland-best-practice-and-problems/. Last updated: 6 June 2023.

Schwartz, Jonathan. 2012. "Compensating for the 'Authoritarian Advantage' in Crisis Response: A Comparative Case Study of SARS Pandemic Responses in China and Taiwan." *Journal of Chinese Political Science* 17 (3): 313-131.

Sebhatu, Abiel, Karl Wennberg, Stefan Arora-Jonsson and Staffan I. Lindberg. 2020. "Explaining the Homogeneous Diffusion of COVID-19 Nonpharmaceutical Interventions across Heterogeneous Countries." *Proceedings of the National Academy of Sciences* 117 (35): 21201-21208.

Sedelius, Thomas and Jonas Linde. 2018. "Unravelling Semi-Presidentialism: Democracy and Government Performance in Four Distinct Regime Types." *Democratization* 25 (1): 136-157.

Selçuk, Orçun. 2016. "Strong Presidents and Weak Institutions: Populism in Turkey, Venezuela and Ecuador." *Southeast European and Black Sea Studies* 16 (4): 571-589.

Seufert, Günter. 2014. "Erdoğans 'New Turkey': Restoring the Authoritarian State in the Name of Democracy." *SWP Comments* 44: 1-7.

Sheng, Shing-Yuan. 2023. "Pandemic Legislation in a Decentralized Legislature The Case of Taiwan." *Taiwan Journal of Democracy* 19 (1): 1-20.

Shugart, Mathew S. and John M. Carey. 1992. *Presidents and Assemblies: Constitutional Design and Electoral Dynamics*. Cambridge: Cambridge University Press.

Shugart, Matthew S. 2005. "Semi-Presidential Systems: Dual Executive and Mixed Authority Patterns." *French Politics* 3 (3): 323-351.

Siaroff, Alan. 2003. "Comparative Presidencies: The Inadequacy of the Presidential, Semi- presidential and Parliamentary Distinction." *European Journal of Political Research* 42 (3): 287-312.

Silva, Guilherme. 2012. *"Angolan Constitution Assures Smooth Presidential Transition."* *Voice of America*, April 17. In https://www.voanews.com/a/angolan-constitution-assures-smooth-presidential-transition-148006785/179636.html. Last updated: 26 September 2024.

Skach, Cindy. 2005. *Borrowing Constitutional Designs: Constitutional Law in Weimar Germany and the French Fifth Republic*. Princeton: Princeton University Press.

Snyder, Jack. 2000. *From Voting to Violence: Democratization and Nationalist Conflict*. New York: Norton.

Spathi, Theoni, Ioannis Bagkatzounis, Marva Arabatzi, Anna Tsekoura, Dimitra Papadaki and Isaak Eliezer. 2021. "COVID-19: Findings on the Governmental Responses in COVINFORM countries." *Covinform*. In https://www.covinform.eu/wp-content/uploads/sites/39/2021/07/COVINFORM-Brochure-A4-Bi-Monthly-Report-4-1.0.pdf. Last up-dated: 6 June 2023.

Sri Lanka Brief. 2018. "Rajapaksa Backs End to Executive Presidency." *The Hindu*, April 17. In https://srilankabrief.org/2018/04/sri-lanka-rajapaksa-backs-end-to-executive-presidency/. Last updated: 26 September 2024.

Staveteig, Sarah Elizabeth. 2011. *Genocide, Nuptiality and Fertility in Rwanda and Bos-*

nia-Herzegovina. Doctoral Dissertation. University of California, Berkeley.

Stepan, Alfred. 2012. "Tunisia's Transition and the Twin Tolerations." *Journal of Democracy* 23 (2): 89-103.

Stroh, Alexander. 2009. "The Effects of Electoral Institutions in Rwanda: Why Proportional Representation Supports the Authoritarian Regime." *Giga* Working Paper No. 105. In http://repec.giga-hamburg.de/pdf/giga_09_wp105_stroh.pdf. Last updated: 26 September 2024.

Svolik, Milan W. 2019. "Polarization versus Democracy." *Journal of Democracy* 30 (3): 20-32.

Tamburini, F. 2023. "'How I Learned to Stop Worrying and Love Autocracy': Kais Saied's 'Constitutional Self-Coup' in Tunisia." *Journal of Asian and African Studies* 58 (6): 904-921.

Tan, Alexander. 2020. "Solving the Collective Action Problem: New Zealand, Taiwan and the COVID-19 Battle." *Taiwan Journal of Democracy* 16 (2): 79-99.

Tayfur, Nazir Aliyev. 2021. "Kyrgyzstan Approves Transition to Presidential System." *Anadolu Agency*, May 5. In https://www.aa.com.tr/en/asia-pacific/kyrgyzstan-approves-transition-to-presidential-system/2230101. Last updated: 15 April 2022.

Tengvall-Unadike, Unni. 2021. *Finland's COVID-19 Policy Actions: Balancing Between Legal Boundaries, Human Rights* and *Controlling Viral Spread*. Master's thesis, Public Health, University of Eastern Finland. Faculty of Health Sciences. School of Medicine. In https://erepo.uef.fi/bitstream/handle/123456789/25693/urn_nbn_fi_uef-20211039. pdf. Last updated: 12 May 2023.

The Arab Weekly. 2019a. "Cabinet Reshuffle Widens Divide Between Tunisian President and Prime Minister." *The Arab Weekly*, June 11. In https://thearabweekly.com/cabinet-reshuffle-widens-divide-between-tunsian-president-and-prime-minister. Last updated: 24 August 2021.

The Arab Weekly. 2019b. "Early Elections Emerge as An Option to End Tunisia's Political Impasse." *The Arab Weekly*, June 19. In https://thearabweekly.com/early-elections-emerge-option-end-tunisias-political-impasse. Last updated: 26 September 2024.

The Arab Weekly. 2021. "Constitutional Crisis Blocks New Tunisian Ministers from Oath of Office." *The Arab Weekly*, January 30. In https://thearabweekly.com/constitutional-crisis-blocks-new-tunisian-ministers-oath-office. Last updated: 26 September 2024.

The Carter Center. 2011. *National Constituent Assembly Elections in Tunisia, Final Report, 2011*. In https://www.cartercenter.org/resources/pdfs/news/peace_publications/election_reports/tunisia-final-oct2011.pdf. Last updated: 26 September 2024.

The Carter Center. 2014. *The Constitution-Making Process in Tunisia.* In https://www.cartercenter.org/resources/pdfs/news/peace_publications/democracy/tunisia-constitution-making-process.pdf. Last updated: 26 September 2024.

The Carter Center. 2019. *2019 Presidential and Parliamentary Elections in Tunisia, Final Report.* In https://aceproject.org/ero-en/regions/africa/TN/tunisia-presidential-and-parliamentary-elections. Last updated: 26 September 2024.

The Economist. 2023. "Results for Democracy Index." *The Economist.* In https://www.economist.com/search?q=Democracy+Index. Last updated: 26 September 2024.

The Semi-Presidential One. 2021a. *List of Presidential, Parliamentary and Other Countries.* In http://www.semipresidentialism.com/list-of-presidential-parliamentary-and-other-countries/. Last updated: 26 September 2024.

The Semi-Presidential One. 2021b. *Up-to-date List of Semi-Presidential Countries with Dates.* In http://www.semipresidentialism.com/up-to-date-list-of-semi-presidential-countries-with-dates/. Last updated: 25 September 2024.

The World Bank. 2014. In http://www.worldbank.org/en/country/rwanda. Last updated: 26 September 2024.

Thelen, Kathleen and Sven Steinmo. 1992. "Historical Institutionalism in Comparative Politics." In Sven Steinmo, Thelen Kathleen and Frank Longstreth, eds. *Structuring Politics: Historical Institutionalism in Comparative Analysis*: 1-32. London: Cambridge University Press.

Tremblay, Pinar. 2020. "Is Turkey Already Done With Executive Presidency?" *Al-Monitor.* In https://www.al-monitor.com/originals/2020/06/turkey-executive-presidency-proved-to-be-fail-in-two-years.html. Last updated: 15 October 2023.

Troco, Albano Agostinho. 2021. "Angola's Peculiar Electoral System Needs Reforms. How It Could Be Done." *The Conversation*, July 17. In https://theconversation.com/angolas-peculiar-electoral-system-needs-reforms-how-it-could-be-done-163528. Last updated: 26 September 2024.

Tsai, Jung-Hsiang. 2019. "Populism and Democratic Crisis in Semi-Presidential Countries." *Democratization* 26 (2): 1-17.

Umuhoza, Victoire Ingabire. 2023. "Rwanda Shows That It Takes More Than Seats in Parliament to Liberate Women." *OpenDemocracy.* In https://www.opendemocracy.net/en/5050/rwanda-women-in-parliament-employment-culture-empowerment/.

Uras, Umut. 2022. "Turkish Opposition Parties Promise Return to Parliamentary System." *Al Jazeera News*, February 28. In https://www.aljazeera.com/news/2022/2/28/turkish-opposition-join-powers-to-return-to-parliamentary-system. Last updated: 6 November 2023.

Uvin, Peter. 2003. *Rwanda's Draft Constitution: Some Personal Reflections on Democracy and Conflict and the Role of the International Community*. In https://repositories. lib.utexas.edu/server/api/core/bitstreams/9894e296-2fa6-4013-acf1-e0aa8827177f/content. Last updated: 26 September 2024.

Uyangoda, Jayadeva. 2018. "Reform Resistance in Sri Lankan Politics." *Ground Views Journalism for Citizen*, March 27. In https://groundviews.org/2018/03/27/reform-resistance-in-sri-lankan-politics/. Last updated: 26 September 2024.

Uzun, Cem Duran. 2023. "Governmental System Discussions Ahead of the 2023 Elections: Why the Nation Alliance's Proposal for Semi-Presidentialism Is Not a Viable Option." *Insight Turkey* 25 (1): 91-123.

Van Der Brug, Wouter and Anthony Mughan. 2007. "Charisma, Leader Effects and Support for Right-Wing Populist Parties." *Party Politics* 13 (1): 29-51.

Vatican News. 2020. "Sri Lanka: Bishops Oppose 20th Constitutional Amendment." *Vatican News*, October 15. In https://www.vaticannews.va/en/church/news/2020-10/sri-lanka-bishops-constitution-amendment-oppose.html. Last updated: 26 September 2024.

Vedaschi, Ariannaand and Chiara Graziani. 2023. "Post-Pandemic Constitutionalism: COVID-19 as a Game-Changer for "Common Principles"?" *University of Pennsylvania Journal of International Law* 44 (4): 815-905.

Venugopal, Rajesh. 2015. "Democracy, Development and the Executive Presidency in Sri Lanka." *Third World Quarterly* 36 (4): 670-690.

Verney, Douglas V. 1992. "Parliamentary Government and Presidential Government." In Arend Lijphart, ed. *Parliamentary Versus Presidential Government*: 31-47. New York: Oxford University Press.

Waller, Hannah Marie. 2015. "Post-Conflict Peacebuilding in Bosnia-Herzegovina." *Honors Theses and Capstone* 235. In http://scholars.unh.edu/honors/235/. Last updated: 26 September 2024.

Waller, Julian G. 2022. "The Perils of Authoritarian Presidentialism: Stumbling Towards Authoritarian Constitutionalism in Eurasia." *SSRN Electronic Journal*. In https://doi.org/10.2139/ssrn.3909084. Last updated: 26 March 2024.

Waterbury, John. 1999. "Fortuitous Byproducts." In Lisa Anderson, ed. *Transitions to Democracy*: 261-283. Chichester, NY: Columbia University Press.

Weitsman, Patricia A. 2008. "The Politics of Identity and Sexual Violence: A Review of Bosnia and Rwanda." *Human Rights Quarterly* 30 (3): 561-578.

Welikala, Asanga. 2015. "The Executive Presidency and the Sri Lankan State: Myths and Realities." *Groundviews*, January 20. In http://groundviews.org/2015/01/20/the-executive-presidency-and-the-sri-lankan-state-myths-and-realities/. Last updated: 26 September 2024.

Welikala, Asanga. 2018. "The Perils of Semi-Presidentialism? The Collapse of Cohabitation and the Design of Executive Power in Sri Lanka." *IACL-AIDC Blog*, April 28. In https://blog-iacl-aidc.org/blog/2018/5/13/the-perils-of-semi-presidentialism-the-collapse-of-cohabitation-and-the-design-of-executive-power-in-sri-lanka. Last updated: 26 September 2024.

Welikala, Asanga. 2020. "The Return of Sri Lanka's Imperial Presidency: The Twentieth Amendment to the Constitution Bill." *ConstitutionNet,* September 8. In https://constitutionnet.org/news/return-sri-lankas-imperial-presidency-twentieth-amendment-constitution-bill. Last updated: 10 August 2024.

White, David and Marc Herzog. 2016. "Examining State Capacity in the Context of Electoral Authoritarianism, Regime Formation and Consolidation in Russia and Turkey." *Southeast European and Black Sea Studies* 16 (4): 551-569.

Wikipedia. In https://en.wikipedia.org/wiki/Main_Page. Last updated: 20 July 2017.

Williams, Margaret and Youssef Mahmoud. 2014. "The New Tunisian Constitution: Triumphs and Potential Pitfalls." *IPI Global Observatory*, February 27. In https://the-globalobservatory.org/2014/02/the-new-tunisian-constitution-triumphs-and-potential-pitfalls/. Last updated: 26 September 2024.

Wilson, Jeyaratnam. 1980. *The Gaullist System in Asia: The Constitution of Sri Lanka 1978*. London: MacMillan.

Wimmer Andreas, ed. 2004. *Facing Ethnic Conflicts: Toward a New Realism*. Lanham, MD: Rowman & Littlefield Publishers.

Wolfrum, Rudiger. 2012. "Constitutionalism in Islamic Countries: A Survey from the Perspective of International Law." In Rainer Grote and Tilmann Röder, eds. *Constitutionalism in Islamic Countries Between Upheaval and Continuity*: 77-88. New York: Oxford University Press.

World Population Review. 2021. *Countries with Presidents 2021*. In https://worldpopulationreview.com/country-rankings/countries-with-presidents. Last updated: 26 September 2024.

World Statesmen. 2021. *Nations and Territories*. In https://www.worldstatesmen.org/Tunisia.html. Last updated: 26 September 2024.

Wu, Yu-Shan. 2007. "Semi-Presidentialism – Easy to Choose, Difficult to Operate: The Case of Taiwan." In Robert Elgie and Sophia Moestrup, eds., *Semi-Presidentialism*

Outside Europe: A Comparative Study. Abingdon, UK: Routledge.

Wu, Yu-Shan. 2016. "Semi-Presidentialism and Strategic Restructuring of the Constitution." *Taiwan Journal of Political Science* 69: 1-26.

Wu, Yu-Shan. 2018. "The Perils of Exiting from Semi-Presidentialism." Paper presented at *the 25th World Congress of the International Political Science Association, July 21-25, 2018*. Brisbane, Australia: IPSA.

Yerkes, S. and M. Alhomound. 2022. "One Year Later, Tunisia's President Has Reversed Nearly a Decade of Democratic Gains." *Carnegie Endowment for International Peace*, July 22. In https://carnegieendowment.org/posts/2022/07/one-year-later-tunisias-president-has-reversed-nearly-a-decade-of-democratic-gains. Last updated: 26 September 2024.

Yilmaz, Ihsan and Galib Bashirov. 2018. "The AKP after 15 Years: Emergence of Erdoganism in Turkey." *Third World Quarterly* 39 (9): 1812-1830.

Yilmaz, Ihsan and Omer F. Erturk. 2021. "Populism, Violence and Authoritarian Stability: Necropolitics in Turkey." *Third World Quarterly* 42 (7): 1524-1543.

Zahar, Marie-Joelle. 2005. "The Dichotomy of International Mediation and Leader Intransigence: The Case of Bosnia and Herzegovina." In Ian O'Flynn and David Russell, eds. *Power Sharing: New Challenges for Divided Societies*: 123-137. London: Pluto Press.

國家圖書館出版品預行編目資料

憲政體制的選擇：全球趨勢與個案透視／陳宏
銘著. ——初版. ——臺北市：五南圖書出
版股份有限公司, 2025.01
面；　公分
ISBN 978-626-423-074-2（平裝）

1.CST：憲政主義　2.CST：比較政府　3.CST：
個案研究

571.6　　　　　　　　　　113020001

1PBL

憲政體制的選擇：
全球趨勢與個案透視

作　　者 — 陳宏銘（249.8）

編輯主編 — 劉靜芬

責任編輯 — 林佳瑩

文字校對 — 黃郁婷

封面設計 — 姚孝慈

出 版 者 — 五南圖書出版股份有限公司

發 行 人 — 楊榮川

總 經 理 — 楊士清

總 編 輯 — 楊秀麗

地　　址：106臺北市大安區和平東路二段339號4樓

電　　話：(02)2705-5066

網　　址：https://www.wunan.com.tw

電子郵件：wunan@wunan.com.tw

劃撥帳號：01068953

戶　　名：五南圖書出版股份有限公司

法律顧問　林勝安律師

出版日期　2025年1月初版一刷

定　　價　新臺幣480元

經典永恆・名著常在

五十週年的獻禮 ── 經典名著文庫

五南，五十年了，半個世紀，人生旅程的一大半，走過來了。

思索著，邁向百年的未來歷程，能為知識界、文化學術界作些什麼？

在速食文化的生態下，有什麼值得讓人雋永品味的？

歷代經典・當今名著，經過時間的洗禮，千錘百鍊，流傳至今，光芒耀人；

不僅使我們能領悟前人的智慧，同時也增深加廣我們思考的深度與視野。

我們決心投入巨資，有計畫的系統梳選，成立「經典名著文庫」，

希望收入古今中外思想性的、充滿睿智與獨見的經典、名著。

這是一項理想性的、永續性的巨大出版工程。

不在意讀者的眾寡，只考慮它的學術價值，力求完整展現先哲思想的軌跡；

為知識界開啟一片智慧之窗，營造一座百花綻放的世界文明公園，

任君遨遊、取菁吸蜜、嘉惠學子！